财政部规划教材

管理学基础与实务

朱丽献　余　燕　韩春艳　主　编
刘　怡　刘连喜　武　倩　王云飞　副主编

中国财经出版传媒集团
中国财政经济出版社

图书在版编目（CIP）数据

管理学基础与实务 / 朱丽献，余燕，韩春艳主编
. -- 北京：中国财政经济出版社，2022. 8(2025.1 重印)
财政部规划教材
ISBN 978-7-5223-1490-7

Ⅰ. ①管… Ⅱ. ①朱… ②余… ③韩… Ⅲ. ①管理学
—教材 Ⅳ. ① C93

中国版本图书馆 CIP 数据核字（2022）第 107777 号

责任编辑：钱红叶　　特约编辑：唐　堂
封面设计：卜建辰　　责任印制：张　健

管理学基础与实务
GUANLIXUE JICHU YU SHIWU

中国财政经济出版社 出版
URL：http：// www. cfeph. cn
E- mail：cfeph@ cfeph. cn

社址：北京市海淀区阜成路甲 28 号　邮政编码：100142
营销中心电话：010 - 88191522
天猫网店：中国财政经济出版社旗舰店
网址：https：// zgczjjcbs. tmall. com
北京中兴印刷有限公司印刷　　各地新华书店经销
成品尺寸：185mm × 260mm　16 开　17.75 印张　352 000 字
2022 年 8 月第 1 版　2025 年 1 月北京第 4 次印制
定价：45.00 元
ISBN 978-7-5223-1490-7
（图书出现印装问题，本社负责调换，电话：010-88190548）
本社质量投诉电话：010-88190744
打击盗版举报热线：010-88191661　QQ：2242791300

前言

管理是一门科学，更是一种常识。《管理学基础与实务》作为一种系统化的并普遍适用的知识和技能，早就成为财经商贸管理大类专业学生必修的基础课程。编写本教材的目的就是要结合中国管理实践创新，反映新技术、新业态、新商业模式下的一般管理理论在中国特色社会主义管理实践中的运用，体现新时代中国企业家在引进国外理论过程中结合本土特点在经营与管理实践中的创新能力。

教材设计基于“管理者角色塑造”“管理思维训练”“管理能力提升”为主线的知识学习和技能训练体系。教材始终围绕一个管理学要解决的基本问题展开：即一个合格的管理者如何对其所在的组织进行有效的管理？遵循管理者成长路径的基本规律：管理角色认知——管理思维构建——管理职能训练——管理艺术创新，充分吸收中国管理领域最新研究成果和管理实践活动的丰富案例，按照管理基本职能设计从“项目式”划分学习架构——到“模块化”引入管理职能——再到“工作任务”导入管理活动，为学生系统化创设实景管理情境，充分满足“教、学、做”一体化的课程改革要求，增强学生对实际管理活动的深刻体验，将管理学基础知识内化为分析解决实际问题的管理能力、创新能力与协作精神。

教材编写过程中充分汲取中国传统智慧，从传统文化中探寻现代管理启示。管理理论源自对管理实践经验的总结。管理实践总是在一定社会文化背景下发生的，因而本教材一定会带有中国特色社会主义这个背景所具有的社会、文化烙印，如教材中“中国管理思想与发展”“中国特色社会主义管理观”“中国领导人领导风格”等内容结合了中国管理实践，反映一般管理理论在中国实践中的运用。特别是增设了“德育目标”和“思政微议”两个专栏，旗帜鲜明地融入了课程思政元素。

本教材适用于应用型高等院校，特别适用于高职高专院校财经商贸类、管理类专业学生使用。本教材是产教融合“双元”协同育人的成果，也是集体智慧的结晶。它既是学校和产业学院所在企业合作开发“产教融合型”专业教材，也是以就业和职业能力培养为主导，兼顾升本需求立体化资源开发的载体。教材中很多教学案例均来自于企业生产实践、案例典型，时效性很强，并且增加了实操的可能性，对于职场情境式教学提高了体验感。全书由朱丽献、余燕、王云飞负责框架设计以及编写工作的组织、协调。本教材模块一和模块四由余燕编写，模块二由韩春艳编写，模块三由刘连喜编写，模块五由朱丽献编写，模块六由武倩编写，模块七由刘怡编写。全书中的企业管理案例和实务操作部分均由四季沐歌科技集团人力资源总监王云飞组织、协调和审核；在本教材编写过程中，得到了中国财政经济出版社的大力支持和热情帮助，在此一并表示最真诚的感谢。

本教材在编写过程中参考、借鉴、引用了国内外许多学者的论述与观点，在此表示衷心感谢。本教材为用书学校任课老师提供了习题答案和配套资源，如有需要，请以电子邮件形式向中国财政经济出版社索取，Email：caijingjiaocai@163.com（请注明学校、全书名、ISBN、版次）。由于编者学识所限，本教材中难免有疏漏和欠缺之处，敬请广大读者提出宝贵意见，不吝指正。

编者

2022 年 6 月

目 录

模块一

明理学史——管理认知

知识目标

- 理解管理的定义；
- 理解中西方管理思想的产生与发展；
- 熟悉管理者的分类、技能与角色扮演；
- 熟悉主要管理学派的观点；
- 掌握管理原理和管理方法。

能力目标

- 能从历史的角度分析管理理论和方法的演变；
- 能够发现管理理论发展的规律；
- 能够总结、归纳中西方不同管理学派对于管理学发展的贡献。

德育目标

- 以马克思主义理论为基本指导，学习和研究管理学；
- 培养科学的管理思维，坚持理论自信、制度自信，汲取管理学中的东方智慧；
- 树立正确的世界观、方法论，进行管理实践活动。

第一节 管理活动认知

管理纵横

京东的员工管理

京东的员工人数已经超过了17万，面对如此众多的员工，京东是如何进行有效管理的呢？

一是京东用能力和价值观两个维度来对人进行量化打分，把人分成了五类：废铁、铁、铜、金子和铁锈。“废铁”的能力、价值观匹配度得分都属于“双底”型，应该在面试的时候就被筛选掉了；“铁”类的员工属于价值观匹配度高，但是能力得分很低，京东认为不能放弃，至少要给予一次转岗的机会；“铜”类员工能力和价值观的得分都在60~90这个区间，属于普通员工，在企业中占比80%左右。“金子”类员工的能力和价值观得分相当高，占据了公司约20%，这是公司的核心员工，有可能是技术或管理人员，京东将会重点照顾这部分员工。还有一种“铁锈”，这类员工能力强，业绩好，但价值观不匹配。京东认为这样的员工坚决不能留。这种人极有可能成为公司的领导，但他们有腐蚀性，如果他们对公司进行破坏，那么其破坏和杀伤力也非常强。

从这个能力价值观体系可以看到，京东实际上是把价值观匹配与否放到了比较重要的位置，优于员工的能力和业绩，这也是很多成功优秀企业的共同选择。

二是ABC原则，就是按照级别C汇报给B，B汇报给A。两级人事权、加薪辞退、奖金、股权等都由A和B来决定。按照ABC原则，刘强东是A，子公司下面的副总裁属于公司的C。这样做就是为了避免一个人说了算，同时旁边还有HR监督、审核。HR没有提名权，不可以跳过A或者B决定给C升职或是涨工资。但是，HR具有审核权，HR监督A、B的决定是否符合公司的价值观和普遍的人事政策。通过这种ABC原则就避免了公司单一员工掌握生杀大权。

三是管理人的8120原则。京东认为一个管理人员最佳的管理幅度是8–12个人，即每个管理人员的下属不少于8个人，不超过12个人。比如，京东的1个副总裁管了9个总监，公司便只能有1个副总裁，超过12个总监之后可以考虑设立第二个副总裁。“20”是什么意思？即对公司基层管理人员而言，基层员工业务比较单一，要求每个主管管理人员不低于20个。这样就能避免公司人浮于事。

四是 2N 原则。第一，加入京东的人，每个人只允许带原单位的 1 个人过来。第二，所有管理人员都有 1 年的时间去找公司认可的人员做后备，否则没有新的业务及加薪。如果 2 年之内还是找不到，结果就是离职。第一个原则是为了避免公司帮派产生情绪，第二个原则是为了确保公司有人员备份，不会因为一个高管人员的离职而使业务瘫痪。

近期有关京东淘汰三类员工的资讯饱受关注。对于企业中存在的消极怠工、因病不能工作、不能胜任工作的员工、贡献率低的员工，如何淘汰呢？以淘汰不能胜任工作的员工为例，按照《劳动合同法》第四十条第（二）项的规定，劳动者不能胜任工作，经培训或者调整工作岗位后，仍然不能胜任的，用人单位可以解除劳动合同。但是需要注意，首先是必须有证据能够证明劳动者不能胜任工作；二是要对劳动者进行培训或者调整工作岗位，而不是直接解除劳动合同；三是劳动者培训或者调整工作岗位后，在新的期限内，有证据证明其仍不能胜任工作的。淘汰你之前，给你时间、给你机会、为你创造条件，还无法胜任，再按规章制度，解除劳动合同。

管理是一项关于人的工作，在管理中涉及法律也涉及人情，因此，用人单位在解决具体问题时，一定要注意严格依法，并考虑员工的感受，建立长期、稳定的企业人力资源管理文化和管理方法。

（资料来源：[1] 刘强东．用四张表格，管理京东 10 万精兵 [J]．北方牧业，2018（4）[2] 劳达 laboroot．淘汰“三类员工”，你该怎么做 [J]．人力资源，2019（6））

案例启发

管理的本质在于合理分配和协调包括人力、财物、信息等各种资源，保证组织既定目标的实现。虽说企业员工人数多并不一定就代表企业成功，但是京东单凭能对这么多的员工进行有效管理，并能做到井井有条，那就是件相当不容易的事情！

一、管理与管理学

（一）管理的定义

科学管理之父，弗雷德里克·温斯洛·泰勒认为，管理就是“确切地知道你要干什么，并使他人用最好的方法去干”。在泰勒看来，管理就是指挥他人能用其最好的工作方法去工作。现代经营管理之父，亨利·法约尔则强调管理的职能，认为管理就是实行计划、组织、指挥、协调和控制。哈罗德·孔茨，把管理定义为设计和保持一种良好的环境，使人在群体里高效率地完成既定目标的过程。彼得·F. 德鲁克认为，管理是一种实践，认为管理要注重“行”，它的实践以知识和责任两者为基础。

我国学者周三多指出，管理是社会组织中，为了实现预期的目标，以人为中心进行的协调活动；芮明杰认为，管理是对组织的有限资源进行有效整合，以达成组织既定目标与责任的动态创造性活动；许庆瑞认为管理是指组织为了达到个人无法实现的目标，通过各项职能活动，合理分配、协调相关资源的过程。

综合上述有代表性的管理定义，管理是指以社会组织为载体，管理者通过运用计划、组织、领导、控制等职能，协调以人为中心的组织资源，以实现组织预期目标的过程。我们可以这样来理解：

（1）管理的载体是组织，由两个及两个以上的个体组成。

（2）管理的目的是为了实现组织预期目标，而该目标仅凭单个人的力量是无法实现的。

（3）管理的本质是协调，协调资源的有限性和人们欲望的无限性的矛盾，正是这种矛盾决定了管理的必要性。

（4）管理的对象是组织资源，包括人力、物力、财力、技术、信息、文化、时间、空间等资源。其中，对“人”的管理是管理的中心问题。

（5）管理的职能包括计划、组织、领导和控制等活动，且这些管理职能是一个周而复始的动态过程。

（二）管理学

管理学作为一门学科的基本思想与体系，最初是由法国管理学家亨利·法约尔首先提出来的，他写了《工业管理与一般管理》一书，为管理学的研究和发展做出了巨大贡献。管理学正式形成于20世纪50年代。美国管理学家孔茨和奥唐奈1955年出版了《管理学原理》（或译为《管理原则》）一书，该书于1976年第六版时更名为《管理学》。

管理学的主要研究对象是：

1. 管理学的基础理论。

管理学的建立和发展受到管理科学理论、科学的方法论、经济学、社会学、心理学、系统论、控制论等理论的影响，研究管理学要了解相关学科与管理科学的相关关系。

2. 管理科学的产生与发展。

管理科学是对前人管理经验和管理理论的总结和发展，不了解管理学的产生和发展，就难以研究管理学的原理和方法，也不能在管理学研究中有新的发现。

3. 管理的职能。

如何有效实施管理是贯穿于管理学研究过程中的一条主线索，研究管理学的目的之一就是向管理者提供行之有效的管理方法、技巧，以管理职能作为研究有效管理的依托，围绕管理职能展开原理和原则的论述，是当下大多数管理学者的共同思路。

4. 管理学原理、原则体系和一般方法。

管理学原理、原则是指有一定层次结构理论体系，是行使管理职能的基础理论，是管理学研究的主体部分。管理方法论研究只涉及最具有普遍意义的方法。

二、管理职能与性质

（一）管理的基本职能

所谓管理职能是指管理的职责与功能。最早提出管理具体职能的是亨利·法约尔。他认为，管理具有计划、组织、指挥、协调和控制五种职能。后来的学者关于管理职能的研究观点见仁见智，但计划、组织、控制是各管理学派普遍公认的职能。

1. 决策

决策是为了目标的实现或者问题的解决。决策，从广义上来讲，就是做出决定，即人们为实现一定的目标所做的行为设计及其抉择。从广义的角度看，决策存在于社会生活的各个领域、各个层面，大到国家的社会管理，小到个人生活中的行为抉择。决策从狭义上来讲，是社会组织在管理活动中所做的决定，是社会组织为实现一定的目标或解决面临的问题制定行动方案并加以优化选择的过程。

2. 计划

所谓计划，就是指“制定目标并确定为达成这些目标所必需的行动”。由于组织的存在是为了实现某些目的，因此就需要制定组织要实现的目的和实现目的的方案，这就是管理计划职能应做的工作。有些研究者甚至认为计划是管理的首要职能，管理活动从计划工作开始。

组织中的高层管理者负责制定总体目标和战略，其他层次的管理者都必须为其工作小组制定经营计划，以便为组织做贡献。另外，他们必须制定一个支配和协调他们所负责的资源计划，从而能够实现工作小组的目标。

3. 组织

组织成员要高效地执行计划，合作是必不可少的。组织要根据组织目标和计划，科学分工，根据工作的要求与人员的特点，设计岗位，将合适的人员安排在适当的岗位上，形成一个有机的组织结构，使整个组织协调地运转。这就是管理的组织职能。

组织目标决定着组织结构的具体形式和特点，其组织结构形式也各不相同，并显示出各自的特点。反过来，组织工作的状况又在很大程度上决定着这些组织各自的工作效率和活力。因此，组织职能是管理活动的根本职能，是其他一切管理活动的保证和依托。

4. 领导

计划与组织工作做好了，也不一定能保证组织目标得以实现。因为组织目标的实现要依靠组织全体成员的努力。组织成员由于在个人目标、需求、偏好、性格、素质、价值观、工作职责和拥有信息量等方面存在很大差异，在相互合作中必然会产生各种问题。因此就需要有权威的领导者进行指挥与协调，指导人们的行为，通过沟通增强人们的相互理解，统一人们的思想和行动，激励每个成员自觉地为实现组织目标共同努力。管理的领导职能贯穿在整个管理活动中。

5. 控制

人们在执行计划的过程中，由于受到各种因素的干扰，常常使实践活动偏离原来的计划。为了保证目标及为此而制订的计划得以实现，管理必须进行监控与控制。

控制的实质就是使实践活动与计划相符合，计划就是控制的标准。管理者必须及时取得计划执行情况的信息，并将有关信息与计划进行比较，发现实践活动中存在的问题，分析原因，及时采取有效的纠正措施。

6. 创新

有很多研究人员并没有把创新作为一种管理职能。可是，近年来科学技术的迅猛发展以及社会经济活动的异常活跃，市场需求瞬息万变，社会关系也日益复杂，每位管理者每天都会遇到新情况、新问题。如果新循守旧、墨守成规，就无法应付新形势的挑战，也就无法完成肩负的任务。现在已经到了不创新就无法维持的地步。许多事业获得成功的管理者成功的关键就在于创新。要办好任何一项事业，大到国家的改革，小到办实业、办学校、办医院，或者办一张报纸，推销一种产品，都要敢于走新的路，开辟新的天地。

管理职能之间相互渗透并相融。从管理职能在时间方面的逻辑关系看，它们通常按照一定的先后顺序发生，即先决策、计划，继而组织，然后领导，最后控制、创新。但这种时间上的工作逻辑在实践中并不绝对。这些管理职能往往相互融合，同时进行。没有计划，便无法控制，没有控制，也就无法积累制定计划的经验，而往往在进行控制时，又要编制新的计划或修改原计划；没有组织架构，便无法实施领导，而在实施领导的过程中，又有可能反过来对组织进行调整。所以说，管理过程是一个各职能活动周而复始的循环过程。

（二）管理的属性

管理的二重性是其本质属性：一是与生产力相联系的自然属性；二是与生产关系、社会文化相联系的社会属性。

首先，管理具有自然属性。因为管理过程就是对人、财、物、信息、时间等资源进行组织、协调和利用的过程，其中包含着许多客观的、不因社会制度和社会文化的不同而变化的规律。管理理论揭示了这些规律，并创造了与之相适应的管理手段、管理方法。管理活动只有遵循这些规律，利用这些方法和手段，才能保证生产等各种组织活动顺利进行。管理的这种不因生产关系、社会文化的变化而变化，只与生产力发展水平相关的属性，就是其自然属性。

其次，管理具有社会属性。因为管理是人类的活动，而人都生存在一定的生产关系和一定的社会文化中，必然要受到生产关系的制约和社会文化的影响。不同的生产关系、不同的社会文化都会使管理思想、管理目的以及管理的方式、方法呈现出一定的差别，从而使管理具有特殊性，这就是管理的社会属性。它既是生产关系和社会文化的体现和反映，又反作用于生产关系和社会文化。

学习和掌握管理的二重性，对我们学习和理解管理学原理，认识管理问题，探索管理活动的规律，运用管理学原理来指导实践，具有以下现实意义：

1. 管理的二重性体现着生产力和生产关系的辩证统一关系

把管理仅仅看作生产力或仅仅看作生产关系，都不利于管理理论和实践的发展。我们既要遵循管理的自然属性的要求，并要充分体现生产关系情况，来分析和研究管理问题，这是建立具有中国特色的管理科学体系的基础。

2. 学习先进管理理论与管理实践知识的必要性

西方的管理理论、技术和方法是人类长期从事生产实践的产物，是人类智慧的结晶，它同生产力的发展一样，具有连续性，是不分国界的。因此，我们要在继承和发展我国形成的科学管理经验和管理理论的同时，注意学习、引进国外先进的管理理论、技术和方法，根据我国的国情，融合提炼，为我所用。而掌握管理的二重性，使我们能够正确评价西方管理理论、技术和方法。

3. 管理总是在一定生产关系下进行的，体现着一定的社会关系

我们要科学地鉴别管理的社会属性，对待外国的经验、理论，首先要鉴别哪些内容与他们的社会制度有关，哪些与他们的经济情况有关，哪些是纯粹的科学技术和方法问题，哪些与他们的社会文化、风俗习惯有关。我们的管理理论与实践绝不能简单地照抄照搬西方的一切，而要在认清这些问题的前提下，有选择地为我所用。学创结合，走自己的道路，使管理具有中国特色。

4. 要结合实际，因地制宜地学习与运用

任何一种管理方法、技术和手段的出现都有时代背景，它是同生产力水平相适应的。在学习和运用某些管理理论、原理、技术和手段时，必须结合实际情况，因地制宜，才能取得预期效果。实践表明，并没有适用于古今中外的普遍模式。

三、管理者角色与技能

（一）管理者的定义

管理者，他通过协调其他人的活动达到与别人一起或者通过别人实现组织目标的

目的，是管理活动的主体。管理者的工作可能是协调一个部门的工作，也可能是监督几个个人，还可能是协调一个团队的活动。有一点需要强调的是，管理者还可能负有另外的工作责任，这些工作责任与协调或者整合其他人的工作责任无关。例如，一个营销主管，除了需要协调其他营销人员的工作外，往往也需要对接客户，处理具体的营销业务。

（二）管理者的类型

每个组织中都有着各种各样的管理者，而每个管理者又处于不同的管理岗位上，对于这些管理者，我们可以从他们所处的层次及管理的领域对其进行分类。

1. 按管理者在组织中所处的层次划分

由于管理者在组织中所处的位置不同，拥有的职权和承担的职责不同，因而组织中形成了不同的管理阶层，即高层管理者、中层管理者和基层管理者。如图 1.1 所示。

（1）高层管理者

高层（又称决策层）管理者位居组织顶端，是组织最高行政长官，他们掌管着管理机构，负责制定总体计划、战略目标和大政方针，并且激发、指导、控制其下属人员（包括其他层次的管理人员）：如企业中的 CEO 即首席执行官，COO 即首席经营负责人，CFO 即首席财务负责人，经理、厂长、学校的校长、医院的院长等部属于高层管理者。

（2）中层管理者

中层（又称执行层）管理者的职责是规划、贯彻执行高层管理者确定的任务，他们负责调动、指导和控制对他们负有责任的基层管理人员的工作。如大公司的地区经理、分部（事业部）负责人、生产主管、车间主任、学校的教务科长、医院的医务科长等属于中层管理人员。

（3）基层管理者

基层（又称作业层）管理者则听从中层管理者的指导，负责把组织的各项计划和措施准确地传送给员工，并保证计划的顺利完成；可见，基层管理者直接控制着提高或者降低生产能力的权力，在管理层与一般员工之间扮演着联系纽带的角色，这一角色曾被美国管理学者基思·戴维斯教授比喻为“弓形组织中的拱顶石”，承受来自上级管理者和下属员工两方面的压力。

2. 按管理的领域划分

对于不同工作领域的管理者，由于所处地位不同，职责也不同，但从其在组织中所起的作用来看，则有着某些相同之处。不同领域的管理者职责如表 1.1 所示。

表 1.1 不同领域管理者的职责

管理者类型	主要职责
业务管理者	对组织目标的实现负有直接责任，负责计划、组织、领导和控制组织内部日常业务活动的开展，如分管产品生产、销售工作的管理者。
财务管理者	主要从事与资金有关的筹措、预算、核算等活动的管理，并对此负责，如成本核算组长、财务总监等。
人事管理者	主要从事人力资源管理活动，保证组织所需的各类人才和组织中人力资源的合理使用，负责员工招聘与选用、培训与考核等方面的管理，如人力资源总监。
行政管理者	主要负责后勤保障工作，如办公室主任。
其他管理者	由于各组织的目标任务相差甚远，很难按管理者的作用统一分类，如技术研发管理者、信息管理者、内部咨询部门管理者等。

（三）管理者的角色

管理者的角色是指作为一般的管理者，他在组织体系内从事各种活动时的立场、行为表现等的一种特性归纳。著名管理学家亨利·明茨伯格（Henry Mintzberg）经过长期研究认为，管理者扮演着十种不同的但又高度相关的角色。这十种角色可以进一步组合成三个方面：人际关系、信息传递和决策制定，如表 1.2 所示。

表 1.2 明茨伯格的管理者角色理论

角色	描述	特征活动
1. 人际关系		
挂名首脑	象征性的首脑，必须履行许多法律性的或社会性例行义务	迎接来访者，签署法律文件
领导者	负责激励下属，负责人员配备、培训以及有关的职责	实际上从事所有的有下级参与的活动
联络者	维护自行发展起来的外部关系和消息来源，从中得到帮助与信息	发感谢信，从事外部委员会工作，从事其他有外部人员参加的活动
2. 信息传递		
监督者	寻求和获取内部和外部信息，以便透彻地理解组织与环境	阅读期刊和报告，与有关人员保持私人接触
传播者	将从外部人员和下级那里获得的信息传递给组织的其他成员	举行信息交流会，用打电话的方式传达信息
发言人	向外界发布组织的计划、政策、行动、结果等	召开董事会；向媒体发布信息
3. 决策制定		
企业家	寻求组织和环境中的机会，制订“改进方案”以发起变革	组织战略制定和检查会议，开发新项目

续表

角色	描述	特征活动
混乱驾驭者	当组织面临重大的、意外的混乱时，负责采取纠正行动	组织应对混乱和危机的战略制定和检查会议
资源分配者	负责分配组织中的各种资源 -- 制定和批准所有有关的组织决策	调度、授权、开展预算活动，安排下级的工作
谈判者	在主要谈判中作为组织的代表	参加与工会的合同谈判

（资料来源：斯蒂芬·P. 罗宾斯．管理学［M］. 北京：中国人民大学出版社，第七版，2005.（8））

1. 人际关系角色

人际关系角色通常是指所有的管理者都要在组织中履行礼仪性和象征性的义务。当学校的校长在学生毕业典礼上颁发毕业文凭时，他在扮演着组织代表即挂名首脑的角色，这种角色直接影响组织的形象。管理者还要扮演领导者的角色，按照组织目标和变动的环境去激励、培训、惩戒下属，保障目标的实现。管理者还要在人群中充当联络员，一方面可以获得各种有用的信息，另一方面又可以发展组织的关系资源。管理者在人际关系方面的三种角色，在实践中不是分离的，有时可能合为一体。例如，当管理者代表组织出席其他组织安排的会议时，管理者既是组织的挂名首脑，同时又是人群中的联络员，要为组织开发关系资源。

2. 信息传递方面的角色

信息传递角色是指所有的管理者在某种程度上，既要从组织的外部接受和传递信息，又要从组织内部接受和传递信息。明茨伯格将管理者的信息角色划分为三种，一是监督者角色，即从不同渠道用各种方法接受信息，了解信息，掌握信息；二是传播者角色，即把组织的信息、自己所收集加工的信息等向组织成员加以宣布、传递，以便组织成员共享信息，更好地工作；三是发言人角色，即管理者有时必须代表组织向外界公布态度、决定、报表、报告、进行演讲等，这可能是组织运作的需要，也可能是外界压力的结果。

3. 决策制定方面的角色

明茨伯格将决策制定分解为四个方面的工作，形成了决策方面的四种角色。第一是企业家。理论上说，企业家指高级的职业管理者，如总经理、总裁等。但此处企业家的含义则是指能捕捉发展机会，进行战略决策，并承担责任的管理者。一个管理者如果在其领域或具体工作中必须这么做时，他就表现为企业家的角色，反之则不是。第二是混乱的驾驭者，即处理组织内混乱事件并通常能获得成功的管理者。处理混乱需要决断，这正是管理者所必需的能力。第三是资源的分配者，对组织的有限资源根据组织目标的分解进行分配。实际上这是组织资源配置的一个方面，是决策的内容之一。第四是谈判者。当管理者在为了组织的利益与其他组织商定合作和成交的条件时，他们就在扮演谈判者的角色。

明茨伯格认为管理者面临着由竞争者、供货商、政府等组成的复杂环境，要适应这样的环境，就必须扮演多种角色，这些角色之间还是相互联系着的。实质上，经理是一个投入产出系统。在其中，权威和地位产生人际关系方面的角色，人际关系方面的角色导致投入（信息），而这又导致产出（信息和决策）。人们不能随意取消一种角色而期望其余的角色完整无损。例如，一个不担任联络者角色的经理就得不到外部信息，也很难传播良好的信息或做出有效的战略决策。

（四）管理者的技能

根据罗伯特卡茨的研究，管理者工作各不相同，扮演的角色也多，但是，管理者在行使管理职能时能否行之有效地开展管理工作，还在于管理者是否具备相应的管理技能。

1. 概念技能

概念技能是指对事物的洞察、判断和概括技能。包括三个方面：一是预测技能。管理者应密切注意组织与外部环境的互动关系以及组织内各部分的相互作用关系，预测各种因素的变化对组织未来发展的影响。二是判断技能。管理者必须敏捷地从混乱而复杂的局面中辨别各种因素的相互作用，迅速判定问题的实质，及时采取对策。三是概括技能。管理者应善于思考、学习和总结经验，从复杂的信息中筛选出对组织全局和组织战略有重要影响的关键信息，并做出正确决策。

概念技能水平的高低与一个人的知识、经验、胆识等因素有关。因为概念技能不仅仅表现为一种分析认识问题的能力，更为重要的是在此基础上做出决策的能力。在事关组织生存与发展问题上做出决策是需要相当的胆略的。提高概念技能所需要的知识是相当广泛的，不仅仅限于专业性的知识。概念技能的提高需要通过一定的学习，掌握有关的科学知识。一个人受教育的时间越长，掌握的知识越丰富、越广泛，他的概念能力就会越高。由较低的概念技能提高到较高的概念技能就是一个渐进的、缓慢的、潜移默化的过程。由于这个过程的变化不那么明显，提高概念技能也就往往容易被人们所忽视。

2. 人际技能

人际技能是指与处理人事关系有关的技能。它包括三方面内容；一是处理人际关系的技能（主要是协调技能和沟通技能）。管理者处于组织结构网络的节点上，与上（上级）、下（下级）、左右（平级）的人发生着联系，有时还要与组织外部的人发生联系（尤其是高层管理者）。熟练地运用人际技能处理与这些人的关系，建立起相互的信任和真诚的合作关系，管理工作就会事半功倍。二是识人用人的技能。管理就是通过他人的努力达成组织的目标，因此管理者必须深入地了解他人，用人所长，避人所短，而这要求管理者必须有一套高超的识人用人技能。三是评价激励技能。一般来说，组织成员的工作积极性需要管理者去激发，因此管理者应掌握评价和激励方法，以便客观公正地评价他人并及时给予激励。

决定一个人的人际技能水平高低因素不仅仅掌握书本上有关的人际技能知识，更重要的是一个人的性格。而一个人的性格在一定的程度上是天生的。如一些人天生性格外向，喜爱社交；而还有一些人天生性格内向，不喜爱社交。实践表明，一个人的性格通过实践可以在一定的程度上发生变化，但是不可能有根本性的改变。从这个意义上说，一个人能否成为一个成功的管理者，先天的性格因素也在起作用。承认先天性的性格因素对管理者的影响并不是唯心论，也并不是要否定管理理论学习的作用。而是使我们在管理者的分工和管理集体结构等问题上，能够考虑不同管理工作对性格的特殊要求，以便提高管理者的管理效率。

3. 技术技能

技术技能是指使用某一专业领域内有关的工作程序、技术和知识完成组织任务的能力。例如，工程师、会计师、广告设计师、推销员都有相应领域的技术技能，所以被称作专业技术人员。对于管理者来说，虽然没有必要使自己成为精通某一领域技能的专家（因为他可以依靠有关专业技术人员来解决专门的技术问题），但他还是需要了解并初步掌握与其管理的专业领域相关的基本技能，否则就很难与他主管的组织内的专业技术人员进行有效的沟通，从而也就无法对他管辖的业务范围内的各项管理工作进行具体的指导。比如，医院的院长不应该对医疗一窍不通，学校的校长也不应该对教学一无所知。

技术技能是一种通过教育、培训、学习等途径掌握的技能，因为它与专业知识的多少有关。专业知识掌握得越多，技术技能的水平一般也就越高。许多常见的培训主要是针对管理者的技术技能进行的培训。

不同层次的管理者，由于所处位置、作用和职能不同，对三种技能的需要程度明显不同。高层管理者尤其需要概念技能，概念技能的高低，已经成为衡量一个高层管理者素质的重要尺度。而高层管理者对技术技能的要求就相对低一些。基层管理者更重视技术技能，他们的主要职能是现场指挥与监督，若不掌握熟练的技术技能，就难以胜任管理工作。例如，一个车间主任需要熟悉各种机械的性能、使用方法、操作程序，各种材料的用途、加工工序等。相比之下，基层管理者对概念技能的要求就不高。而人际技能，对于高、中、低层管理者的工作都是同样重要的。各层次管理者对上述三种管理技能需要的比例如图 1.2 所示。

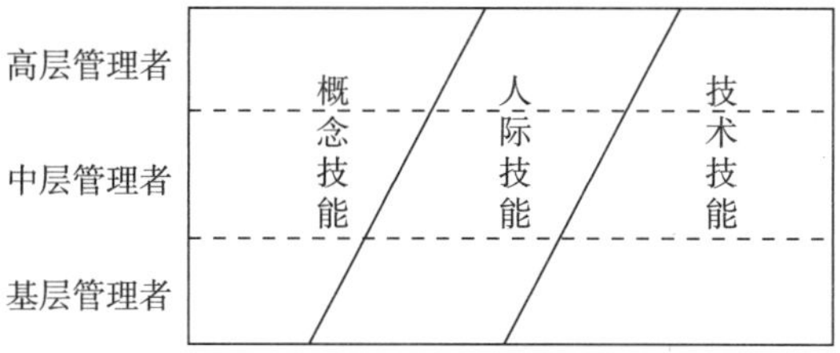

图 1.1 不同层次管理者所需的技能

四、管理的基本方法

管理者需要借助一定的方法来组织管理活动，管理方法是管理者履行管理职能、实现管理目标的方式、手段和途径。管理学的应用性和实践性，决定了任何一种管理理论都是由原理、原则及方法组成的有机整体。任何理论、原理都必须具体化，并通过管理方法，才能在管理实践中发挥作用。

管理方法从不同的角度可以进行不同的分类，较为常见的分类方法是按照管理方法的内容和对管理对象施加影响的性质、方式进行分类。从这个角度看，管理方法一般可以分为行政方法、经济方法、法律方法、教育方法和技术方法。

（一）行政方法

行政方法是指依靠行政机构和领导的权威，通过行政组织系统，采用命令、指示、规定、指令性计划、制定规章制度等行政手段，对管理对象发生影响和进行控制的管理方法。行政方法以权威和服从为基本原则。行政方法的实质是通过行政组织中的职务和职位来进行管理。行政方法特别强调职责、职权、职位，而非个人的能力或特权。任何单位、部门都要建立起若干行政机构来进行管理。上级指挥下级、下级服从上级的指挥都是由管理的权限决定的。

行政方法的主要特点有：权威性、强制性、垂直性、具体性和无偿性。因此，采用行政方法会产生一些独特的作用。行政方法的运用有利于组织内部统一目标、统一意志、统一行动，能迅速有力地贯彻上级的方针、政策，对全局活动实行有效控制；行政方法是实施其他管理方法的必要手段；行政方法可以强化管理作用，便于发挥管理职能，使全局、各部门、各单位密切配合，并不断调整它们之间的进度和相互关系。

（二）经济方法

经济方法是指根据客观经济规律，运用各种经济手段，调节各种不同经济主体之间的关系，以获取较高的经济效益与社会效益的管理方法。经济手段主要包括价格、税收、信贷、工资、利润、奖金、罚款、经济合同等。不同的经济手段在不同的领域，可发挥不同的作用。管理的经济方法的实质是围绕物质利益，运用各种经济手段正确处理好国家、集体和劳动者个人三者之间的经济关系，最大限度地调动各方面的积极性、主动性、创造性和责任感，促进经济发展与社会进步。

经济方法具有利益性、关联性、灵活性、平等性的特点。经济方法在具体运用中，也要和其他方法有机结合、综合运用、不断完善，不要迷信重奖重罚的作用，防止以罚代管的现象出现。

（三）法律方法

法律方法是指通过制定与实施法律规范和具有法律规范性质的各种行为准则，规范和监督组织及其成员的行为，以使管理目标顺利实现的管理方法。法律方法的内容，不仅包括建立健全各种法规，而且包括相应的司法工作和仲裁工作。这两个环节相辅相成、缺一不可。司法工作是由国家的司法机关按照法律和法规解决各种纠纷和审理案件的执法活动。司法机构通过司法制裁，强制执行法规，制止违法活动，并给予当事人一定处罚。仲裁即公断。若组织之间发生纠纷，经协商不能达成协议，就需要由仲裁人或仲裁机构居中做出判断和裁决。

法律方法与其他管理方法相比，还具备严肃、规范、强制的特点。法律方法不能解决所有问题，它只是在有限范围内发生作用。在法律范围之外，还有各种社会关系、经济关系需要用其他方法来管理和调整。所以，法律方法应和管理的其他方法综合使用，才能最终实现管理目标。

（四）教育方法

教育方法是通过对被管理者进行说服教育，启发觉悟，从而使其自觉地按照管理者的意志行动的管理方法。教育是实施各种管理措施的先导。许多企业的管理案例证明，命令、政策、法律、制度与各种经济手段运用得是否理想，与对群众的宣传教育是否到位密不可分。教育方法的内容包括思想政治教育、理想教育、道德教育、爱国教育、集体主义教育、民主与法制教育、纪律教育、科学文化教育、心理健康教育和职业精神教育等方面。

教育方法有强制性、示范性、群体性、个体性、自主性的特点。教育方法是管理的最好方法，因为教育能使人的思想品德、思维方法、知识水平、知识结构、文明程度、劳动态度发生根本性的变化。常用的较好方式有专业式教育、情景式教育、启发式教育、互动式教育。

（五）技术方法

技术方法是指组织中各个层次的管理者（包括高层管理者、中层管理者和基层管理者）根据管理活动的需要，自觉运用自己或他人所掌握的各类技术，以提高管理效率和效果的管理方法。通过研究实践已经证明，有效的管理离不开技术（包括信息技术、决策技术、计划技术、组织技术和控制技术等）。基于这样的认识，我们提出管理的技术方法，以突出技术在管理中的重要性。

技术方法具有客观性、规律性、精确性、动态性的特点。技术方法的实质是把技术融进管理中，利用技术来辅助管理，善于使用技术方法的管理者通常能把技术与管理很好地结合起来。技术当然也不是万能的，不能仅仅依靠技术来解决所有的管理问题，相反，应将各种管理方法综合运用起来，才能取得好的效果。

工作任务

讨论：你对高层管理者事必躬亲的看法，是支持还是反对？其结果将会如何？产生这种现象的原因何在？

第二节　管理思想认知

一、中国管理思想

在中华民族悠久的历史长河中产生了许多丰富的管理实践经验。长城、都江堰、京杭大运河等就是中国古代管理实践的成功典范。历代王朝对人口众多、幅员辽阔的国家进行着有效的控制和管理，他们在管理国家、巩固政权、统帅军队、组织战争、治理经济、发展生产、安定社会等方面都给我们留下了极为丰富的经验和管理思想。

（一）中国传统管理思想

当我们回顾中国管理思想的发展史时，会发现我国古代的某些管理思想早已蕴涵了被现代管理者公认的某些管理的原理、原则和观念，甚至可以挖掘出与现代管理相近的某些具体的管理方法来。中华文明，是人类历史上唯一没有中断过的古老文明，具有延续几千年的社会管理的丰富经验。中国传统管理思想，在中国传统的管理活动中具有不可忽视的地位和作用。总结这份遗产，对于发展现代管理理论，指导现代管理实践，意义重大。

1. 儒家管理思想

东方文化的核心是以儒家思想为主线。只要提到东方文化或者中国的历史发展，都会和中国儒家学说联系在一起。以孔子为代表的儒家管理哲学，基本精神是以“人为中心”，讲“为政以德”，讲“正己正人”，在管理的载体、手段、途径方面提出了独到的见解。

关于管理的载体，儒家管理哲学的中心概念是“仁”。孔子说：“为政在人，取人以身，修身以道，修道以仁。仁者人也，亲亲为大。”这就表明，儒家管理哲学是把人作为管理的载体（包括管理的主体和管理的客体，即管理者和被管理者），把人以及人际关系作为自己的理论出发点。在儒家那里，管理的本质是“治人”；管理的前提是人性（善恶）；管理的方式是“人治”；管理的关键是“择人”（“得人”）；管理的组织原则是“人伦”；管理的最终目标是“安人”……总之，一切都离不开“人”。

关于管理的手段，儒家强调“为政以德”，主张用道德教化的手段感化百姓，从而达到治理的目的。在《论语·为政》中，孔子提出：“道之以政，齐之以刑，民免而无耻；道之以德，齐之以礼，有耻且格。”在他看来，用道德感化感动人心，要比一味惩罚会收到更好的效果。与此同时，儒家并不否认法治的作用。所谓“政宽则民慢，慢则纠之以猛；猛则民残，残则施之以宽。宽以济猛，猛以济宽，政是以和”（《左传·昭公二十年》)，即是主张交替使用软硬两手来安定社会秩序。当然，以儒家的主旨来讲，即使是在施行法律手段的同时，也应念念不忘道德手段的配合使用。

关于管理的途径，儒家讲“为政以德”，同时也就包含着管理者自身的德行。“君子务本，本立而道生”（《论语·学而》）这里的“本”就是做人的根本，“务本”就是要学会做人，学会做一个有仁爱之心，能“泛爱众”，和“博施于民而能济众”，即能为人民大众谋福利的人。“为政以德，譬如北辰居其所而众星共之”。(《论语·为政》)管理者要想取得“众星拱之”效果，就要从自己做起，注意个人的道德修养。所谓“修身、齐家、治国、平天下”（《礼记·大学》)，从管理者的自我管理，再到家庭管理、国家管理和社会管理，层层推进，不可或缺，不能跳越。

综观儒家的理论体系无不体现了如何成为管理者（统治者），如何当管理者，管理者又应如何管理，这样一系列管理理论或学说始终面对的问题，这是一个为官从政的理论体系，它对封建统治者的统治确实提供了有利的管理思想武器，但儒家的学说，很少提到效率和发展生产问题。

2. 道家管理思想

道家思想是中国思想的基础之一，也是中国管理思想的重要来源。历代统治者往往“内用黄老，外示儒术”。道家思想博大精深，涉及管理原则、管理环境、管理策略、管理方法等各个方面，孕育着丰富的管理思想。以老子为代表的道家管理哲学，其基本精神是以“道”为中心，讲“道法自然”，讲“无为而治”，讲“弱者道之用”，在管理的规律、方式和艺术方面提出了独特的见解。

关于管理的规律，在《老子·二十五章》中，“域中有四大，而人居其一焉。人法地，地法天，天法道，道法自然。”“道”是宇宙万物创生的根源，所以人、地、天都要法“道”，但“道”并不是毫无规律，为所欲为的，它还必须以“自然”为法。“道法自然”，强调一切要合乎自然、顺从人与万物的自然本性，而不要以人为的造作来扭曲事物的本性。从管理的角度讲，要求管理者必须遵循社会管理的客观规律，一切顺其自然，才能取得良好的效果。

关于管理的方式，管理者要划分宏观和微观的区别，不要去过多地干预小民的生活和生产，实现无为而治。老子从“无为自化”“道法自然”的道论出发，在政治上主张“无为而治”。他说“爱民治国，能无为乎？”（《老子・十章》）“道常无为而无不为”（《老子・三十七章》）这就是说如果统治者能顺乎自然，因循“道”的发展变化而行动，“万物将自化，……天下将自定”（《老子・三十七章》），只有顺其自然，才会“无为而无不为”（《老子・四十八章》），才会收到理想的效果。无为而治的管理方式，具体来说，就是通过最少的、必要的、有效的法律制度把社会干涉行为减少到最低限度，从而实现组织的自然和谐与个人自由的协调发展。

关于管理的艺术，老子指出；“反者道之动，弱者道之用”（《老子・四十章》）。这里前一句意思是：事物向相反方向变化、发展、运动，是“道”的作用方式，即一切事物无不向其相反的方向变化，这种矛盾双方向对立面的转化，是事物运动、变化的普遍法则。而后一句是运用“反者道之动”的原理，对刚强和柔弱这对矛盾进行剖析的必然结果。弱，是柔弱；道之用，是“道”的作用性质。也可以说，“道”的作用是柔弱。老子为了证实“柔弱胜刚强”这一原理，在《老子》中列举了不少自然界生动的事例。他说；“天下莫柔弱于水，而攻坚强者莫之能胜，以其无以易之。弱之胜强，柔之胜刚。”（《老子・七十八章》）意思是：天下的东西，没有比水更柔弱的了。但攻坚克强的能力，没有什么东西能胜过水，因为没有东西可以代替它。弱能胜强，柔能胜刚。这里强调“弱”是道的最根本属性，“守弱”才是保持事物符合于“道”的最妙的手段，充分展现了老子管理辩证法的精湛之处。

3. 法家管理思想

以商鞅、韩非为代表的法家管理思想，以“法”为管理中心，讲“法、术、势”相结合，在管理的制度、技巧、权威方面提出了独特的见解。

关于管理的制度，就执法而言，法家主张“法治”，反对“人治”。“赏厚而信，刑重而必”（《商君书・修权》）。所谓“以法治国”，就是把“法”作为治理国家的准则，“君必有明法正义”“治国无其法则乱”。他们认为“仁义不足以治天下”，“圣王者，不贵义而贵法”，而且必须做到：“法必明，令必行”，以及“刑无等级”，“不失疏远，不违亲近。在《韩非子・忠孝》中，韩非提出“上法而不上贤”的主张。具体地说，历史上的贤君和暴君都是很少的，绝大多数君主都属于“中人”，即只具有中等管理水平的统治者。如果实行法治，靠这些“中人”就可以把国家管理好；如果实行“人治”，则非要等“千世一出”的圣贤不可，那是不现实的。退一步说，即使是由圣贤来管理国家，也不能离开法律制度。当然，就立法而言，法家以君主为中心，说到底也是“人治”。

关于管理的技巧，法家所谓“术”相当复杂，韩非提出统治者所必须采用的“七术”有：“一曰众端参观，二曰必罚明威，三曰信赏尽能，四曰一听贵下，五曰疑诏诡使，六曰挟知而问，七曰倒言反事。”（《韩非子·内储说上》）众端参观是指君主从多个方面来考察臣子，看其各个方面是否相矛盾、相抵触，相互参验看其忠奸。必罚明威是指对于犯错误的必须严惩，以此来树立君主的声威，达到以儆效尤的目的。信赏尽能是指君主对臣子的奖赏要兑现诺言，这样才能调动其主动性，尽心尽力地为君主服务。一听贵下是指君主需要考察其臣子的言行是否一致，并根据他所说的责令他切实地完成、兑现诺言。疑诏诡使是指用假诏书来考察他，看其是否忠诚。挟知而问是指君主运用所知的事情来考察其是否诚实，看其是否老实。倒言反事是说君主故意装作是非颠倒、语无伦次，即做与实际相反的事情，说与实际相反的话语，以试探对方的反应和其是否有阴谋。另外，韩非子认为君主应该采取手段不断削弱群臣的势力，以达到除去奸臣的目的，“欲为其国，必伐其聚；不伐其聚，彼将聚众”。对于奸臣必须采取严厉的措施，即“散其党，收其余，闭其闭，夺其辅，国乃无虎。”这里涉及的都是君主驾驭臣下的技巧，既有管理的技术，又有管理的艺术，更有管理的权术。其中的管理权术，在道德上虽不可取，但在实际的管理活动中，都为中国历代的封建帝王所身体力行。

关于管理的权威，韩非认为，帝王之所以为帝王，关键在于有“势”。他指出：“势者，胜众之资也。”（《韩非子·八经》）“势”可区分为“自然之势”和“人为之势”。“自然之势”是指在既成条件下管理者对权力的运用；“人为之势”则指管理者创造条件强化自己的权威。韩非更重视“人为之势”，特别强调管理者充分发挥自己的主体能动作用，以保证管理措施的积极推行。

4. 兵家管理思想

兵家的活动领域主要在军事，以孙子为代表的中国兵家思想十分丰富。军事管理也是人类社会管理的一个组成部分。它们的基本原则对于任何类型的社会组织和任何类型的社会管理活动都普遍适用。兵家思想以“谋略”为中心，讲“谋攻妙算”，讲“因变制胜”，讲“令文齐武”，对于管理的战略、策略、方略均有一定的启发作用。

关于管理的战略，孙子强调，优秀的战争指挥员应该依靠计谋取胜，“故上兵伐谋，其次伐交，其次伐兵，其下攻城”。故曰：“知己知彼，百战不殆；不知彼而知己，一胜一负；不知彼，不知己，每战必殆。”（《孙子·谋攻篇》）这些重视战略筹划的思想，对于管理人员具有重要的启迪作用。

关于管理的策略，孙子指出：“水因地而制流，兵因敌而制胜。故兵无常势，水无常形；能因敌变化而取胜者，谓之神。”（《孙子·虚实篇》）这种“因变制胜”的策略思想，对于管理，特别是经济管理和企业管理，是有参考价值的。

关于管理的方略，孙子提出了分组管理的原则，即“凡治众如治寡，分数是也；斗众如斗寡，形名是也。”（《孙子·势篇》）要使管理多数人像管理少数人一样，就要依靠组织和编制的作用。孙子又提出“令文齐武”的原则，以形成富有战斗力的组织。就是要用思想教育的手段，对部属晓之以理，动之以情。同时要用制度控制的方法，严明纪律。

（二）中国特色管理学理论体系构建

中西方之间的文化差异导致其管理情境明显不同，使得管理学理论的普适性受到了挑战、出现“水土不服”现象。因此，在借鉴并引进西方经典管理学理论的同时，必须对之加以变革和创新，使其同中国情境下的管理实践相适应，进而推动和促进中国乃至全球的经济发展。同时，“生于斯，长于斯”的中国本土化管理学理论体系能够弥补西方经典管理学理论体系中的漏洞和不足，为全球管理学理论体系的完善提供独特见解。

基于中西方文化情境和国家发展阶段存在的显著差异，如何构建中国特色管理学理论体系已成为国内外学者共同关注的热点话题。部分学者从思辨和定性研究层面提出当前关于中国特色管理学理论研究的基本观点，主要包括基于实践理论视角对中国本土管理实践进行深入研究、立足传统文化和本土情境相融合视角以构建“本土特色，整体普适”的本土管理学研究体系、运用中华优秀传统文化寻求解释过程中常见的直觉和领悟等方法进行本土管理学研究。

改革开放以来，中国国内生产总值从1978年的3679亿元增长至2020年的101.60万亿元，已经实现由落后经济体到全球第二大经济体的转变，在这一过程中，主要包括宏观社会主义市场经济制度的确立和微观非公有制经济的快速发展两个层面的重大变化，制度环境的不断变革以及市场主体的多元化致使企业经营压力持续增加，催生了大量新的管理技术，同时推动了政府公共治理体制发生变革。为适应变革中的制度环境、经济社会环境和技术环境，中国特色的工商管理、管理科学与工程、公共管理和农林经济管理等不同管理学领域的管理实践创新不断涌现，这为构建中国特色管理学理论体系提供了丰富的本土素材，为中国特色管理学理论创新奠定了实践基础。

2016年5月17日，习近平总书记在哲学社会科学工作座谈会上指出“要按照立足中国、借鉴国外，挖掘历史、把握当代，关怀人类、面向未来的思路，着力构建中国特色哲学社会科学，在指导思想、学科体系、学术体系、话语体系等方面充分体现中国特色、中国风格、中国气派”，上述会议精神对中国特色哲学社会科学体系的构建、发展和完善提出了明确要求并指明了未来发展方向。作为中国特色哲学社会科学体系的重要组成部分，如何构建中国特色管理学理论体系这一问题也越来越迫切。

1. 中国特色管理学理论体系构建的实现路径

学者周泽将、王浩然尝试性地提出构建中国特色管理学理论体系的实现路径，提出构建中国特色管理学理论体系实现路径的基本模型，该理论模型的基本逻辑为“实践—理论— 实践”，即“ 理论从实践中来，再到实践中去”，并严格遵循“实践是检验真理的唯一标准”这一马克思主义实践论的基本原则。具体来说，构建中国特色管理学理论体系实现路径的理论模型其核心要义包括如下 4 个步骤。

（1）置身于中国文化、技术和制度情境中，根据本土管理实践发掘中国管理学问题；

（2）根据中国管理学问题构建中国管理学理论框架；

（3）根据中国管理学理论框架检验中国特色管理学理论；

（4）将中国特色管理学理论用于指导中国本土管理实践。

在构建中国特色管理学理论体系实现路径的 4 个步骤中，遵循“实践—理论—实践”的基本构建逻辑，从中国情境下的管理实践中发掘中国管理学问题是逻辑起点，根据中国管理学问题凝练和总结出核心概念和基本原理以构建中国管理学理论框架是重要基础，检验中国管理学理论框架以形成中国特色管理学理论是理论创新的关键环节，运用中国特色管理学理论指导中国本土管理实践、解决中国本土管理问题是最终目标，4 个步骤相辅相成、缺一不可。

2. 复杂系统管理

（1）复杂系统管理的概述

在管理现实中，人们认定一个问题是复杂的问题，除了问题自身存在的各种客观复杂因素外，还往往受制于人们自身对问题的认知、分析或者解决问题的能力的缺失或不足，因此，在传统的管理活动中，分析和解决管理问题的经典路径是把这类问题分解成若干部分，把各部分都研究清楚了，整体也就清楚了；如果对部分的研究还不清楚，可以再继续往下分解进行研究，直到每个部分都弄清楚为止，再由最底层的各部分逐一汇总和逐层向上直至把问题整体分析清楚或者解决。

“复杂的管理”中最基本的是出现了“复杂的问题”。当然，复杂的管理中不是所有的问题都是“复杂的”。首先，只要不是管理复杂程度与管理环境复杂程度都高的情况，其相应的管理问题属于以下 3 类：简单问题、一般系统性或一般不确定性问题，对这 3 类管理问题，可以运用管理中的常规管理或者系统性管理方法来解决。但是，对于一类管理活动与管理环境复杂程度都高的问题，如异质主体管理组织平台设计、深度不确定管理决策与决策方案的“迭代式”生成方法、复杂性引起的风险分析与防范、管理现场多主体协调与多目标综合控制等，一般不能够仅仅采用上述相对简单方法来解决，而需要根据新的思维原则才能有效地解决它们，我们称这类问题为复杂的管理中的复杂的问题。

“复杂系统管理”是基于复杂系统思维与范式，通过复杂系统与管理科学融合而形成的管理学新领域；在实践上，它主要是在解决重大现实复杂问题的需求导向下，对复杂社会经济重大工程系统中一类复杂整体性问题的管理活动和过程；体现了研究问题的物理复杂性、系统复杂性与管理复杂性的完整性与融通性，具有重要的现实意义与鲜明的中国特色；同时，复杂系统管理又是国际学术界广泛关注的重大科学议题，具有重要的学术引领性、前沿性、交叉性与厚重感。钱学森的复杂系统学术思想、科学建树与实践贡献已成为我国复杂系统管理学术体系的内核与底蕴。当今，我国正"进入新发展阶段，贯彻新发展理念，构建新发展格局，需要解决的问题越来越多样，越来越复杂。"因此，可以认为，复杂系统管理将成为我国发展新阶段、新格局下越来越重要的一类新的管理思维范式、实践范式与研究范式；进一步深化钱学森复杂系统管理学术思想研究是我国管理学发展道路重大转折对当今管理学理论时代化与本土化优秀品格的呼唤，是在新的历史阶段和历史高度创立我国自主性管理学术的新标志。

（2）复杂系统管理的中国特色

管理学术的"时代化"是指学术在与时代相互作用中与时俱进；而管理学术的"本土化"则是指学术要关注管理实践的空间位置。这样一来，管理学术的时代化不仅会充满着时代气息，同时还会充满着浓厚的"乡土"气息。复杂系统管理主要是对我国社会经济重大工程人造复杂系统中一类复杂整体性问题的关切与回应，因此，要充分认识到复杂系统管理学术的时代化总是与管理实践中国化紧密联系在一起。特别在今天，时代化是普遍原理，中国化是时代化在中国的具体形态；时代化通过中国化走向中国管理实践，中国化又通过中国管理实践与理论发展促进和推动学术的时代化。这就是复杂系统管理中国特色属性的渊源与品格的现实意义。

当今，复杂系统管理中国特色的主要形态与意义在于以下几个方面。

①我国传统文化的滋润。中国文化中的本体却更具理学精神，如儒家的"仁"、道家的"道"、佛家的"性"等都表达了人的思维精神与观念本体。在这里，本体已经不只是物理、物质性，而更有物理、物质性之外、之上的人的理性。正是从中华传统文化这一本体内核出发，钱学森既看到物理、物质性本体，又看到人的"内为心性"的观念本体，在物理、物质、社会的一类"复杂系统"本体的认知基础上，凝练出表达人的思维与观念的"复杂性"，作为复杂系统本质属性，这一理念突破了还原论对复杂性思想的桎梏，并以一种理性思维的方法论来辨识复杂性，从而确立了一条自主性的认识复杂系统的路线，充分体现了复杂系统管理内涵中的中华民族文化精髓。

②钱学森系统思想的内核。钱学森是以复杂系统复杂整体性来界定和辨识复杂系统管理中"复杂性"的，这让我们确立了实践中的复杂的问题、系统空间中的复杂性问题以及管理空间中复杂整体性问题之间的学理同一性。没有这一学理同一性，就没有复杂系统管理的整体化内涵，也难有研究复杂系统管理的共同平台、逻辑起点与思维原则；复杂系统管理研究极可能缺乏自主性，如陷入国外"复杂性词汇"的学术话

语依傍。

③我国航天工程的积淀。复杂系统管理在我国有着极其丰富的实践基础并源源不断地成为复杂系统管理思想、经验与理论的源泉。最能体现我国复杂系统管理实践与学术思想紧密结合的就是我国几十年来航天工程与“两弹一星”的复杂系统管理实践，其中，既包括复杂系统管理思想与理论等方面的原创性成果，也包括驾驭复杂系统管理实践方面的系统性贡献。所取得的巨大成就在全世界都属首屈一指，充分彰显了复杂系统管理在我国的强大力量。

④我国丰富的重大现实需求。当今，复杂系统管理在我国已经是社会经济重大工程等各个领域普遍的重要实践形态。习近平总书记指出：“进入新发展阶段，贯彻新发展理念，构建新发展格局，需要解决的问题会越来越多样，越来越复杂。”并进一步指出“我国全面深化改革是一项复杂的系统工程。”系统工程是组织管理的技术，所以，总书记的这句话表明，我国全面深化改革实践既是实践的复杂系统，也是复杂系统管理的实践，给我国全面深化改革指明了复杂系统管理的思维原则。习近平总书记还指出：“创新是一项复杂社会系统工程。实施好关键核心技术攻关工程，尽快解决一批‘卡脖子’问题”。一般说来，破解“卡脖子”技术的研发过程与最终复杂技术人造物的实现必然涉及社会、经济、科学技术、管理和文化等多个领域，需要把自然科学、技术科学、工程科学、社会科学与人文科学相结合、政府职能与市场职能相结合、专家经验与科学理论相结合、多种学科知识相结合并使这些结合相互渗透融为一体；需要科学分析各种要素与资源的系统性与复杂性，以及如何“涌现”和驾驭复杂技术人造物形成的新动能，因此，破解“卡脖子”关键技术问题是一类典型的复杂系统管理活动。

同步案例

太湖流域水环境治理变革

太湖是我国第三大淡水湖、重要水源地。长期以来，太湖水环境对我国长三角地区社会经济发展起了巨大的保障支撑作用，同时，太湖水环境问题也非常突出和敏感。目前，太湖流域水环境问题虽然得到了较大缓解与改善，但是，总体上太湖治理效果的脆弱性、反复性、不稳定、不均衡等顽症一直存在。这些严峻的现实告诉我们：因为受制于边际效应递减规律，太湖治理已经进入爬坡过坎攻坚阶段。特别是，当前太湖水环境治理面临着“生态文明建设新时期”“经济增长转型升级期”“治理攻坚克难期”三期叠加带来的复杂性巨大挑战，治理要求更高、工作难度更大、治理投资的持续增加出现困难，很多体制机制类水环境治理弱点以及治理机理性动能不足和不均衡现象逐渐凸显。事实表明，太湖水环境问题及关于太湖水环境治理变革需要以现有治理体系理念、认知、模式与技术存在的问题为导向、以补齐系统性治理短板、深化对治理复杂性认知、提升治理绩效，通过水环境治理模式与技术的变革性重构，对太湖水流域自然关系、社会关系、经济关系、技术关系进行综合性改进、完善与优化，形成新的治理动能，推动太湖流域“人与水环境生命共同体”的实现，所有这些综合在一起，就形成了我国太湖流域水环境治理变革这一重大复杂系统管理问题。

（资料来源：盛昭瀚，于景元．复杂系统管理：一个具有中国特色的管理学新领域［J］．管理世界，2021（6））

想一想：

人类已经进入复杂系统时代，复杂系统管理实践不仅对落实中央重大战略方针、加强国家治理顶层设计与整体谋划具有重要现实意义，并且复杂系统管理学术研究在当今全球管理学研究领域中具有重大引领性作用，同时是在新的历史阶段和历史高度创立我国自主性管理学术的新标志。同学们，如果面对复杂问题的管理，你会怎么处理呢？

思政微议

科学的管理思维

战略思维能力，就是高瞻远瞩、统揽全局，善于把握事物发展总体趋势和方向的能力。提高战略思维能力，就要视野开阔、胸襟博大，以小见大、见微知著，站在时代前沿和战略全局的高度观察、思考和处理问题，从政治上认识和判断形势，透过纷繁复杂的表面现象把握事物的本质和发展的内在规律。要做到既抓住重点又统筹兼顾，既立足当前又放眼长远，既熟悉国情又把握世情，在解决突出问题中实现战略突破，在把握战略全局中推进各项工作。

历史思维能力，就是以史为鉴、知古鉴今，善于运用历史眼光认识发展规律、把握前进方向、指导现实工作的能力。习近平总书记指出，“历史是最好的教科书”，“中国革命历史是最好的营养剂”。提高历史思维能力，就要加强对中国历史、党史国史、社会主义发展史和世界历史的学习，深刻总结历史经验、把握历史规律、认清历史趋势，在对历史的深入思考中做好现实工作、更好走向未来。

辩证思维能力，就是承认矛盾、分析矛盾、解决矛盾，善于抓住关键、找准重点、洞察事物发展规律的能力。我们的事业越是向纵深发展，就越要不断增强辩证思维能力。提高辩证思维能力，要运用辩证唯物主义观察事物、分析问题、解决问题，在矛盾双方对立统一过程中把握事物发展规律，克服极端化、片面化。

创新思维能力，就是破除迷信、超越陈规，善于因时制宜、知难而进、开拓创新的能力。世间万物，变动不居。“明者因时而变，知者随事而制”。习近平总书记指出："生活从不眷顾因循守旧、满足现状者，从不等待不思进取、坐享其成者，而是将更多机遇留给善于和勇于创新的人们。"提高创新思维能力，就是要有敢为人先的锐气，打破迷信经验、迷信本本、迷信权威的惯性思维，摒弃不合时宜的旧观念，以思想认识的新飞跃打开工作的新局面。

底线思维能力，就是客观地设定最低目标，立足最低点，争取最大期望值的能力。习近平总书记多次强调："要善于运用'底线思维'的方法，凡事从坏处准备，努力争取最好的结果，这样才能有备无患、遇事不慌，牢牢把握主动权。"他指出，1945 年毛泽东同志在党的七大上作结论报告，在讲"准备吃亏"、准备对付困难时一口气列了 17 条困难。毛泽东同志说："许多事情是意料不到的，但是一定要想到，尤其是我们的高级负责干部要有这种精神准备，准备对付非常的困难，对付非常的不利情况。"提高底线思维能力，就是要居安思危，增强忧患意识，宁可把形势想得更复杂一点，把挑战看得更严峻一些，做好应付最坏局面的思想准备。要增强前瞻意识，把工作预案准备得更充分、更周详，做到心中有数、处变不惊。

（资料来源：《习近平总书记系列重要讲话读本》，学习出版社，人民出版社，2016 年版）

议一议：

同学们，学习和研究管理学，要求我们在马克思主义理论指导下用科学的方式去思考管理实践的特征，提高我们对管理理论的认识和运用能力，提高我们的管理思维能力。你们认为，科学的管理思维有哪些呢？

3. 用马克思主义指导管理学的研究和学习

用马克思主义理论指导管理学的研究就是用马克思主义的世界观和方法论去指导管理学的思考。辩证唯物主义与历史唯物主义是马克思主义最根本的世界观和方法论，管理实践的描述、管理问题的分析、管理理论的抽象、管理演化的预测都应该体现辩证唯物主义与历史唯物主义的精神。

马克思和恩格斯所创立的历史唯物主义是关于人类社会发展普遍规律的科学。根据唯物主义的观点，社会存在决定社会意识，物质生活的生产方式决定社会生活、政治生活和精神生活的一般过程。历史上不同时期的社会存在决定了与该时期特征相对应的社会意识，这是历史唯物主义的基本观点。在社会存在决定社会意识的同时，社会意识也会影响社会存在，也会反作用于社会存在。存在与意识的关系、物质与精神的关系不是单向的决定或作用的关系，而是双向的作用与反作用的关系，这是辩证唯物主义的基本观点。

二、西方管理思想

西方文化起源于希腊、罗马、埃及、巴比伦等文明古国，他们在公元前六世纪左右即建立了高度发达的奴隶制国家，在文化、艺术、哲学、数学、物理学、天文学、建筑等方面都对人类做出了辉煌的贡献。

（一）西方早期管理思想的产生

随着资本主义的发展和工厂制度的形成，经商和管理日益得到社会的重视，有愈来愈多的人来研究社会实践中的经济与管理问题。其中，最早对经济管理思想进行系统论述的学者，首推英国经济学家亚当·斯密（Adam Smith，1723~1790）。他在1776年（当时正值英国的工场手工业开始向机器工业过渡时期）出版了《国民财富的性质和原因研究》一书，系统地阐述了劳动价值论及劳动分工理论。

斯密认为，劳动是国民财富的源泉，各国人民每年消费的一切生活日用必需品的源泉是本国人民每年的劳动。这些日用必需品供应情况的好坏，决定于两个因素：一是这个国家人民的劳动熟练程度、劳动技巧和判断力的高低；二是从事有用劳动的人数和从事无用劳动人数的比例。

斯密在分析增进“劳动生产力”的因素时，特别强调了分工的作用。他对比了易于分工的制造业和当时不易分工的农业的情况，说明分工可以提高劳动生产率。他认为，分工的益处主要是：（1）劳动分工可以使工人重复完成单项操作，从而提高劳动熟练程度，提高劳动效率；（2）劳动分工可以减少由于变换工作而损失的时间；（3）劳动分工可以使劳动简化，使劳动者的注意力集中在特定的对象上，有利于创造新工具和改进设备。

斯密的观点，不仅符合当时生产发展的需要，后期也成了以后企业管理理论中的重要原理。斯密在研究经济现象时，提出：经济现象是基于具有利己主义所产生的。人们在经济行为中，追求的完全是私人的利益。但是，每个人的利益又为其他人的利益所限制。这就迫使每个人必须顾及其他人的利益。由此，就产生了相互的共同利益，进而产生和发展了社会利益。社会利益正是以个人利益为基础的。斯密曾经这样来描述人们之间的相互关系：“人类几乎随时随地都需要同胞的协助，但只想依赖他人的恩惠，那是肯定不行的”。“他如果能够刺激他们的利己心，使他们有利于自己，并告诉他们，为他做事对他们自己也有利，他要达到目的就容易多了”。

斯密之后，英国人查理·巴贝奇（Charles Babbage，1792~1871），发展了斯密的论点，提出了许多关于生产组织机构和经济学方面的带有启发性的问题。巴贝奇原来是一名数学家，后来对制造业发生了兴趣。1832年，他在《论机器和制造业的经济》一书中，概述了他的思想。巴贝奇赞同斯密的劳动分工能提高劳动效率的论点，但认为斯密忽略了分工可以减少支付工资这一好处。巴贝奇对制针（普通制针）业作了典型调查。把制针业的生产过程划分为七个基本操作工序，并按工序的复杂程度和劳动强度雇佣不同的工人，支付不同的工资。如果不实行分工，整个制造过程由一个人完成，那就要求每个工人都有全面的技艺，都能完成制造过程中技巧性强的工序，同时又有足够的体力来完成繁重的操作。工厂主必须按照全部工序中技术要求最高、体力要求最强的标准来支付工资。由此，巴贝奇提出了“边际熟练”原则，即对技艺水平、劳动强度定出界限，作为报酬的依据。

巴贝奇没有忽视人的作用。他认为工人同老板之间存在利益共同点，并竭力提倡所谓利润分配制度，即工人可以按照其在生产中所做的贡献，分到工厂利润的一部分。巴贝奇也很重视对生产的研究和改进，主张实行有益的建议制度，鼓励工人提出改进生产的建议。他认为工人的收入应该由三部分组成，即：（1）按照工作性质所确定的固定工资；（2）按照生产效率及所做贡献分得的利润；（3）为提高劳动效率而提出建议所应给予的奖励。提出按照生产效率不同来确定报酬的具有刺激作用的制度，是巴贝奇做出的重要贡献。

在斯密和巴贝奇之后，在生产过程中进行劳动分工的做法，有了迅速的发展。到了 20 世纪，大量流水生产线的形成，使劳动分工的主张得到了充分的体现。

这一时期的著名管理学者除了斯密和巴贝奇之外，还有英国的空想社会主义者罗伯特·欧文（Robert Owen，1771~1858）。他经过一系列试验，首先提出在工厂生产中要重视人的因素，要缩短工人的工作时间，提高工资，改善工人住宅。他的改革试验证实，重视人的作用和尊重人的地位，也可以使工厂获得更多的利润。所以，欧文被称为“现代人事管理之父”。

（二）西方管理理论的产生与发展

管理理论比较系统的建立是在 19 世纪末 20 世纪初，随着社会、经济、科学技术、法律等方面的发展，一些新的研究手段和方法出现了，管理学者也开始用较系统、先进的手段来研究管理问题。追溯管理理论形成和发展一百余年的历史，可以分为三个主要阶段：第一阶段是管理理论的形成时期，即古典管理理论时期，以泰勒、法约尔、韦伯等的“科学管理理论”“一般管理理论”“行政组织理论”为代表；第二个阶段开始于 20 世纪二三十年代，以梅奥等的人际关系理论为代表；第三个阶段即现代管理理论的“丛林”时期，出现于第二次世界大战之后。

1. 科学管理理论

随着生产的发展、科学技术的进步，企业规模不断扩大，市场也在迅速扩展，从一个地区扩展到整个国家，从国内扩展到国外。随着竞争范围的扩大和竞争对手的增多，单凭经验进行生产和管理已经不能适应这种剧烈争夺的局面了。这就迫切需要改进企业管理，以增强企业的竞争能力。

在早期管理阶段，资本的所有者就是管理者。但到了 19 世纪末期，由于生产技术日益复杂，生产规模的不断发展和资本的日益扩大，企业的管理职能便逐渐与资本所有权相分离，管理职能则由资本所有者委托给以经理为首的由各方面管理人员所组成的专门管理机构承担。从此，出现了专门的管理阶层。同时，管理工作也成为有人专门研究的一门学问，并产生了称为“科学管理”的理论。

科学管理理论的创始人是美国的弗雷德里克·温斯洛·泰勒（Frederick Winslow Taylor，1856~1915）。泰勒到米德维尔钢铁公司当学徒，在技术水平、管理能力上得到过锻炼，后来被老板提拔为工长、中层管理人员和总工程师。泰勒的经历使他对生产现场很熟悉，对生产基层很了解。他认为单凭经验进行管理的方法是不科学的，必须加以改变。但是，当时守旧的势力很大，工人是自己决定制造方法，工厂主是自己决定管理方法，各人所掌握的技艺和积累的经验对别人都严守秘密。虽然处在这样僵化和守旧的环境中，泰勒还是利用自己取得的地位，开始了管理方面的革新活动。

（1）泰勒的科学管理理论

①泰勒所创立的管理理论

科学管理的根本目的是谋求最高工作效率。泰勒认为，最高的工作效率是工厂主和工人共同达到富裕的基础。它能使较高的工资与较低的劳动成本统一起来，从而使工厂主得到较多的利润，使工人得到较高的工资。这样，便可以提高他们扩大再生产的兴趣，促进生产的发展。所以，提高劳动生产率是泰勒创立科学管理理论的基本出发点，是泰勒确定科学管理的基础。

达到最高工作效率的重要手段，是用科学的管理代替旧的经验管理。泰勒认为，管理是一门科学，不应仅凭经验进行管理，建立各种明确的规定、条例、标准，使一切科学化、制度化，是提高管理效能的关键。

科学管理的核心问题是劳资双方在精神上和思想上来一个彻底变革。泰勒认为科学管理是一场重大的精神变革。他要求工厂的工人树立对工作、对同伴、对雇主负责任的观念；同时，也要求管理人员（领工、监工、企业主、董事会）改变对同事、对工人以及对一切日常问题的态度，增强责任观念。通过这种重大的精神变革，可使管理人员和工人双方都把注意力从盈利的分配转到增加盈利数量上来。当他们用友好合作和互相帮助代替对抗和斗争时，他们就能够生产出比过去更多的盈利，从而使工人的工资大大增加，使企业主的利润也大大增加。这样，双方之间便没有必要再为盈利的分配而争吵了。

②泰勒提出的管理制度

对工人提出科学的操作方法，以便合理利用工时，提高工效。具体做法是：从执行同一种工作的工人中，挑选出身体最强壮、技术最熟练的一个人，把他的工作过程分解为许多个动作，在其劳动最紧张时，用秒表测量并记录完成每一个动作所消耗的时间，然后按照经济合理的原则加以分析研究，对其中合理的部分加以肯定，不合理的部分进行改进或省掉，制定出标准的操作方法，并规定出完成每一个标准动作的标准时间，制定出劳动时间定额。

在工资制度上实行差别计件制。按照作业标准和时间定额，规定不同的工资率。对完成和超额完成工作定额的工人，以较高的工资率计件支付工资；对完不成定额的工人，则按较低的工资率计件支付工资。

对工人进行科学的选择、培训和提高。泰勒曾经对经过科学选择的工人用上述的科学作业方法进行训练，使他们按照作业标准工作，以改变过去凭个人经验选择作业方法及靠师傅带徒弟的办法培养工人的落后做法。这样改进后，生产效率大为提高。

使管理和劳动相分离，把管理工作称为计划职能，把工人的劳动称为执行职能。泰勒指出，在旧的管理中，计划是由工人凭个人经验制定的。实行新的管理制度，就应由管理部门按照科学规律来制定计划。即使有的工人熟悉生产情况，也掌握科学的计划方法，但他要同时在现场做工，又在办公桌上工作是不可能的。多数情况下，需要一部分人先做出计划，由另一部分人去执行。因此，他主张把计划职能从工人的工作内容中分离出来，由专业的计划部门去做。计划部门的任务是，规定标准的操作方法和操作规程，制定定额，下达书面计划，监督控制计划执行。从事计划职能的人员称为管理者，负责执行计划职能的人称为劳动者。管理者和劳动者在工作中必须互相呼应、密切合作，以保证工作按照科学的设计程序进行。

以上这些改革，形成了科学管理理论的基本组成部分。这些现在看来似乎是非常平常且早已为人们所熟悉的常识，在当时却是重大的变革。实践证明，这种改革收到了很好的效果，生产效率得到了普遍提高，出现了高效率、低成本、高工资、高利润的新局面。

③对“泰勒制”的评价

“泰勒制”应用在生产现场管理中效果显著，但其推广却很不顺利，遭到了老板们和工人的反对。“泰勒制”当时之所以遭到反对，一方面是因为社会上传统意识的影响，另一方面是由于它本身也存在着弱点，我们应当用历史的观点客观地评价。

它冲破了传统落后的经验管理办法，将科学引进了管理领域，创立了一套具体的科学管理方法来代替单凭个人经验进行作业和管理的旧方法。这是管理理论上的创新，也为管理实践开辟了新局面。

由于采用了科学的管理方法和科学的操作程序，使生产效率提高了两三倍，推动了生产的发展，适应了当时社会经济在这个时期发展的需要。

由于管理职能与执行职能的分离，企业中开始有一些人专门从事管理工作。这就使管理理论的创立和发展有了实践基础。

泰勒把工人看成是会说话的机器，只能按照管理人员的决定、指示、命令进行劳动，在体力和技能上受最大限度的付出与限制。泰勒的“标准作业方法”“标准作业时间”“标准工作量”，都是以身体最强壮、技术最熟练的工人进行最紧张的劳动时所测定的时间定额为基础的，是大多数工人无法忍受和坚持的。因此，他把人看作是纯粹的“经济人”，认为人的活动仅仅出于个人的经济动机，忽视企业成员之间的交往及工人的感情、态度等社会因素对生产效率的影响。泰勒认为，工人的集体行为会降低工作效率，只有使“每个工人个别化”才能达到最高效率。

泰勒制是适应历史发展的需要而产生的，同时也受到历史条件和倡导者个人经历的限制。当时，要增加企业的利润，关键是提高工人的劳动效率。泰勒本人长时间从事现场的生产和管理工作，故泰勒的一系列主张，主要是解决工人的操作问题，生产现场的监督和控制问题，管理的范围比较小，管理的内容也比较窄。企业的供应、财务、销售、人事等方面的活动，基本没有涉及。

④其他管理专家对泰勒制的贡献

与泰勒同时代的对管理改革做出过贡献的还有亨利·甘特、弗兰克·吉尔布雷斯夫妇、亨利·福特、亨利·法约尔等。

甘特（Henry L.Gantt，1861~1919），他的重要贡献之一是设计了一种用线条表示的计划图表，称为甘特图，常用于编制进度计划。甘特还提出了“计件奖励工资制”，即除了支付日工资外，超额完成定额的部分，再计件给以奖金，完不成定额的，只能拿到日工资。这种制度比泰勒的“差别计件制”好，可使工人感到收入有保证，从而激发劳动积极性。这个事实第一次说明，工资收入有保证也是一种工作动力。甘特的代表作是1916年出版的《工业领导》和1919年出版的《工作的组织》。

机械师吉尔布雷斯（Frank Gilbreth，1868~1924）和他的妻子、心理学者莉莲·吉尔布雷斯（Lillian M.Gilbreth，1878~1972）两人以进行“动作研究”而著称。他们开始是在建筑行业分析研究用哪种姿势砌砖省力、舒适、效率高。经过试验，制定出了一套砌砖的标准作业方法，可使每人每天砌砖量增加两倍。他们还在其他行业进行过动作研究，并把工人劳动时手和臂的活动分解成了17项基本动作。他们的研究方法是，在工人的手臂上绑上小灯泡，将工人劳动时的动作拍摄成带有时间指针的图组，然后与其他人一起分析照片中哪些动作应该保留，哪些动作可以省掉，哪些动作需要加快速度，哪些动作应该改变次序，然后定出标准的操作程序。他们的动作研究比泰勒的研究更为细致和广泛，其研究成果反映在1911年出版的《动作研究》一书中。

美国的福待（Henry Ford，1863~1947）在泰勒的单工序动作研究的基础上，为了提高企业的竞争能力，进而对如何提高整个生产过程的生产效率进行了研究。他充分考虑了大量生产的优点，规定了各个工序的标准时间，使整个生产过程在时间上协调起来，创造了第一条流水生产线——汽车流水生产线，从而提高了整个企业的生产效率，并使成本明显降低。福特为了利于企业向大量生产发展，进行了多方面的标准化工作，包括；产品系列化——减少产品类型，以便实行大量生产；零件规格化——以利于提高零件的互换性；工厂专业化——不同的零件分别由专门的工厂或车间制造；

机器及工具专用化——以提高工作效率，并为自动化打下基础；作业专门化——使各工种的工人反复进行同一种简单的作业。

泰勒及其他同期先行者的理论和实践构成了泰勒制，着重于用科学的方法提高生产现场的生产效率问题。所以，人们称以泰勒为代表的这些学者所形成的学派为科学管理学派。

（2）一般管理理论

泰勒制在科学管理中的局限性，主要是由法国的亨利·法约尔（Henry Fayol，1841~1925）加以补充的，德国的马克斯·韦伯（Max Weber，1864~1920）等人也为此做出过重要贡献，他们的工作奠定了古典组织理论的基础。

①法约尔的组织管理理论

法约尔长期担任法国一个大煤矿公司（高芒特里—福尔尚布德矿业公司）的领导工作和总经理职务，积累了管理大企业的经验。与此同时，他还在法国军事大学任过管理教授，对社会上其他行业的管理进行过广泛的调查，退休后还创办了管理研究所。法约尔的经历决定了他的管理思想要比泰勒开阔。此外，他是一位概括和阐述一般管理理论的先驱者，后人称他为“管理过程理论之父”。

法约尔认为，要经营好一个企业，不仅要改善生产现场的管理，而且应该注意改善有关企业经营的六个方面的职能：

技术职能：设计制造；

经营职能：进行采购、销售和交换；

财务职能：确定资金来源及使用计划；

安全职能：保证员工劳动安全及设备使用安全；

会计职能：编制财产目录，进行成本统计；

管理职能：包括计划、组织、指挥、协调、控制五项。

②法约尔的管理原则

法约尔提出了管理中具有普遍意义的十四项原则：

劳动分工（Division of work）。法约尔认为，劳动分工是组织和机构发展的必要手段。劳动分工不仅提高生产效率，而且使大规模生产和成本降低成为可能，同时劳动分工使每个工人的工作范围缩小，从而可以减少工人的培训费用。

权力与责任（Authority and responsibilities）。法约尔认为，在一个企业中，一个人的权力和责任应当相符。所谓权力是指“指挥他人的权以及使他人服从的力”。权力分为管理人员的职务权力和个人权力，职务权力是由职位产生的，个人权力是由适于担任职务的个性、经验、品质等个人特性产生的。法约尔认为，权力与职责是相互联系的，在行使权力的同时，必须承担相应的责任。

纪律（Discipline）。法约尔认为，纪律是企业领导人同下属之间在服从、勤勉、举止和尊重等方面所达成的一种协议。纪律是管理所必需的，是维系企业生存和发展的根。

统一指挥（Unity of command）。法约尔认为，组织中每一个人都只能接受一个上级的命令。这是一项非常重要的管理原则，如果这项原则遭到破坏，那么权力将遭到损害，纪律将受到破坏，秩序和稳定将受到威胁。

统一领导（Unity of direction）。法约尔认为，一个组织对于目标相同的活动，只能有一个领导和一项计划。

个人利益服从整体利益（Subordination of individual interest to the general interest）。法约尔认为，企业的整体利益高于任何个人利益，任何个人利益都不能超越企业的整体利益。

员工报酬（Remuneration）。法约尔认为，员工的报酬应与他的付出相适应，一个员工得不到应有的报酬，就会失去工作的积极性。

集中（Centralization or decentralization）。法约尔指的是组织权力的集中与分散的问题。法约尔认为，集中或分散的问题是一个简单的尺度问题，问题在于如何找到适宜的尺度。

等级链（Scalar chain/Line of authority）。法约尔认为，为了进行有效的管理，需要在组织中建立等级链，等级链就是指在组织机构中，从最高权力机构到最基层管理人员应该建立关系明确的职权等级系列。

秩序（Order）。法约尔认为，秩序是指“凡事各有其位”。这一原则既适合于物质资源的管理，如设备、机器、工具应排列有序；也适合于人力资源的管理，如组织中的每个成员应该根据自身的能力、意愿确定自己的位置，每个人都应被安排在最能充分发挥个人作用的工作岗位上。

公平（Equity）。法约尔认为公平是由“公道”和“善意”产生的。公道是执行已订立的协定。但是协定在制定时，人们对未来是无法完全预料的，随着外界因素的变化，应对已制定的协定根据具体情况经常进行说明，并补充其不足之处。为了保证公平，在公道的基础上，还必须善意对待下属，目的是激励下属对组织忠诚并能全心全意做好本职工作。

人员稳定（Stability of tenure of personnel）。法约尔认为，职工和管理人员要想有效地从事某个岗位的职责，需要很长的时间。如果人员不断变动，将得不到良好的工作效果。

首创精神（Initiative）。法约尔认为，首创精神是创立和推行一项计划的动力。一个组织中，不仅领导人需要有首创精神，全体成员都需要有首创精神，这是提高组织中各级人员工作热情的主要源泉。

集体精神（Esprit de Corps）。职工的融洽、团结可以使企业产生巨大的力量。实现集体精神最有效的手段是统一命令。在安排工作、实行奖励时不要引起嫉妒，以避免破坏融洽的关系。此外，还应尽可能直接地交流意见等等。

③对一般管理理论的评价

法约尔认为他的管理理论尽管是以大企业为研究对象，除了可应用于工商企业之外，还适用于政府、教会、慈善团体、军事组织以及其他各种事业。所以，人们一般认为法约尔是第一个概括和阐述一般管理理论的管理学家。

法约尔对于管理职能的划分以及管理原则的描述对后来的管理理论研究具有非常深远的影响。法约尔对管理的五大职能的分析为管理科学提供了一套科学的理论架构，后人根据这种架构，建立了管理学并把它引入课堂。

法约尔一般管理理论的主要不足之处是他的管理原则缺乏弹性。正如他自己所说，这些原则并不完整，也不是一成不变的，并且不能回答特殊的问题。

（3）行政组织理论

马克斯·韦伯（Max Weber，1864~1920）生于德国爱尔福待的一个富裕家庭，从小受到良好的教育，对社会学、宗教学、经济学和政治学有广泛的兴趣。他曾三次参加军事训练，因而对军事生活和组织制度有相当的了解，这对以后他提出的组织理论有较大影响。韦伯在其代表作《社会和经济组织理论》一书中提出了理想行政组织体系理论，并由此被人们称为“组织理论之父”。

①理想行政组织体系理论

理想行政组织体系理论的主要观点可归纳为以下几个方面：

A. 权力论

韦伯认为，任何组织的管理都必须以某种形式的权力为基础，如果没有某种形式的权力来指导组织，就不可能实现组织的目标，权力能消除混乱、维持秩序。韦伯把社会所接受的权力分为3类：法定权力（即法律所规定的权力）、传统权力（传统惯例或世袭得来）、超凡权力（来源于别人的崇拜与追随）。在这三种权力中，传统权力是世袭得来而不是依据技能进行挑选的，其管理单纯是为了保存过去的传统；超凡权力则过于具有感情色彩并且是非理性的，不是依据规章制度而是依据神秘或神圣的启示；只有法定权力才宜于作为理想行政组织体系的基础。

B. 理想行政组织体系模式

韦伯认为，行政组织机构不是通过“世袭”或“个人魅力”，而是通过“公职”或“职位”来管理的理想的组织制度。这个理想的行政组织机构是进行理论分析的一种标准模式，它具有以下特点：

明确的分工。组织内存在明确的分工，每个职位的权力和责任都应有明确的规定。

自上而下的等级系统。组织内的各个职位，按照等级原则进行法定安排，形成自上而下的等级系统。

人员的考评和教育。人员的任用完全根据职务的要求，通过正式考评和教育训练来实行。

职业管理人员。管理人员有固定的薪金和明文规定的升迁制度。

遵守规则和纪律。管理人员必须严格遵守组织中规定的规则和纪律。

组织中人员之间的关系。组织中人员之间的关系完全以理性准则为指导，不受个人情感的影响。这种公正不倚的态度不仅适用于组织内部，而且适用于组织与外界的关系。

韦伯认为，这种高度结构化的、正式的、非人格化的理想行政组织体系是对人们进行强制控制的最合理的手段，是达到目标、提高劳动生产率最有效的形式，在精确性、稳定性、纪律性和可靠性方面优于其他组织。

②对韦伯的组织理论的评价

理想行政组织体系理论为分析实际生活中各组织形态提供了一种规范典型，对后来的管理学者们，特别是组织理论学家们有很大的影响。同时，这种理论的产生是德国从封建社会走向资本主义社会过渡的要求，它为新兴的资本主义制度提供了一种效率高、理性化的组织管理体系。

但是，这种行政组织体系是一种理想的组织结构，与现实的实际问题有一定的距离。同时，组织原则过于笼统抽象，不太适用于管理实践，忽略了对人性的深入研究，并且着重研究正式组织而未涉及非正式组织。

在同一时代，美国的企业家詹姆斯·穆尼（James D.Mooney）以及英国的林德尔·厄威克（Lyndall Fownes Urwick）在组织体系及组织原则方面又提出了若干新的理论。其中特别值得注目的是林德尔·厄威克，他曾从事管理方面的多种领导工作和咨询工作，他的著作甚多，在管理学界是位颇具影响力的人物。

厄威克的贡献是把法约尔、穆尼和泰勒的思想加以归纳并使之有机地结合起来，形成了比较完整系统的管理理论。厄威克强调，科学调查和分析是指导一切管理职能的基本原则，并在此基础上确定了与主要职能相适应的三项指导原则——预测、协调和指挥。厄威克还归纳出了管理的间接目标：秩序、稳定、主动性和集体精神。他认为，只要管理人员履行职责时注意贯彻相应的原则，这项目标是能够达到的。

2. 行为科学学派

科学管理理论曾一度大大提高了社会的生产效率，然而，该理论把人看作生产的机器，较多地强调科学性、精密性、纪律性，而缺乏人本主义关怀，在管理实践中引起了工人的强烈不满，影响了生产率的进一步提高和利润的增加。20 世纪 20 年代逐渐形成了行为管理理论，早期被称为人际关系学说，以后发展为行为科学，即组织行为理论，其研究重点在于分析影响组织中个人行为的各种因素上，强调管理的重点是理解人的行为。

（1）行为科学的早期理论——人际关系学说

【霍桑实验】

1924–1932年，美国哈佛大学教授乔治·埃尔顿·梅奥（George Elton Mayo，1880–1949年）负责指导其在芝加哥西方电器公司霍桑工厂进行有关科学管理的实验，研究工作环境、物质条件与劳动生产率的关系，这就是著名的“霍桑实验”。通过霍桑实验，梅奥等人认识到，生产效率不仅会受到生理、物理方面因素的影响，还会受到社会环境、社会心理等方面因素的影响。由此，梅奥提出了他的人际关系学说，主要论点为：

员工是“社会人”①。古典管理理论把人视为“经济人”②，认为金钱是刺激积极性的唯一动力，生产效率主要受工作方法和条件的制约。霍桑实验说明，员工还会受到社会和心理的影响，生产效率主要取决于员工的积极性，取决于员工的家庭和社会生活以及企业中人与人的关系。

企业中存在着“非正式组织”。古典管理理论只注意管理组织机构、职权划分、规章制度等，霍桑试验说明，除正式团体外，企业中存在非正式的小团体，小团体通过不成文的规范左右着成员的感情倾向和行为。

新型的领导能力在于提高员工满意度。企业管理实践中，管理人员不仅要解决生产技术、经济等方面问题的能力，还要具有与被管理者建立良好人际关系的能力。应对各级主管人员进行培训，使他们学会了解人们的逻辑行为和非逻辑行为，学会通过与工人交谈来了解其感情的技巧，使正式组织的经济需要与非正式组织的社会需要取得平衡。

（2）行为科学学派的主要理论

行为科学学派的主要理论有美国人亚伯拉罕·马斯洛的需要层次论、美国心理学家费雷德里克·赫茨伯格的双因素理论、美国麻省理工学院教授道格拉斯·麦格雷戈的X理论和Y理论；还有美国加州大学管理学院日裔美籍教授威廉·大内在研究分析日本的企业管理经验之后，提出他所设想的《Z理论》。

行为科学学派理论主要论及组织内个人的行为，它逐渐取代了科学管理理论的地位，成为研究管理的主要方法。行为管理理论对管理实践具有重大影响的主要管理思

---

①② 西方管理心理学人性假设理论.pdf（本教材61页二维码）

想有：首先是尊重人的个性和个体需求，培养和树立人的主体意识；其次是改善了组织中的人际关系；再次是改善生产环境、组织结构和管理方式。

3. 现代管理理论

20 世纪 50 年代以来，管理学领域又出现了许多新的理论和学说，形成了许多学派，数量不下 100 个。美国管理学家哈罗德・孔茨把这一现象称为管理理论的“丛林”。这些学派从各自的背景出发，以不同的理论为依据来研究同一对象管理过程，带来了概念、原理、方法上的混乱。近年来，许多学者都在力求将各派的观点兼容并蓄，为走出“丛林”、建立统一的管理理论寻找新的出路。

（1）管理科学学派，又称数理学派。它从泰罗科学管理理论发展而来，特点是利用有关数学工具，为企业寻求一个有效的数量解，着重于定量研究。该学派认为，管理就是制定和运用数学模型与程序的系统，用数学符号和公式来表示计划、组织、控制、决策等合乎逻辑的程序，求出最优的解答，以达到企业的目标。

（2）管理过程学派，又叫管理职能学派、经营管理学派。是当代管理理论的主要流派之一，主要致力于研究和说明“管理人员做些什么和如何做好这些工作”，侧重说明管理工作实务。代表人物有法约尔、孔茨等。管理过程流派吸收其他管理学家的思想和主张，不断丰富各项管理职能的内容，具有广泛的影响。

（3）决策理论学派，从社会系统学派发展而来。该学派认为管理的关键在于决策，因此，管理必须采用一套制定决策的科学方法，要研究科学的决策方法以及合理的决策程序。

（4）经验主义学派，又称为经理主义学派，以向大企业的经理提供管理企业的经验和科学方法为目标。经验主义学派认为管理学就是研究管理经验，认为通过对管理人员在个别情况下成功的和失败的经验教训的研究，会使人们懂得在将来相应的情况下如何运用有效的方法解决管理问题。该学派把对管理理论的研究放在对实际管理工作者的管理经验教训的研究上，强调从企业管理的实际经验而非一般原理出发，强调用比较的方法来研究和概括管理经验。

（5）系统管理学派。系统管理理论是应用系统理论的范畴、原理，全面分析与研究企业和其他组织的管理活动和管理过程，重视对组织结构和模式的分析，并建立起系统模型以便于分析。这一理论是卡斯特（F.E.Kast）、罗森茨威克（J.E.Rosenzweig）和约翰逊（R.A.Johnson）等美国管理学家在一般系统论的基础上建立起来的。

（6）权变理论学派。这一理论的核心就是研究组织的各子系统内部和各子系统之间的相互联系，以及组织和它所处的环境之间的联系，并确定各种变数的关系类型和结构类型。它强调在管理中要根据组织所处的内外部条件随机应变，针对不同的具体条件寻求不同的最合适的管理模式、方案或方法。

工作任务

讨论：中西方管理思想的区别。

第三节　管理的基本原理

一、系统原理

任何社会组织都是由人、物、信息组成的系统，任何管理都是对系统的管理。没有系统，也就没有管理。它不仅为认识管理的本质和方法提供了新的视角，而且它所提供的观点和方法广泛渗透到人本原理、责任原理和效益原理之中。

（一）系统的概念

系统是若干相互联系、相互作用、相互依赖的要素结合而成的，具有一定的结构和功能，并处在一定环境下的有机整体。系统的各要素之间、要素与整体之间，以及整体与环境之间，存在一定的有机联系，从而在系统的内部和外部形成一定的结构。要素、联系、结构、功能和环境是构成系统的基本条件。

根据不同的标准，系统可以分为不同类型。从系统形成方式看，可分为自然系统和人造系统。自然系统是由自然物质组成的系统，人造系统则是人为了实现某种目的而有意识建立的系统。从系统是否与环境交互作用看，可分为封闭系统和开放系统。封闭系统是指不与外界进行物质、信息、能量交换的系统，开放系统则在运行过程中不断地与外界发生交互作用。从系统状态是否发生变化这个角度来分析，可以分为静态系统和动态系统。静态系统的结构和状态不随时间而改变，动态系统的结构和状态随时间而改变。显然，我们研究的组织、组织所从事的活动以及对组织活动的管理都是人造、开放、动态的系统类型。

（二）系统的特征

系统是客观存在的，具有普遍性。从系统组成要素的性质来看，可以划分为自然系统和人造系统。自然系统是由自然物组成的，它的特点是自然形成的，如生态系统、星际系统等；人造系统是人们出于某种目的而制造的系统，如生产系统、交通系统、商业系统、管理系统等。还有从系统与环境的联系程度来看，可以划分为封闭系统和开放系统；从系统的状态与时间的关系来看，可以划分为静态系统和动态系统等等。无论是何种分类的系统，它们都具有以下几个共同的特征：

1. 整体性

系统的整体性又称为系统性，通常理解为”整体大于部分之和”，这就是说，系统的功能不等于要素功能的简单相加，而是往往要大于各个部分功能的总和。它表明要素在有机地组织成为系统时，这个系统已具有其构成要素本身所没有的新质，其整体功能也不等于所组成要素各自的单个功能的总和。如：将建筑上用钢筋、石头、水泥和黄沙混合起来，可以支撑高楼大厦，产生的力和做的功，比单独存在时不知要大多少倍。

2. 层次性

较为复杂的系统都有层次结构，其中低一级的要素是它所属的高一级系统的有机组成部分。系统与要素、系统与环境是相对的，就自然界而言，从宇宙大系统到基本粒子层次性对于实行有效管理具有重要的意义。当我们面临一个复杂系统时，首先，应搞清它的系统等级，明确在哪个层次上研究该系统。其次，运用分析和综合的方法，根据系统的实际情况把系统分为若干个层次，然后把系统的各个部分、各个方面和各种因素联系起来，考察系统的整体结构和功能。在此基础上，进一步明确层次间的任务、职责和权利范围，有机地协调各层次。

3. 目的性

目的性，是指系统在一定的环境下，必须具有达到最终状态的特性，它贯穿于系统发展的全过程，集中体现了系统发展的倾向和趋势。系统的目的性与整体性是紧密联系的，若干要素的集合，就是为了实现一定的目的，没有目的就没有要素的集合。因此，人们在实践活动中首先应确定系统应该达到的目的，以明确系统可能达到什么样的最终状态，以便依据这个最终状态来研究系统的现状与发展。其次，实行反馈调节，使系统的发展顺利导向目的。例如，企业就是以营利为目的而进行生产和服务的经济组织，在市场经济下，企业的生命力在于其经济效益，因此，经济效益的最大化是企业组织追逐的根本目标。由于经济效益是通过企业盈利来实现和衡量的，管理者必须运用反馈控制的方法，使企业的其他目标能够顺利地服务和服从于这一总目标。

4. 适应性

任何系统都存在于一定的环境之中，都要和环境有现实的联系。所谓适应性，就是指系统随环境的改变而改变其结构和功能的能力。系统在适应性方面涉及三种不同的情况：

第一，系统原有稳定状态被破坏后，逐渐过渡到一个新的稳定状态，即依靠系统本身的稳定性来适应环境的改变。如：当计划经济体制向市场经济体制转变时，无论是营利性组织，还是非营利性组织，都必须从“大而全”的封闭状态中走出来，以适应新的经济环境。

第二，当系统稳态被破坏后，靠系统内部或人为提供的一个特殊机制，抗拒环境的干扰，修补被破坏的因素，致使系统回到原来的稳定状态。像大学组织在传统上是有能力阻挡外界力量（象牙之塔）并将它们的工作环境限制在一定范围的因素之内的。大学组织作为生命有机体一样向前进化，它所面临的困境是如何在适应社会的改变中保持大学的内在发育逻辑。大学组织要保持学术发展的完整性，必须具有修复功能的机制，以超稳定的形态来表明大学组织的适应性。

第三，系统由于突然的、强大的干扰，稳态结构迅速被破坏，一个新的稳定形态迅速形成。

（三）系统的原则

1. 动态相关性原则。该原则是指任何企业管理系统的正常运转，不仅要受到系统本身条件的限制和制约，还要受到其他有关系统的影响和制约，并随着时间、地点以及人们的不同努力程度而发生变化。动态相关性原则告诉我们，构成管理系统的各要素是运动和发展的，它们相互联系又相互制约。显然，如果管理系统的各要素都处于静止状态，就不会发生事故。

2. 整分合原则。该原则的基本要求是充分发挥各要素的潜力，提高企业的整体功能，即首先要从整体功能和整体目标出发，对管理对象有一个全面的了解和谋划；其次，要在整体规划下实行明确的、必要的分工或分解；最后，在分工或分解的基础上，建立内部横向联系或协作，使系统协调配合、综合平衡地运行。

3. 反馈原则。反馈是控制过程中对控制机构的反作用。成功、高效的管理，离不开灵活、准确、快速的反馈。企业生产的内部条件和外部环境在不断变化，所以必须及时捕获、反馈各种生产信息，以便及时采取行动。

4. 封闭原则。在任何一个管理系统内部，管理手段、管理过程等必须构成一个连续封闭的回路，才能形成有效的管理活动，这就是封闭原则。该原则的基本精神是企业系统内各种管理机构之间，各种管理制度、方法之间，必须具有相互制约的管理，管理才能有效。

二、人本原理

社会的进步和发展离不开人，财富的创造离不开人，在企业的人、财、物、信息四大资源要素之中，人的管理是第一位的。凡是出色的大企业家，对人都有深刻的理解：办企业就是办人。人本管理思想产生于西方二十世纪三十年代，真正将其有效运用于企业管理，是在二十世纪六七十年代。可以说人本管理思想是现代企业管理思想、管理理念的革命。

人本管理是以人为本的管理制度和方式，是把员工作为企业最重要的资源，以员工的能力、特长、兴趣、心理状况等综合性情况来科学地安排最合适的工作，并在工作中充分地考虑到员工的成长和价值，使用科学的管理方法，通过全面的人力资源开发计划和企业文化建设，使员工能够在工作中充分地调动和发挥工作积极性、主动性和创造性，从而提高工作效率、增加工作业绩，为达成企业发展目标做出最大的贡献。

（一）人本管理的要素

人本管理有企业人、环境、文化及价值观等基本要素。

1. 企业人

在企业经营管理活动中，人是管理活动的主体，也是管理活动的客体。作为管理主体，人必须要有管理能力，并拥有将管理知识、技能和能力付诸管理实践的权威和权力；作为管理客体，人是整个管理活动中最能动、最活跃的因素，具有客观性、能动性的特征。由管理主体和客体的相关性，得出管理中的首要问题是对人的管理、对人的行为的管理，这是确立人本管理基本架构的必要前提，也是对人本管理中管理主体应当在管理诸要素的认识方面最基本、最核心的要求。

2. 管理环境

任何组织都是在一定环境中从事活动的，任何管理也都要在一定的环境中进行，这个环境就是管理环境。管理环境的特点制约和影响管理活动的内容和进行。管理环境的变化要求管理的内容、手段、方式、方法等随之调整，以利用机会，趋利避害，更好地实施管理。

3. 企业文化及价值观

企业文化是企业在生产经营实践中，逐步形成的，为全体员工所认同并遵守的、带有本组织特点的使命、愿景、宗旨、精神、价值观和经营理念，以及这些理念在生产经营实践、管理制度、员工行为方式与企业对外形象的体现的总和。

企业文化是企业的灵魂，是推动企业发展的不竭动力。它包含着非常丰富的内容，其核心是企业的精神和价值观。这里的价值观不是泛指企业管理中的各种文化现象，而是企业或企业中的员工在从事商品生产与经营中所持有的价值观念。

同步案例

管理就要以人为本

2022年的春节又要来了，知岩茶业的柳强总经理无意中发现公司市场部的刘佳突然发了一条朋友圈：纵有万般不舍，还是要走了。刘佳是三年前应聘到公司市场部的，小伙子阳光活泼，工作上踏实肯干，已经成长为市场部的骨干，年前的管理层会议上，他和其他几位表现优秀的年轻员工都是下一届部门经理的候选人。为什么突然提出辞职呢？柳强马上叫来了公司的人力资源总监。

原来，一周前，地方政府因为春节期间交通运输管理的需要，建议企业鼓励员工就地过年，减少人员流动和聚集。公司按照地方政府要求发出春节放假通知，并且把春节期间的年假申请都回绝了，也暂时取消了春节期间的交通补贴，改为增加春节福利的发放，在以往的福利金额上增加了30%。通知发出后，本地员工一看春节多发福利挺高兴的。可公司还有不少外地员工，已经连续几个春节没和家人团圆了，有的员工甚至表示，就是辞职也要回家过年。和刘佳一样，在年假申请被否后，提出辞呈的员工一共有13人，都是近几年进公司的年轻员工。

柳强马上通知管理层开会，他表示：一个企业要做长久就要培养企业文化，要让员工有归属感，因为人才是公司最宝贵的财富。春节回家有困难，知岩茶业就是员工们的家，要让大家过好这个年。请公司办公室重新拟定春节放假通知，要补充到以下条款。一是强调“就地过年”对于地方建设的重要意义；二是要明确春节期间的工作安排，明确加班工资的计算方法；三是大年三十公司举行联欢活动，提前安排好丰富的节目形式和现场抽奖环节，欢迎员工在公司集体过年；四是大年初一早上，对在本地过年的员工发放新年开市红包；五是非春节期间的年假申请，可在原有年假时长的基础上延长20%。

会后，柳强通过市场部总监了解到刘佳手上正在开展对东北地区门店选址工作的市场调研，他通过个人微信，向刘佳咨询了几个有关东北地区茶业市场竞争状况问题，同时表扬了刘佳负责的上海市门店选址工作上的经验，希望他再接再厉，在工作上做出更好的成绩。

7天的春节假期很快过去了，除了三位员工离开了知岩，其余递交辞呈的员工选择继续在知岩工作。刘佳团队在节后就向公司提交了东北市场的调研报告、门店选址报告，把原定的东北市场开发计划，整整提前了三个月，即从中秋节提前到了端午节。

（资料来源：此案例资料经福建知岩茶业有限公司授权共同开发）

想一想：

你认可柳强总经理对“鼓励员工就地过年”事件的处理方式吗？如果你是知岩茶业的人力资源总监，你还有什么建议吗？

（二）人本管理的内容

1. 职工是企业的主体

劳动是企业经营的基本要素之一，劳动者是创造价值的主体。人本管理是一种全员参与的管理，在实行人本管理的企业中，每位职工都是真正的主人，不只是做“该做”的事，还要做“该做”以外“应做”的事，管理者和普通职工之间是一种合作分工关系。企业管理者的工作重点是在组织结构重整之后，搞好授权与激励，让每位职工都能享受权力、信息、知识和酬劳，从而使人人都有授权赋能的感受。管理学家蒋一苇在其论文《职工主体论》中，明确提出“职工是社会主义企业的主体”，把职工在企业经营活动中的地位和作用的认识提高到一个新高度：职工是企业的主体，而非客体；企业管理既是对人的管理，也是为人的管理；企业经营的目的，绝不是单纯的商品生产，而是为包括企业职工在内的人的社会发展服务的。

2. 有效管理的关键是职工参与

实现有效管理有两条完全不同的途径。一是高度集权、从严治厂，依靠严格的管理和铁的纪律，重奖重罚，使得企业目标统一，行动一致，从而实现较高的工作效率。二是适度分权、民主治厂，依靠科学管理和职工参与，使个人利益与企业利益紧密结合，使企业全体职工为了共同的目标而自觉地努力奋斗，从而实现更高的工作效率。两者的区别在于，前者把企业职工视作管理的客体；后者把企业职工作为管理的主体，使职工主动参与管理。当企业职工受到饥饿和失业的生活压力，前一种方法或许适用。但当企业职工收入提高，基本生活无忧，就业和流动相对比较容易的时候，后一种方法就更为合理和有效了。

让企业职工参与管理的具体途径有：一是通过职工代表大会选举代表参加企业的最高决策机构——管理委员会或董事会；二是由职工代表大会选举代表参加企业的最高监督机构——监事会；三是让企业职工广泛参加日常生产管理活动（如质量管理、设备管理、成本管理、现场管理等）。

3. 现代管理的核心是使人走向完美

任何管理者都会在管理过程中影响下属人性的发展。同时，管理者行为本身又是管理者人性的反映。只有管理者的人性达到比较完美的境界，才能使企业职工的人性得到完美的全面发展，而职工队伍的状况又是企业成功的关键。在多元文化的时代，在多样化的组织中，实施每一项管理措施、制度、方法时，不仅要看到其取得的经济成果，而且要考虑对人精神状态的影响。一定要从尊重人，尊重人的种族、信仰、文化、爱好、兴趣出发，才能真正促进人的全面发展。

4. 管理是为人服务的

管理是以人为主体的，是为人服务的，是为了实现人的全面发展，这个“人”不仅包括企业内部、参与企业生产经营活动的人，也包括存在于企业外部、企业通过提供产品为之服务的用户。企业销售收入和利润的实现是以市场用户愿意接受和购买企业产品为前提的，而用户是否愿意接受和购买企业的产品，则取决于这些产品的消费和使用能否满足他们的需要。为用户服务、满足用户需要，实质是企业实现其社会存在的基本条件。因此，企业要在这种思想的指导下，研究市场需求的特点及发展趋势，以此确定企业的经营发展方向；企业还要从用户的角度出发，降低生产成本，从而降低产品销售价格；研究消费者使用本企业产品要求得到满足的实现条件。为用户服务，还要求企业在提供的产品品种对路、功能完善、质量优异、价格合理的前提下，提供使用方法培训和指导、使用过程中的维护和修理等售后服务。

因此，尊重人、依靠人、发展人、为了人是人本原理的基本内容和特点。管理者应牢记，管理的终极目标是为了人类的未来更美好！

三、责任原理

管理过程就是追求责、权、利统一的过程。责任原理是就组织需要在合理分工的基础上，明确部门与个人必须完成的工作任务和必须承担的责任，从而明确组织期望、及时奖惩，在组织向心力的作用下获得更高的效率。

（一）明确职责

职责，是指员工为履行一定的组织职能或完成工作使命，所负责的范围和承担的一系列工作任务，以及完成这些工作任务所需承担的相应责任。它不是抽象的概念，而是在数量、质量、时间、效益等方面有严格规定的行为规范。一般来说，分工明确，职责也会明确。具体来说，主要包括以下内容：

（1）职责的界限要清楚。任何岗位职责都是一个责任、权利与义务的综合体，有多大的权力就应该承担多大的责任，有多大的权力和责任应该尽多大的义务，任何割裂开来的做法都会发生问题。不明确自己的岗位职责，就不知道自己的定位，就不知道应该干什么、怎么干、干到什么程度。所以，职责的内容要具体，并要做出明文规定，只有这样，才便于执行、检查与考核。

（2）职责中要包括横向联系的内容。如在规定某个岗位工作职责的同时，必须规定同其他单位、个人协同配合的要求，只有这样，才能提高整体效率。

（3）职责要落实到每个人，做到事事有人负责。没有分工的共同负责，实际上是职责不清、无人负责，其结果必然导致管理上的混乱和效率的低下。

（二）授权合理

列宁说："管理的基本原则是一定的人对所管的一定的工作完全负责。"能否做到这一点取决于三个因素：

1. 权限。明确了职责就要授予相应的权力。实行任何管理都要借助于一定的权力，如果没有一定的人权、物权、财权，任何人都不可能对任何工作实行真正的管理。职责和权限虽然很难从数量上画等号，但有责无权，责大权小，许多事情都得请示上级，由上级决策、上级批准，上级过多地对下级分内的工作发指示，作批示的时候，实际上等于宣告此事下级不必负责。所以，明智的上级必须克制自己的权力欲，要委授给下级完成其职责所的全部权限，由他独立决策，自己只在必要时给予适当的帮助和支持。只有这样，才可能使下级具备履行职务责任的条件。

2. 利益。合理的委授权力，是负责所需的必要条件之一。但负责就意味着责任者要承担全部风险，这样，管理者就会自觉不自觉地对风险与收益进行权衡，然后决定是否愿意承担这种风险。因此，没有足够的利益可图，管理者是不会尽职尽责的。当然，这种利益既可能是物质形式的，也可能是精神上的满足感。

3. 能力。管理是一门科学也是一门艺术。管理者既要有生产、技术经济、社会、管理、心理等各方面的科学知识，又要有处理人际关系的组织才能，还要有一定的实践经验。科学知识、组织才能和实践经验，这三者构成了管理能力。在一定时期，每个人的时间和精力有限，管理能力也有限，并且每个人的能力各不相同。因此，每个人所能承担的职责也应是不一样的。在管理过程中，一定要根据管理者的能力，赋予相应的权力和责任，这是实现管理者负责的关键。

需要注意的是，职责、权限、利益之间的关系应遵守等边三角形定理：如果要个人承担一定的责任，就应该赋予他完成责任必须的权力，并给予其与所承担责任对等的利益。只有责、权、利三者对等统一，形成相互支持、促进，又相互牵制、规范的“等边三角形”，各项工作才能顺利进行；此外，从现代管理的角度看，能力是实现责权利原则的关键因素，即责权利原则要与相应管理者的能力相匹配，大材小用与小材大用都会使责权利原则难以落实。

应当说，就个人的管理能力而言，既是有限的，也是有差异的，这就决定了贯彻责权利原则时必须考虑相应管理者的能力，以免误事。

（三）奖惩明晰

在实际管理中，奖惩的分明、公正、及时与否直接影响人的情绪和工作态度。对每个人的工作表现及其绩效给予公正而及时的奖惩，有助于提高人的积极性，挖掘每个人的潜力，从而不断提高管理成效。只有这样，才能使每个人知道自己干得怎样，干好干坏对自己和组织有什么后果。从而才能及时引导每个人的行为向符合组织需要的方向变化。

对每个人进行公正的奖惩，要求以准确的考核为前提。若考核不细致或不准确，奖惩即难以做到恰如其分。因此，首先要明确工作绩效的考核标准。

对有成绩有贡献的人员，要及时予以肯定和奖励使他们的积极行为维持下去。奖励有物质奖励和精神奖励，两者都是必需的。如果长期埋没员工的工作成果，就会挫伤员工的积极性。过时的奖赏失去其本身的作用和意义。同时，及时而公正的惩罚也是必不可缺的，惩罚是利用令人不喜欢的东西或取消某些为人所喜爱的东西，改变人们的工作行为，它可能引致挫折感，从而可能在一定程度上影响人的工作热情，但惩罚的真正意义在于杀一儆百，利用人们害怕惩罚的心理，通过惩罚少数人来教育多数人，从而强化管理的权威。惩罚也可以及时制止这些人的不良行为，以免给企业造成更大的损失。

所以，建立健全组织的奖惩制度，使奖惩工作尽可能地规范化、制度化，是实现奖惩公正而及时的可靠保证。"胡萝卜加大棒"是有效实施责任原理不可或缺的工具。

四、效益原理

效益是管理永恒的主题，效益直接影响组织的生存和发展。效益管理是指管理过程的各个环节、各项工作，都要以提高效益为中心，有效地使用有限的资源，以创造最大的社会效益和经济效益。管理的目标是追求高效益，有效发挥管理功能，使资源得到充分利用，带来高效益。反之，落后的管理会造成资源的损失和浪费，降低效率，影响效益。向管理要效益，管理出效率，已成为人们的共识。

（一）效益的概念

效益是与效果、效率既相互联系，又相互区别的概念。

1. 效果

效果指人们或组织通过某种行为、力量、手段、方式而产生的结果。有的结果是有效益的，有的是无效益的。例如，有的企业生产的产品虽然质量合格，但产销不对路，大量积压在仓库，最后甚至会变成废弃物。这些产品是不具有效益的。所以，只有那些为社会所接受的效果，才是有效益的。

2. 效率

效率是指特定的系统在单位时间内的投入与所取得的效果之间的比率。这个比率是一个用来衡量管理水平的标准。例如，要衡量企业管理的水平，就必须考察企业投入的资金、技术、人力、物力等因素与所获得的利润之间的比率。在一定的时间内，如果消耗的物资、能量等因素越少，而产生的效果越大，就意味着效率越高；反之，就意味着效率越低。

3. 效益

效益是某种活动所要产生的有益效果及其所达到的程度，是效果和利益的总称。它可分为经济效益和社会效益两类，其中经济效益是人们在社会经济活动中所取得的收益性成果；社会效益则是在经济效益之外的对社会生活有益的效果。经济效益和社会效益，两者既有联系又有区别。经济效益是讲求社会效益的基础，而追求社会效益又是促进经济效益提高的重要条件。两者的区别表现在，经济效益更直观，可以运用若干经济指标来计算，而社会效益则难以计量，必须借助于其他形式来间接考核。

企业追求良好的经济效益，不仅是积累资金自我发展的需要，更重要的是能促进社会进步、国民经济的发展和社会生产力的提高，因此，经济效益与社会效益从根本上说应该是一致的。但是，当有的企业从局部考虑问题，或者采取不合理、不合法的手段获得经济效益时，两者就会产生矛盾，管理的作用就在于要消除这种矛盾，力求将经济效益与社会效益有机结合起来 。

（二）效益的评价

1. 价值追求

即效益的核心是价值，必须通过科学而有效的管理，对人、对组织、对社会有价值的追求，实现经济效益和社会效益的最大化。

2. 投入产出

即效益是一个对比概念，通过以尽可能小的投入来取得尽可能大的产出的途径来实现效益的最大化。

3. 边际分析

即在许多情况下，通过对投入产出微小增量的比较分析来考察实际效益的大小，以做出科学决策。

（三）效益的追求

管理的目的在于提高效益，但并不是所有的管理都是有效的。从管理的角度来看效益的提高，涉及的因素有管理思想、管理制度、管理方法、管理环境和管理措施等等，尤其是管理者的思想观念、行为方式，能够直接影响管理的决策、组织、领导和控制的一系列活动，并对管理效益产生直接作用。因此，管理就是对效益的不断追求，具体表现为以下几个方面。

1. 确立可持续发展的效益观

自然环境的恶化与资源短缺已成为整个人类社会生存和发展的重大威胁，因此，组织管理者在提高效益的过程中，必须确立可持续性发展的效益观。将可持续性发展与效益原理结合起来，在实现经济效益的同时，保持与生态环境和社会环境的协调发展。既要注重技术的先进性、经济上的合理性，又要注重对社会的效用性和天人合一的和谐性。对那些在生产过程中排放出大量的工业废气，污染周围环境的企业，或以次充好，质量掺假而高价出售产品的企业，社会必须通过经济、法律、行政和教育的手段给予严厉的制裁，创造出具有强制性约束力的激励环境，使各组织能够正确处理好经济效益和社会效益、局部效益与全局效益、短期效益和长远效益、间接效益和直接效益等方面的关系，把过程与结果、动机与效果有机地结合起来。

2. 提高管理工作的有效性

管理学家德鲁克认为：作为管理者，不论职位高低，都必须力求有效。管理的有效性，应是管理的效率、效果和效益的统一。其实现的重要途径是要确立有效管理的评价体系。

（1）在评价标准上应注意直接的成果和价值的实现。从组织获取的产值、利润等方面看组织目标实现的状况，以考察组织在产品或服务的质量方面所获得的效果和效益。而价值的实现则是比直接成果的追求体现出更高水平的管理，是一种深层次的管理，像组织文化、经营哲学、组织形象塑造、开发并向市场推出民众欢迎的产品、服务特色等等，就是更高价值意义上的管理追求。

（2）在评价内容上应以工作绩效为主，以贡献为主，并分清主客观条件对工作绩效的影响。具体来讲，对管理者的评价主要结合德、能、勤、绩等方面的内容加以考察；对管理集体的评价，要考察其管理上服务态度与质量，与相关管理部门的协调性等。

（3）在评价方法上应综合不同评价主体的评价结果。一般来说，评价主体可以是管理者（机构）本身，也可以是上级主管或职工，还可以是有相互工作往来、服务关系的其他管理者或管理部门。只有综合这些不同评价主体的结果，定性与定量相结合，才能保证评价结果的全面、客观和公正。

3. 正确处理局部和全局的关系

全局效益是一个比局部效益更为重要的问题。如果全局效益很差，局部效益提高就难以持久。不过，局部效益是全局效益的基础，没有局部效益的提高，全局效益的提高也是难以实现的。局部效益和全局效益是统一的，有时又是矛盾的。因此，当局部效益与整体效益发生冲突时，管理必须把全局效益放在首位，做到局部效益服从整体。

首先应该遵循整体优化原则。因为整体优化是决策的关键步骤。它要求经过系统的分析和综合，提出各种不同方案、途径和办法，从不同的方案中，选出符合整体优化原则要求的方案，做出科学的决策。无论在哪一类组织中，从事任何一项工作，都应该考虑两个以上的方案，并将远期和近期、直接和间接的效果进行整体分析比较，因事、因时、因地制宜做出整体而科学的评价。通过比较分析各种方案带来的影响和后果，进而考虑各种方案所需的人力、物力、财力等要素的条件，选择最优方案。在选择整体优化方案之后，有时还要进行局部试验，成功之后进行全面推广，实行由点到面的工作方法。

其次应该遵循要素有效性原则。任何一个组织的管理都离不开人、财、物、时间和信息，它是由这些互为作用的要素组合而成。为取得组织整体效益的最优化，管理者必须充分激发每个要素的作用。这一原则要求管理者用科学手段来处理系统内的矛盾，以便做到人尽其才、财尽其用、息（信息）尽其流。在现代管理中，人是管理要素中的主宰，只有充分发挥人的积极性、主动性和创造性，才能使系统内各要素各尽所能，为组织创造更多、更好的经济效益和社会效益。

4. 追求组织长期稳定的高效益

管理者要追求组织长期稳定的高效益，一方面，不仅要“正确地做事”，还要“做正确的事”。这是因为效益与组织的目标方向紧密相连：如果目标方向正确，工作效率越高，获得的效益越大；如果目标方向完全错误，工作效益越高，反而效益会出现负值。因此，管理者在管理工作中，首先是确定正确的目标方向，搞好组织的战略管理，再讲究工作的高效率，才能获得较高的经济效益和社会效益。另一方面，组织管理者必须具有创新精神。如企业管理者不能只满足眼前的经济效益水平，而应该居安思危，不断出新，以高质量、低成本的优势去迎接市场挑战。只有积极不断进行企业的技术改造、技术开发、产品开发和人才开发，才能保证企业有长期稳定的经济效益。

五、适度原理

管理者在处理组织内部的矛盾、协调各种关系时要把握好适度的问题。适的原因在于组织面对的不确定性以及由此而决定的管理实践的艺术性特征，度的把握则在很大程度上取决于管理者的直觉。

（一）适度的内涵

管理活动中存在许多相互矛盾的选择。例如，在组织结构的设计上，管理幅度的宽窄。较宽的管理幅度可以减少管理层次，从而可以加快信息传递速度，提高组织决策的及时性，还可以避免上级对下级工作的过多干预，有利于发挥下级工作的主动性；较窄的管理幅度可以减少每个层次管理者需要处理的信息数，从而有利于有价值的信息被及时发现和利用，还可以使管理者有较多的时间去指导下级，有利于下级工作能力的提高。还有管理权力的分配上，有集权和分权的矛盾。集权可以保证组织决策可以统一、快速执行，分权则可增加组织的适应能力，提高较低层次管理者的积极性。

这些对应的选择中，前者的优势往往是后者的局限所在，而后者的贡献又恰好是前者的劣势。因此，组织在管理幅度的选择上，既不能过宽，也不能过窄；在权力的分配上，既不能完全集中，也不能绝对分散，必须在两个极端之间找到最恰当的点，进行适度管理。

（二）适度的缘由

适度管理的根本原因在于管理所面对的不确定性以及与这种不确定性相关的管理实践的艺术性特征。组织管理是对面向外部和未来的活动的协调。活动类型的选择、活动条件的获取、活动成果的实现，都取决于外部环境的特征。外部环境不仅错综复杂而且持续不断变化，是组织不可控也不可预测的。组织内部的人因为知识、能力、思维模式等的差异，对环境中出现的问题的认知判断以及选择的应对措施也会表现出差异，甚至可能出现两种以上完全对立的意见。在这样的背景下，就需要管理者艺术地运用科学的管理理论和方法，在错综复杂、矛盾对立的背景中谨慎地做出适当的选择。

管理研究中一直在争论“管理是科学还是艺术”？在管理实践中，管理者需要根据活动环境、活动条件以及活动对象等因素的特征及其变化艺术地运用科学的理论、手段和方法。实际上，管理活动的有效性正是取决于管理者能否艺术地运用以及在何种程度上艺术地运用那些科学的理论、手段和方法。

（三）适度的启示

艺术地运用科学的管理理论在错综复杂、对立矛盾的背景中做出适度的选择，要求管理者重视直觉能力的培养和应用。管理活动中强调要运用科学的方法，我们在管理实践中也发现，管理要处理许多问题，这些问题所涉及的背景、条件以及处理后产生的影响，并不总是可以精确地量化处理。以经验为基础的直觉在管理活动中依然存在重要作用，在矛盾对立且难以量化的两个方案中进行选择，直觉往往是主要的工具。

熊彼特曾经强调，“个人的直觉与力量”是企业成功的“钥匙”。德国军事学家克劳塞维茨在分析拿破仑战略思想时也曾指出，拿破仑许多战略行动的成功源于他在广泛阅读历史战例、思维沉淀的基础上，在关键时刻能够结合当时的地理环境特点“灵感闪现”。爱因斯坦、门捷列夫、牛顿的重大理论发现也曾借助于直觉性质的顿悟。表面上看，直觉没有详细的数据、定量的模型、精确的计算，没有形式上的科学性。但实际上，直觉可能仍然是一个快速的逻辑思维过程的结果。虽然我们无法用科学的语言描述直觉思维的科学特征，但是，直觉思维有着非常丰富的科学内涵，管理者必须注重直觉决策能力的培养。

工作任务

辩论：如何看待以经验为基础的直觉在管理中的作用。

知识链接

轻松扫一扫——知识点在线测试

本章小结

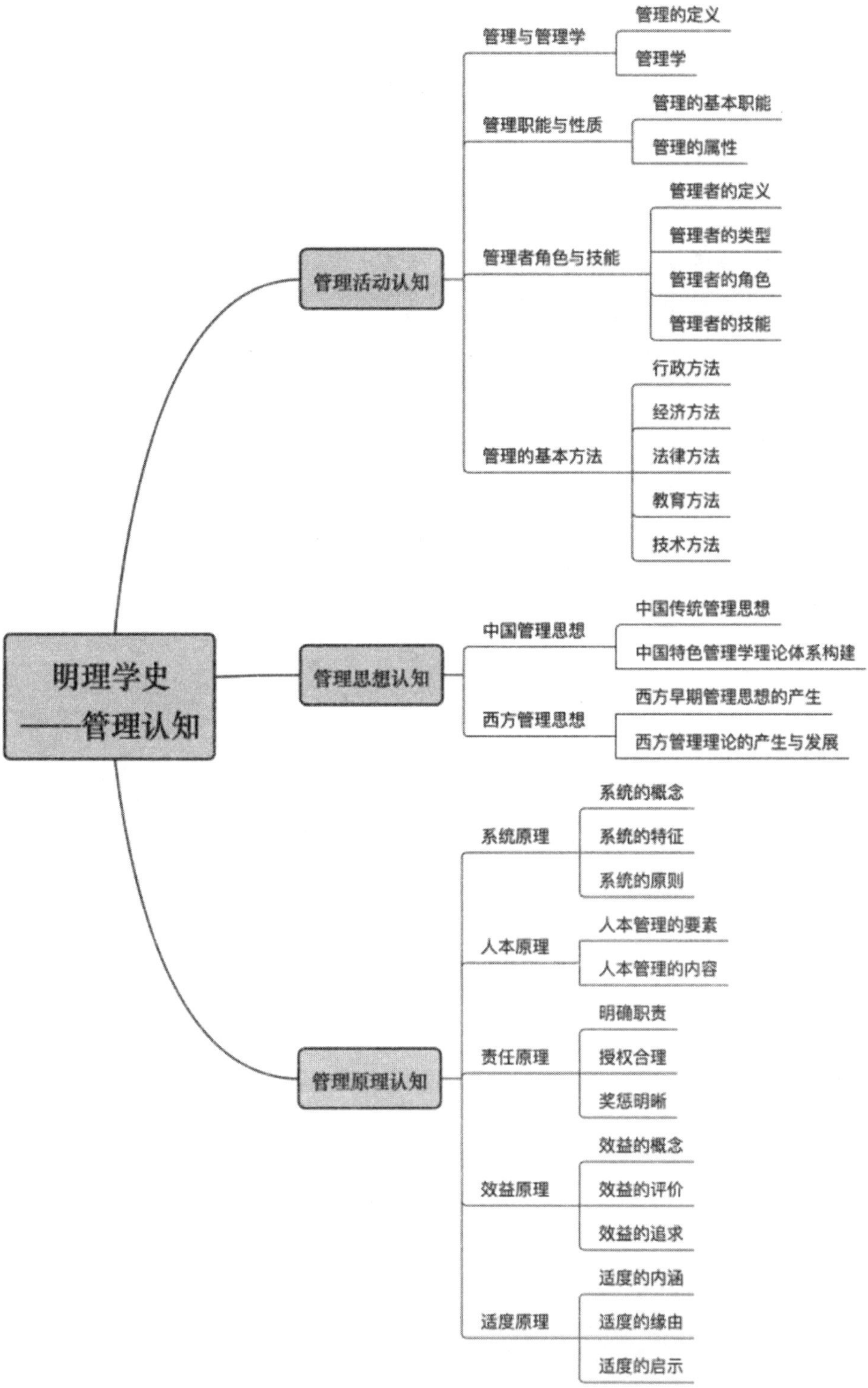
明理学史——管理认知
管理活动认知
管理与管理学
管理的定义
管理学
管理职能与性质
管理的基本职能
管理的属性
管理者角色与技能
管理者的定义
管理者的类型
管理者的角色
管理者的技能
管理的基本方法
行政方法
经济方法
法律方法
教育方法
技术方法
管理思想认知
中国管理思想
中国传统管理思想
中国特色管理学理论体系构建
西方管理思想
西方早期管理思想的产生
西方管理理论的产生与发展
管理原理认知
系统原理
系统的概念
系统的特征
系统的原则
人本原理
人本管理的要素
人本管理的内容
责任原理
明确职责
授权合理
奖惩明晰
效益原理
效益的概念
效益的评价
效益的追求
适度原理
适度的内涵
适度的缘由
适度的启示

技能训练

全班同学分小组对现有中外管理学派进行梳理，各小组选择一个学派阐述该学派的主要代表人物和在管理学发展历程上的主要贡献，尝试用生活中的实例来佐证学者的理论，真正领会管理学知识在生产实践、企业管理中的实际应用。

拓展实训

实训项目：生活中的管理学

实训目的：指导同学们理论结合实际，加深对管理具体职能的感性认识；使同学们初步形成作为现代管理者应具备的素质要求的认知；请同学们设想：自己如果要成为一名管理者，应具备哪些技能。

实训内容：在课后阅读几名成功管理者的典型案例或者访谈录等文献资料，在此基础上访谈一位（一个小组访谈一位）你们认为成功的管理者，了解其职位、工作职责，尤其是胜任该职务的品德、知识和能力等方面的素质。

1. 搜集文献资料：搜集管理学方面的书籍、文献、经典案例等相关资料。

2. 工作任务分配：小组内成员根据自身优势，分配合适的工作任务并列出分工计划表。

3. 企业走访调研：拟定采访提纲，按事先预定的计划走访企业、知名企业家、企业高管等，进行面谈访问与调研。

实训要求：

1. 每组提交一份1000字的管理学原理读书笔记、采访笔记等文案。

2. 小组研究讨论：头脑风暴，各小组针对选择的管理学理论进行深入剖析，准备在班级讨论中，说明该理论的代表人物、主要理论贡献和具体分享案例，做好记录。

模块二
审时度势——科学决策

知识目标

- 掌握决策的定义、理解决策的原则；
- 掌握决策的类型与特点；
- 了解决策的理论
- 掌握决策的过程与影响因素；
- 掌握决策的主要方法。

能力目标

- 能结合管理情境判断决策类型和处理原则；
- 能结合管理情境分析决策的过程及影响因素；
- 能针对公司具体问题进行管理决策；
- 学会运用不同决策方法解决不同类型的决策问题。

德育目标

- 构建决策思维逻辑，培养管理者科学决策的理念和意识；
- 培养正确的决策理论价值导向，在管理工作中彰显爱党爱国情怀；
- 树立求真务实的观念，培养严谨细致的工作作风。

第一节 决策的基本原理

管理纵横

王老吉及时转变经营差异化战略决策

王老吉以前是闽南地区一带用来去火的一种药物，平时不会经常喝，后来王老吉经过企业多番讨论，采用了经典的差异化战略决策。

所谓差异化战略决策，主要有以下几点：

1. 改变产品类别属性。起初人们都将王老吉定位于“药茶”，这样就造成消费者的心理障碍，不敢随便喝，更不敢多喝。因此王老吉将“药茶”重新定位于“饮料”，明确红罐王老吉是一种“预防上火”功能饮料，改变了其类别属性，这为王老吉走向全国市场扫清了障碍。

2. 给这古老的名词注入新元素。王老吉最大的问题就是给人老化、过时的印象，因此王老吉为品牌注入了新元素，在不断的推广中，以轻松、快乐、健康的正面形象，打造成时尚的传统产品。在广告中，消费者都是无忧无虑地吃火锅、烧烤，然后伴随着“预防上火”的红罐王老吉。

3. 强势广告效应。除了传统的 POP 广告，王老吉还创新地布置了大量终端设计，如设计制作电子显示屏、灯笼等餐饮场所乐意接受的实用物品，免费赠送。

4. 选择主要销售渠道。在消费者认知中，饮食是上火的一个重要原因，特别是辛辣、煎炸食物，因此王老吉重点选择四川、重庆、湖南、广东及全国各地的川菜馆、火锅店等作为销售渠道，通过实惠和合作模式，并通过节假日强化品牌定位，最终赢得了市场认可和青睐，销量节节高升。短短几年时间，销售额从一两个亿转到几十个亿。

案例启发

王老吉的成功，绝非偶然，关键在于公司能够及时审时度势，坚定差异化战略的决策道路，最终战胜消费者的顾虑，赢得市场的饮料份额。

一、决策的定义、原则和依据

（一）决策的定义

关于决策的定义有许多不同的描述，美国学者亨利・艾伯斯曾说“决策有狭义和广义之分”。狭义地说，决策是在几种行为方案中做出选择。广义地说，决策还包括在做出最后选择之前必须进行的一切活动。”管理学教授里基・格里芬指出，“决策是从两个以上的备选方案中选择一个的过程”。

随着管理科学的发展，人们对现代决策的认识越来越趋于一致。一种较具体的定义是：所谓决策，是指组织或个人为了实现某种目标而对未来一定时期内有关活动的方向、内容及方式的选择或调整过程。

我们将决策定义为：管理者识别并解决问题以及利用机会的过程。

对于这一定义，可作如下理解：

决策的主体是管理者（既可以是单个的管理者，也可以是多个管理者组成的集体或小组）。

决策的本质是一个过程，这一过程有多个步骤组成。

决策的目的是解决问题和（或）利用机会。这就是说，决策不仅仅为了解决问题，有时也为了利用机会。

（二）决策的原则

管理决策是一个复杂而又带创造性的认识和实践活动，科学合理的决策必须遵循一定的原则而制定，具体来说，主要有以下几个方面的内容。

1. 效益性原则

效益性原则是指决策要以追求企业最大经济利益和社会利益为目的。企业一切经济活动都必须有经济效益和社会效益，企业的市场决策就是为了提高经济活动的经济效益，促进生产力的发展，并且使经济效益和社会效益很好地结合。说到底，如果决策结果不能使企业实现利润目标（包括长期和短期目标），决策就没有意义。

2. 系统性原则

系统性原则也称整体原则，是指把决策对象视为一个系统，从系统整体出发，全面对问题比较分析，并在此基础上做出决策，防止决策的片面性，使系统完整、平衡。因此，贯彻系统性原则，要认真考虑决策所涉及的整个系统及相关因素、企业内外条件等，对局部利益和整体利益、眼前利益和长远的利益要统筹兼顾，不能顾此失彼。

3. 科学性原则

科学性原则是一系列决策原则的综合体现。现代化大生产和现代化科学技术，特别是信息论、系统论、控制论的兴起，为决策从经验到科学创造了条件，决策者的决策活动产生了质的飞跃。只有树立科学的决策思想，遵循科学的决策程序，运用科学的决策方法，建立科学的决策体制，整个决策才可能是科学的；否则，就不能称为科学决策。

4. 可行性原则

可行性原则是指决策目标和决策方案，要有实现的可能性。具体来说，决策目标要合理、符合实际，不能好高骛远；决策方案要能够实施。因此，在确定决策目标，选择决策行动方案时，要充分进行可行性研究，要仔细考虑主客观条件是否成熟，是否具备实现决策目标的人力、物力、财力。只有经过可行性分析论证后选定的决策方案，才是有较大把握实现的方案。

5. 弹性原则

弹性原则是指决策者在决策活动中，特别是在方案、计划制定中要留有适当余地，备有应急方案，以便适应客观事物可能出现的变化的决策行为准则。决策之所以要遵循弹性原则，主要是因为：（1）决策对象的复杂性和动态性。现代决策涉及多种参数，决策对象复杂多变，不运用弹性原则，就难以应付复杂多变的情况。（2）决策环境的多样性。决策环境是决策的重要制约因素，如果决策方案不留有一定的余地，在多样化的环境因素面前就会“捉襟见肘”。（3）决策实施的过程性。决策实施是一个过程，在这一过程中，主客观条件难免发生变化。这就需要决策者对实施的困难和变化的可能性既要有充分的心理准备，又要有应变措施，以防不测。

6. 满意原则

满意原则是针对“最优”原则提出来的，即最优是不存在的，存在的只有满意。“最优化”的理论假设把决策者作为完全理性的人，以“绝对的理性”为指导，按最优化准则行事。但是，处于复杂多变环境中的企业和决策者，要对未来做出“绝对理性”的判断是不可能的。“满意”决策，就是能够满足合理目标要求的决策。它包括以下内容：

（1）决策目标追求的不是使企业及其期望值达到理想的要求，而是使它们能够得到切实的改善，实力得到增强。

（2）决策备选方案不是越多越好、越复杂越好，而是要达到能够满足分析对比和实现决策目标的要求，能够较充分地利用外部环境提供的机会，并能较好地利用内部资源。

（3）决策方案选择不是要避免一切风险，而是对可实现决策目标的方案进行权衡，做到“两利相权取其重”“两弊相权取其轻”。

（三）决策的依据

管理者在决策时离不开信息，信息的数量和质量直接影响决策水平。这要求管理者在决策之前以及决策过程中应该尽可能地通过各种渠道收集信息，作为决策的依据。

在进行信息收集时，管理者要进行成本—收益分析，并不是不计代价地收集海量信息，只有在收集的信息带来的收益超过因此而付出的成本时，才应该去收集信息。

二、决策的类型与特点

（一）决策的类型

1. 按决策的作用范围分类

（1）战略决策

战略决策是为了组织全局长期的发展所进行的大政方针的决策。其特点一般表现为：关系组织全局的重大问题；实施时间较长，对组织起着比较长远的指导作用；风险性较大，多由组织高层管理者负责制定，故又称之为高层决策。进行战略决策的目的在于提高组织的管理效能，使组织的业务活动与外部环境的变化保持良好的动态平衡。企业的战略决策主要包括组织经营目标和方针的确定，组织机构的调整，企业产品的更新换代，技术改造等。

（2）战术决策

战术决策，又称管理决策，它是指组织为实施战略决策，在人、财、物等方面做出的带有局部性的具体决策。战术决策一般由组织的中间管理层做出，故又称为中层决策。进行战术决策的目的在于实现组织内部各环节的高度协调平衡和资源的充分利用。如企业生产计划和销售计划的制定、设备的更新、新产品的定价以及资金的筹措等都属于战术决策范畴。

（3）业务决策

业务决策，又称日常管理决策，是组织为了解决日常工作和业务活动中的问题而做的决策。这种决策一般由组织的基层管理层做出，故又称为基层决策。它是针对短期目标，考虑当前条件而做出的决定，大部分属于影响范围较小的常规性、技术性的决策，如定额的制定、生产的日常调度、物资的库存管理等；它直接关系到组织的生产经营效率和工作效率的提高，所以，它往往是和作业控制结合起来进行的。

需要说明的是，战略决策、战术决策和业务决策之间没有绝对的界限之分，尤其是战术决策和业务决策在不少小企业往往很难截然分开。制定决策的各级管理层次也并非不可逾越。一般来说，为了调动各级管理人员的积极性，提高决策的质量，各管理层在重点抓好本层次决策的同时，三个层次的决策者都或多或少地参与相邻管理层的决策方案的制订工作。

2. 按决策时间长短分类

（1）短期决策

短期决策是指在短时间内，一般是一年以内实现的决策。它多属于战术决策或业务决策，如日常的营销策略、广告策略等。短期决策应该服从和服务于长期决策。

（2）中长期决策

中长期决策是指在较长时间内，一般是三五年或更长时间才能实现的决策。它关系到企业发展的前途和方向，属于长期性的、全局性的战略决策。如企业的长期投资决策、市场开拓、技术改造、产品开发、人力资源开发、组织革新等方面的决策均属于此类决策。

3. 按决策的主体分类

（1）个人决策

个人决策是指个人在参与组织活动中所做出的各种决策。个人决策的优点有：第一，它能使人们对事物感知得更迅速、更有效；第二，有助于使人们透过事物的表面现象抓住事物的本质；第三，有助于人们从不完全的情报中获取重要的变化信息；第四，有助于人们形成决心，做出果断而大胆的选择。但个人决策往往受决策者个人的经验、知识水平、决策能力、思想观念、欲望、意志等因素的影响，使决策具有强烈的个人色彩。

（2）集体决策

集体决策是为充分发挥集体的智慧，由多人共同参与决策分析并制定决策的整体过程。其中，参与决策的人组成了决策集体。

相对于个人决策，集体决策优点体现在：第一，集体决策能较好地保证决策结果的合理性和正确性。第二，集体决策具有较好的执行性。第三，集体决策往往更富于创造性。但集体决策也有一些缺点，如决策的时间较长，在特别紧急的关头，可能会由此而贻误良机；决策无明确的负责人，容易造成无人对决策后果负责的局面。

4. 按决策问题的不同性质或决策的重复程度分类

（1）程序化决策（programmed decision）

程序化决策又叫规范性决策或重复性决策，是指对常规的、经常重复发生的问题的决策。这种决策多属于业务决策，由于这类决策问题是重复出现的，涉及一些例行活动，因而可以规定出一定的程序，建立决策模式，按规定的程序、方法和标准进行处理，甚至可以由电子计算机处理。程序化决策是管理人员按照上级制定的规章进行的决策，比较简单，一般在基层工作中最为常见，如管理者日常遇到的产品质量、设备故障、现金短缺、供货单位未按时履行合同等问题。

（2）非程序化决策（nonprogrammed decisions）

非程序化决策又叫一次性决策，是指对不经常重复发生的业务工作和管理工作所做的决策。这种决策不是经常反复进行的，多为偶然发生或首次出现而又非常重要的问题，缺乏准确可靠的统计数据和资料，没有先例，无章可循，由于解决这类问题的经验不足，很大程度上依赖于决策者的知识、经验、洞察力和逻辑思维。一般说来，高层管理者所做的决策多属于非程序化决策。如组织结构变化、重大投资、开发新产品或开拓新市场、长期存在的产品质量隐患、重要的人事任免以及重大政策的制定等问题。

5. 按决策问题所处的条件分类

（1）确定型决策

确定型决策是指每一种可供选择的方案所需要的条件都是已知的，每一种方案实施的结果果也是可以计算确定的，只需要比较其结果优劣，就能做出最优选择的决策。确定型决策是一种肯定状态下的决策。这类决策一般可以通过建立数学模型进行，如企业产量决策、材料利用率的决策等。

（2）风险型决策

风险型决策是指每个备选方案都会遇到不同的可能状态，同时只能知道每种状态可能发生的概率，而难以获得充分可靠信息的决策。在这样条件下的决策，不论选择哪一种方案都要承担一定的风险，故称为风险型决策。例如，某企业为了增加利润，提出两个备选方案：一个方案是扩大老产品的销售，另一个方案是开发新产品。不论哪一种方案都会遇到市场需求高、市场需求一般和市场需求低几种可能状态，这几种可能状态发生的概率都可以测算，若遇到市场需求低，企业就面临亏损。因此，在上述条件下决策带有一定的风险性。

（3）不确定型决策

不确定型决策是指那些难以获得各种可能状态发生的概率，甚至对未来状态都难把握的决策。这类决策比较复杂，难度大，风险也大，主要依赖决策者经验和主观判断进行。例如，某企业拟将一种新产品投放市场，有大批量、中批量、小批量 3 种生产方案，由于缺乏历史资料和统计数据，因此产品市场需求大小难以估算，此时的决策即为不确定型决策。

除此之外，按不同的标准，决策还有其他分类方法。如按决策的依据，分为经验决策和科学决策；从决策的起点看，分为初始决策与追踪决策等。

工作任务

以小组为单位，分析判断所在班级内部管理的决策类型和处理原则

（二）决策的特点

1. 目标性

决策的目的是为了解决领导活动中出现的问题，达成一定的目标，决策中的一切行为都是为实现这一目标服务。所以，目标是贯穿全部决策过程的主线，任何活动都

要围绕目标进行。决策目标应是明确的，即简单明了，最好具有可测性，并且任何人都能对其有相同的理解。

2. 选择性

决策的关键是选择，没有选择就没有决策。一个问题的解决往往有多种方案，决策就是从这些方案中选择一个最佳的作为行动的方案。但实际上最佳方案是很难确定的，因为，第一，人们不可能把所有的方案都制定出来，而遗漏的也有可能是最佳方案；第二，最佳方案是相比较而存在的，各方案往往是既有优点又有不足，并且有些方面无法定量比较，排出优劣。因而决策中有时只能以“满意”为选择标准，即选择可以接受的途径作为实施方案。

3. 过程性

组织中的决策并不是单项决策，而是一系列决策的综合。这是因为组织中的决策涉及方方面面，当满意的方案被选出后，决策者还要就其他一些问题做出决策，以保证该方案的顺利实施。此外，在这一系列的决策中，每个决策本身就是一个过程。为了理论分析的方便，我们把决策的过程划分为几个步骤，但在实际工作中，这些步骤往往相互联系、交错重叠，难以明显分开。

4. 动态性

决策不仅是一个过程，而且是一个不断循环的过程。作为过程，决策是动态的，没有真正的起点，也没有真正的终点。我们知道，决策是建立在大量的组织内外信息的基础上的，但外部环境和组织自身条件是不断变化的，这就要求决策者要与时俱进，不断掌握新情况，不断解决新问题，及时调整组织的活动，以实现组织与环境的动态平衡。

5. 风险性

决策可能实现目标，也可能出现意想不到的结果，给组织带来损失。造成这种现象的原因很多，比如目标错误，方案不佳，选择不当，实施不利，信息不准，环境变化等。所有决策都有失误的可能性，领导者应采取各种措施，谨慎从事，努力减少失误。但是也不能害怕失误而造成回避问题，举棋不定，贻误时机。

同步案例

四季沐歌共襄京东“星火计划”，描绘新零售未来图景

2021 年 07 月 22 日，京东家电专卖店“星火计划”展会在武汉国际博览中心盛大开幕，本次展会以“创造价值，共生共赢”为主题，特邀家电头部品牌参展，一万余名来自全国各地的京东专卖店店主齐聚一堂，就消费升级时代背景下的家电市场全

渠道布局、家电专卖店的能力提升，以及以京东专卖店为中心的多端多场景生态圈构建等问题进行广泛深入的探讨交流。

本次展会，作为“中国航天事业战略合作伙伴”的四季沐歌展现了极大的诚意与重视，不仅携一系列拳头产品集体亮相，在开幕当天还以新品发布会的形式展示了数款爆款新品。

曾获得德国 IF 奖、德国红点奖、美国 IDEA 奖等 50 多个国际奖项的四季沐歌工业设计公司总经理、资深外籍专家金在壎先生，结合行业产品设计的流行趋势，现场解读了发布的“棉花糖”速热热水器的设计理念与技术应用，让广大京东专卖店店主能够更直观地了解四季沐歌新品。

在发布会现场，四季沐歌集团零售公司总经理谭超表示：依托京东家电专卖店这一优秀平台，四季沐歌未来将进一步通过前置化销售为门店销售赋能，并积极整合双方资源以实现对下沉市场用户的深度触达，为开拓下沉市场注入新的力量，以驱动渠道变革、零售迭代，使广大消费者能够便捷、可靠、优惠地获得精工品质和精湛服务。

本次参展产品中，四季沐歌速热热水器全面展示其新形象，凸显其契合消费者审美及使用需求新高度，这款全新产品集新锐技术应用与前卫设计理念于一身，外观简洁美观，可以轻松融入各种浴室装修风格；物联“天猫精灵”，预热洗浴、参数设定实现语音远程控制；前置滤网，80℃高温杀菌，银离子抑菌，内置阻垢四大净水模块，健康沐浴全面升级。

不仅如此，在本次展会上，四季沐歌凭借 37 年专业厨电研发和制造经验带来了一系列厨电精品，其中，整合与改良侧吸式油烟机和集成灶排烟效果，吸烟口位于离灶台 25cm– 35cm 以内的黄金控烟区，既具备集成灶吸烟口更靠近油烟生成源头的距离优势，同时革除了近吸式油烟机吸烟口下探略微不足的短板；既符合近吸式油烟机的油烟顺势上排的科学原理，同时改变了集成灶油烟逆势下排的稍显盲目任性，实现“背吸式”油烟机每一处构造都精准匹配每一段排烟流程、每一份吸力都切实达成每一份排烟效果，被誉为推动第三次厨房排烟革命的主导力量。

精品迭出，集中亮相，可以说，本次参加京东“星火计划”，不仅展现了四季沐歌优异的口碑与品牌势能，更是体现出四季沐歌砥砺前行 20 载所打造的强大产品力与创新实力，正是这些软实力与硬实力，塑造了四季沐歌在渠道商和消费者心目中的“安全、耐用、智能”价值标签。

目前，电器消费热点由大城市逐步向县乡级市场转移。在这样的大背景下，基于移动互联网大发展带来的城乡信息同步化，以及物流等保障条件的不断健全，以往曲高和寡的电器渠道下沉正在成为业界趋之若鹜的蓝海，而京东家电专卖店则正是激活这片蓝海市场的重要创新模式。

同时，渠道下沉的核心不仅在于平台的搭建，更在于厂商是否能与广大经销商、专卖店勠力共行，用真正符合消费升级需求的好产品、好服务寻找用户、打动用户。也正是有鉴于此，在本次京东“星火计划”展会上，众多头部品牌纷纷拿出优质产品与全新服务举措，在通过构建及不断升级“大家居”场景，满足下沉市场用户对品质居家生活不断攀升的需求的基础上，打造业务成长新引擎，与广大京东专卖店店主共享渠道下沉拓展红利，实现合作共赢。

四季沐歌依托自身领先的产品品质、卓著的品牌口碑、高效的服务响应，不断积极融合电商平台双线运营模式进行赋能，可以说，本次四季沐歌倾力参加京东“星火计划”，旨在对广大京东电器专卖店店主发出诚挚的共生共赢邀请，为新零售创新驱动描绘了一幅全新的未来图景。

（资料来源：此案例资料经江苏四季沐歌有限公司授权共同开发）

想一想：

结合本案例，谈谈四季沐歌参加京东“星火计划”体现决策的哪些特点？

第二节　决策的理论

自第二次世界大战以来，许多运筹家、统计学家、计算机学家和行为科学家都力图在管理领域寻找一套科学的决策方式，以便对复杂的多方案问题进行明确合理的选择。随着这方面的研究，决策的理论得到了迅速的发展。决策的理论依据其特点和发展历程可以分为古典决策理论、行为决策理论和现代决策理论三种。

一、古典决策理论

古典决策理论又称规范决策理论，是基于“经济人”假设提出来的，主要盛行于20世纪50年代以前。古典决策理论认为，决策者应该从经济的角度来理性地看待决策问题，即决策的目的在于为组织获取最大的经济利益。

古典决策理论的主要内容包括：

1. 决策者必须全面掌握有关决策环境的信息情报。
2. 决策者要充分了解有关备选方案的情况。
3. 决策者应建立一个合理的自上而下的执行命令的组织体系。
4. 决策者进行决策的目的始终都是在于使本组织获取最大的经济利益。

古典决策理论假设作为决策者的管理者是完全理性的，决策环境条件的稳定与否是可以被改变的，在决策者充分了解有关信息情报的情况下，是完全可以做出完成组织目标的最佳决策的。这种理论忽视了非经济因素在决策中的作用，不一定能指导实际的决策活动，从而逐渐被更为全面的行为决策理论代替。

【西方管理心理学人性假设理论】

二、行为决策理论

行为决策理论是从组织行为学的角度探讨决策过程的理论，始于20世纪50年代。其代表人物西蒙在《管理行为》一书中指出，理性的和经济的标准都无法确切说明管理的决策过程，进而提出"有限理性"标准和"满意度"原则。其他学者对决策者行为的研究也发现：决策者在决策过程中的行为并非完全理性的，只是部分理性的，或者是有限理性的；影响决策者进行决策的不仅有经济因素，还有其个人的行为表现，如态度、情感、经验和动机等。

行为决策理论的主要内容是：

1. 人的理性介于完全理性和非理性之间。即人是有限理性的，这是因为在高度不确定和极其复杂的现实决策环境中，人的知识、想象力和计算力是有限的。

2. 决策者在识别发现问题中易受知觉上的偏差影响，而在对未来的状况做出判断时，直觉的运用往往多于逻辑分析方法的运用。所谓知觉上的偏差，是指由于认知能力的有限，决策者仅把问题的部分信息当作认知对象。

3. 由于受决策时间和可利用资源的限制，决策者即使充分了解和掌握有关决策环境的信息情报，也只能做到尽量了解各种备选方案的情况，而不可能做到全部了解，决策者选择的理性是相对的。

4. 在风险型决策中，与经济利益的考虑相比，决策者对待风险的态度起着更为重要的作用。决策者往往厌恶风险，倾向于接受风险较小的方案，尽管风险较大的方案可能带来较为可观的收益。

5. 决策者在决策中往往只求满意的结果，而不愿费力寻求最佳方案。导致这一现象的原因有多种：

（1）决策者不注意发挥自己和别人继续进行研究的积极性，只满足于在现有的可行方案中进行选择。

（2）决策者本身缺乏有关能力，在有些情况下，决策者出于个人某些因素的考虑而做出自己的选择。

（3）评估所有的方案并选择其中的最佳方案，需要花费大量的时间和金钱，这可能得不偿失。

行为决策理论抨击了把决策视为定量方法和固定步骤的片面性，主张把决策视为一种文化现象。例如，威廉·大内在其对美日两国企业在决策方面的差异所进行的比较研究中发现，东西方文化的差异是导致这种决策差异的一种不容忽视的原因，从而开创了决策的跨文化比较研究。

思政微议

中西方国家的根本差异决定中国不能走西方道路

自鸦片战争以来，西方的文化、经济、军事、科技、政治等大量进入中国，为我们带来了先进的思想、科技，带来了文明、进步，但同时也带来了战争、灾难和不适合中国的错误思想、价值观和文化。今天，可以说“西风”仍然比较强劲。特别是伴随着经济全球化程度的日益加深和我国改革开放的扩大，伴随着中国的不断发展和崛起，西方一些国家和势力加紧对我国进行思想文化渗透，并且借助互联网手段使这种渗透在广度和深度上大为拓展。新一轮大规模思想文化渗透实质是“颜色革命”，目的是使中国放弃社会主义，转而走资本主义道路。为此，敌对势力竭尽所能地美化西方资本主义制度，宣扬所谓“多党制”“选举制”“普世价值”等。国内也一直有那么一批西方崇拜者，极力主张全盘接受西方的政治制度和思想文化。

那么，中国到底该不该、能不能走西方的道路？尽管这是一个老话题，也是中国用百年来的实践探索论证过、选择过并早已得出了结论的命题。但直到现在一些人还未放弃走西方道路的幻想，一直为达成这一政治企图而处心积虑，以至沦为西方西化分化中国的推动者和策应者。

离开百年中国发展道路的实践探索不论，单从哲学角度讲，事物只有具有相似的内在本质和客观环境，或者具有一定的历史文化渊源关系，才有可能沿着相同或相近的轨迹运转；具有根本差异、没有丝毫历史文化渊源的事物是不可能走同样道路的。毋庸讳言，中国不能走、不适合走西方资本主义发展道路，正是因为中国与西方国家之间存在着根本的深刻的文化差异，不具备相同或相似的历史渊源。

1. 中西方国家之间存在的根本差异决定了中西方的制度和道路选择不同。

如果我们就中国与欧洲国家的历史和治理传统进行一番基本面的比较，就可以看出中西方之间的根本性差异。

欧洲自古以来就聚集着多个国家。尽管每个国家如今的政治制度、发展道路之间存在一定差异，但其发展演进的历史相互盘根错节，彼此间有着深厚的源流关系，在文化基因、治理传统方面其相似性远大于差异性。最典型的表现便是很多国家普遍都有着浓厚的分权思想、地方自治的传统，崇尚自主、独立。虽然不少欧洲政治家怀有大欧洲的梦想，主张建立统一的欧盟，欧洲也出现过一段时期的统一局势，但是由于欧洲各国根深蒂固的各自独立的传统，欧洲稳定的统一难以维系。这一点从英国就能看得非常清楚。作为现代西方政治制度发源地的英国，不仅内部有着强大的地方自治传统，而且整个国家分裂、独立于欧洲的倾向也显而易见。

中国的情况截然不同。中国在秦代便发展成为一个统一的国家，之后虽分分合合多次，但历史的主流主线是统一，历史的前进方向和趋势也始终是完整统一。延续大一统的国家格局，维护团结，反对分裂是中华民族的千年历史传统。在中国辽阔的大地上，分裂势力很难有生存的土壤和空间。尤其是在新中国成立以后，在中国共产党的领导下，各区域、各民族的国家认同愈加得到巩固和强化。

中国这样大的国家，只有实行强有力的集中统一领导，才能保障和维护国家安全，实现稳定和发展，因而在政治上、思想上必然形成以统一国家为核心的中央集中统一领导的传统。整个欧洲与中国的国土面积相差无几，多个小型国家世世代代共生共存，形成了欧洲以自由、独立为核心的民族性格。

再来看美国。美国虽然不属于欧洲，但其文化、政治脱胎于欧洲，与欧洲存在一定的历史文化渊源。从表面上看，美国建国 200 多年，逐渐扩张，形成了一个国土面积宽广、实力强大的统一国家，这一点似乎与欧洲国家不一样。但是要知道，美国的版图是其成立后不断扩张形成的，因其具有得天独厚的地理位置，基本上没受到过外部力量侵扰，加之二战后国力迅速上升，国家的凝聚力相对较强。然而，同时也要看到，美国内部有源于欧洲的根深蒂固的文化基因，美国州与州之间，州与联邦政府之间有很强的离心力，联邦政府对各州的行政约束能力很有限。

不管是欧洲还是美国，他们的文化和治理传统一直以来都是倾向于把地方、局部、政党、个人的利益放在最高位置，这种历史和传统中必然会生长出分权、制衡、普选、私有制等属于资本主义范畴的制度。因而，资本主义政治制度产生在西方并在西方得到充分发展，说到底是由西方的历史、传统和文化决定的。

中国强调集中统一，就必然将国家、中央、全局、集体置于较高的位置，要求地方、局部、个人服从前者。由此不难想明白，在中国，任何影响国家集中统一的分裂、分权的思想和文化，都是不适合中国的。近代中国曾经尝试仿造西方建立了多党制、议会选举制等，但都水土不服，不能解决中国的实际问题，没能带来国人所向往的民族解放和社会进步。新中国成立后，中国共产党带领中国人民走上社会主义发展道路，这是历史的选择，也是人民的选择。因为以共产党的领导和公有制经济为主体等为基本要素的社会主义制度，与中国的历史、文化传统以及国情等，有着内在的契合性和适应性，这是中国这块土地上必然结出的果实。对此，习近平总书记是这样总结的：社会主义在中国“具有深厚的历史渊源和广泛的现实基础”。

中西方国家之间存在的这些最根本的差异，不仅表现在政治制度和意识形态等领域，更深深地影响到人们的文化心理、思维方式和行为习惯。这些不同层面的差异与制度模式、发展道路的差异之间其实都形成了一定的呼应和对应关系。

综上所述，一个民族、一个国家实行什么样的制度，并不是某一个人或某一些人能够主观决定的，而是由历史文化基因与现实需要共同决定的。中国选择社会主义是历史的必然，同时，社会主义也是现代中国的救国之道和立国之本。只有读懂了中国的历史传统与今天中国的现实需要，才能够深刻理解社会主义——中国特色社会主义为什么能够在中国蓬勃发展。

2. 弄清楚中西方国家之间的根本差异，能够为我们做出正确的价值判断提供有力依据。

从总体上说，中国强调国家至上、集中统一，所以凝聚力大、效率高，能集中全党和全国的力量干大事，并能团结一致强力抵御外敌。欧、美强调民权至上、个人至上，重视个人利益，但力量分散，决策效率低。这些差异对应着不同的道路选择和制度选择。

从历史和现实来看，资本主义制度尽管在欧美得到充分发展，创造了物质上的极大繁盛，但其对外侵略与扩张造成世界性灾难，同时其内部也不断积聚、孕育着严重的社会矛盾和危机。特别是2008年肇始于美国的国际金融危机爆发以来，欧美等世界主要经济体一路走衰，疲态尽现，西式民主政治制度的局限性集中暴露，其对非西方民主国家的魅惑力和影响力大为减弱。而中国，虽然在社会主义发展道路的探索中也遭受过挫折，走过弯路，但中国共产党凭借强大的自我纠错能力，科学总结社会主义建设的历史经验教训，带领全国人民走上了中国特色社会主义的发展道路，取得了改革开放和社会主义现代化建设的伟大成就，中国道路、中国制度与中国模式为世界各国尤其是发展中国家提供了新的发展方向，贡献了可资借鉴的中国经验。

中西方国家的根本差异是我们评判国家政治制度、决策部署、核心价值观乃至具体事务的重要依据。明白了这些差异，我们才可以在一些重大问题上做出正确的价值判断和价值选择。比如，如何认识西方宣扬的所谓“普世价值”问题；如何识别一些人鼓吹的“宪政民主”问题；应该如何看待国企改革不能动摇公有制主体地位问题，如此等等。我们必须在这些重大问题上不犯糊涂、不模棱两可，做到理论上成熟，思想上清醒，在政治原则、政治立场和政治观点上始终做到同以习近平同志为核心的党中央保持高度一致。

（资料来源：孙家言．中西方国家的根本差异决定中国不能走西方道路［J］．红旗文稿，2017（2））

议一议：

1. 为什么我们要坚持和发展中国特色社会主义？

2. 结合自身实际情况谈谈大学生应如何坚持和发展中国特色社会主义道路?

三、现代决策理论

继古典决策理论和行为决策理论之后，决策理论有了进一步的发展，即产生了现代决策理论。它的核心内容是，决策贯穿于整个管理过程，决策程序就是整个管理过程。该理论认为组织是由决策者及其下属、同事组成的系统。整个决策过程从研究组织的内部条件和外部环境开始，继而确定组织目标、设计可达到该目标的各种可行方案、比较和评估这些方案进而进行方案选择（即做出择优决策），最后实施决策方案，并进行追踪检查和控制，以确保预定目标的实现。这种理论对决策的过程、决策的原则、程序化决策和非程序化决策、组织机构的建立同决策过程的联系等都做了精辟的论述。

对当今的决策者来说，在决策过程中应广泛运用现代化的手段和规范化的程序，应以系统理论、运筹学和电子计算机为工具，并辅之以行为科学的有关理论。这就是说，现代决策理论把古典决策理论和行为决策理论有机结合起来，它所概括的一套科学行为准则和工作程序，既重视科学的理论、方法和手段的应用，又重视人的积极作用。

工作任务

以小组为单位，比较古典决策理论、行为决策理论和现代决策理论，谈谈你是如何理解和评价这些理论观点的?

第三节　决策的过程和方法

一、决策的过程与影响因素

（一）决策的过程

决策制定是一个过程而不是简单的选择方案的行为。决策过程描述为七个步骤，从识别问题开始，到选择能解决问题的方案，最后结束于评价决策效果。如图 2.1 所示。

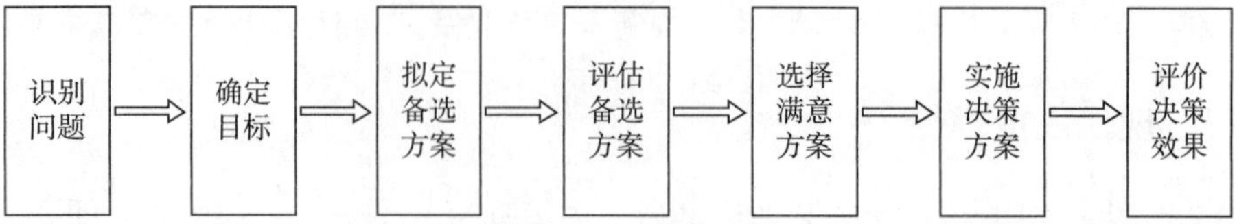

图 2.1 决策的过程

1. 识别问题

一切决策都是从问题开始的。所谓问题，就是应有状况与实际状况之间的差距。决策者要在全面调查研究的基础上发现差距，确认问题，并抓住问题的关键。这里的问题，可以是消极的，如解决一个麻烦或故障；也可以是积极的，如把握一次发展的机会。对决策问题的准确把握，有助于提高决策工作的效率，并确保决策方案的质量。

2. 确定目标

决策目标是指决策所要达到的目的。决策目标的确立是科学决策的起点，它为决策指明了方向，为选择行动方案提供了衡量标准，也为决策实施的控制提供了依据。决策者在确定目标时要注意以下几个问题：

（1）决策目标尽量具体化、数量化。

（2）各目标之间保持一致性。目标是由总目标、子目标、二级子目标等从总到分、从上到下组成的一个有层次的目标体系，是一个动态的复杂系统，因此，要注意各目标之间的一致性。

（3）分清主次，抓好主要目标。

（4）明确决策目标的约束条件。任何目标都存在一定的约束条件，约束条件主要有资源条件、质量规格、时间要求及法律、制度、政策等限制性规定。执行的结果如不符合约束条件，即使完成了目标，也不能认为实现了目标。

3. 拟定备选方案

在提出备选方案时，决策者必须把其试图达到的目标牢记在心，决策过程中尽量集思广益，拟定出尽可能多的富有创造性的解决问题方案，避免遗漏那些可能成为最好决策的方案。当然，备选方案的提出既要确保足够的数量，更要注意方案的质量，这样最终决策的质量才会有切实的保证。

4. 评估备选方案

备选方案拟定出之后，决策者必须认真地对每一个备选方案所希望的结果和不希望的结果出现的可能性进行估计，运用第二阶段确定的标准来对这些备选方案进行比较。在评估过程中，根据决策所需的时间和其他限制性条件，依靠可行性分析和各种决策技术，尽量科学地显示各种方案的利弊，层层筛选。如果所有的备选方案都不令人满意，决策者还必须进一步寻找新的备选方案。

5. 选择满意方案

选择满意方案，是决策的关键过程。尽管选择一个方案看起来很简单，只需要考虑全部可行方案并从中挑选一个能最好解决问题的方案。但实际上，做出选择是很困难的。由于最好的决定通常建立在仔细判断的基础上，所以，决策者要想做出一个好的决定，必须仔细考察全部事实，确定是否可以获取足够的信息以及最终选择最好的方案。此外，一项方案是否科学，小到影响具体的经济行为的效果，大到影响一个企业、一个地区甚至一个国家经济发展的成败。因此，有时会在方案全面实施之前，进行局部试行，验证在真实条件下是否真正可行。验证方案若是不可行的，为避免更大损失，则需再次考察上述各个活动步骤，修正或重新拟订方案。若方案可行，便可以进行全面实施。

6. 实施决策方案

方案的实施是决策过程中至关重要的一步。在方案选定以后，决策者就可制定实施方案的具体措施和步骤。通常而言，实施过程应做好以下工作：

（1）制定相应的具体措施，保证方案的正确执行。

（2）确保有关决策方案的各项内容都为所有的人充分接受和彻底了解。

（3）运用目标管理方法把决策目标层层分解，落实到每一个执行单位和个人。

（4）建立重要工作的报告制度，以便随时了解方案进展情况，及时调整行动。

7. 评价决策效果

一个大规模决策方案的执行通常需要较长的时间，在这段时间中，情况可能会发生变化，必须通过定期的检查评价，及时掌握决策执行的进度，将有关信息反馈到决策机构。决策者依据反馈来的信息，及时跟踪决策实施情况，对局部与既定目标相偏离的应采取纠正措施，以保证既定目标实现；若在新方案运行过程中发现重大差异，在反馈、上报的同时，决策者应查明原因、具体分析，根据具体情况区别处理：若是执行有误，应采取措施加以调整，以保证决策的效果；若方案本身有误，应会同有关部门和人员协商修改方案；若方案有根本性错误或运行环境发生不可预计的变化，使得执行方案产生不良后果，则应立即停止方案的执行，待重新分析、评价方案及运行环境后再考虑执行。

值得注意的是，评价应体现在每一阶段的工作上，而不仅仅是在方案的实施阶段。特别是重大的决策，必须时刻注意信息的反馈和工作评价，以便迅速解决突发问题，避免造成重大损失。

工作任务

以小组为单位，对某个项目进行决策，并分析其决策过程。

（二）决策的影响因素

1. 环境因素

任何组织都是在一定的环境下运行的，所以决策首先受到环境的影响。环境对组织决策的影响是双重的，一般从以下两个方面对决策施加影响。

（1）环境的特点影响组织的活动选择。就企业而言，如果市场相对稳定，企业的决策相对简单，则大多数决策可以在过去决策的基础上做出；如果市场环境复杂，变化频繁，那么企业就可能要经常面对许多非程序性的、过去没有遇到过的问题，甚至需要经常对经营方向和内容进行调整。处在垄断市场的企业，通常将经营重点放在内部生产条件的改善、生产规模的扩大以及生产成本的降低上；而处在竞争市场的企业，则需要密切关注竞争对手的动向，不断推出新产品，努力改善营销宣传，建立健全销售网络。

（2）对环境的习惯反应模式也影响组织的活动选择。对于相同的环境，不同的组织可能做出不同的反应。而这种调整组织与环境关系的模式一旦形成，就会趋于稳固，限制决策者对行动方案的选择。

同步案例

四季沐歌空气能冷暖机智能除霜，应对北方极端气候环境

设置超低温环境参数，模拟暴雪低温极端气候场景，让空气能冷暖机外机身凝结厚厚的冰霜，然后运行自动除霜功能，检验智能除霜技术的实际效果。为了不断提升产品抗极端环境干扰的能力，四季沐歌技术工程师几乎每天都会在实验室进行类似的产品测试，对核心技术和关键参数指标进行持续优化和调整，为用户带来良好的无霜高效采暖体验。

实验室严谨求证，持续进行技术攻坚，苛求细节，精于品质，得益于这种精益求精的匠人精神，四季沐歌在超低温空气能供热领域形成了深厚的技术储备，成为业内创新标杆品牌，深受市场认可。尤其在经常出现极端低温环境的北方市场，消费者对四季沐歌空气能冷暖机更是青睐有加。

（1）以解决问题为导向，持续提升产品抗极寒运行稳定性

近两年，随着“双碳”战略和“十四五规划”的持续推进，优化能源结构、促进节能减排的速度越来越快，全国多地开始有序取缔燃煤锅炉，加大对空气能等清洁能源的推广力度。然而，由于受到气候条件的限制，普通空气能供热产品抗低温、抗极寒的能力差强人意，供热效果不稳定，严重影响北方用户的冬季供热体验。

四季沐歌技术工程师以解决为导向，通过实验室实景模拟北方极端低温恶劣环境，一遍遍进行技术验证，不放过任何技术细节，经过成百上千次实验对比论证，不断优化技术解决方案，再应用到产品上进行新一轮的实验检验，直到技术指标、产品运行稳定性、除霜表现达到实验室预设的极端环境标准，再投放市场供消费者选购。

四季沐歌技术人员表示，在技术创新和产品研发过程中，要养成“没有最好只有更好”的主观能动性，树立这种观念才能不断发现新问题，拿出新的解决方案，推出符合市场和消费者预期的好产品。这种专注创新、注重细节把控的匠人精神，是四季沐歌成为国内清洁能源产业领军企业的关键，也是产品受到市场推崇的重要因素。

（2）智能除霜适应极端气候，受北方采暖市场青睐

伴随清洁能源推广配套政策的落地，北方地区采暖市场成为空气能采暖产品的重要增量市场，是每个清洁能源企业的必争之地，四季沐歌凭借智能除霜等一系列核心技术，保证产品能够应对北方低温暴雪极端气候，确保产品平稳运行一整冬，全天候全时段提供稳定的供热表现。

实验数据显示，四季沐歌空气能冷暖机凭借低温强热技术、独创的 PID 智能三态化霜技术，极大提高了化霜精准度，在零下 35 度的暴雪低温极端环境中，3 分钟即可轻松除掉机身出风口表面凝结的冰霜，让产品一直在稳定的工作状态下高效制热而不衰减，出水温度可高达 70 度。这种能应对极寒天气的技术能力和稳定的产品表现，是四季沐歌空气能采暖设备相比其他同类产品的一大优势，因此成为北方地区家庭更换采暖设备的选择，为四季沐歌赢得了良好的市场口碑。

可以预见的是，随着“双碳战略”的深入推进，空气能等清洁能源的应用比例会继续攀升，空气能冷暖机市场空间会进一步扩大。四季沐歌等企业要想抓住市场机遇，就要继续秉承工匠精神，打造更好的空气能采暖设备，在升级用户采暖体验的同时配合“双碳”战略的稳步推进。

（资料来源：此案例资料经江苏四季沐歌有限公司授权共同开发）

想一想：

为什么四季沐歌的空气能冷暖机能够受到北方用户的青睐?

2. 组织文化

组织文化制约着组织及其成员的行为以及行为方式。在决策层次上，组织文化通过影响人们对改变的态度而发生作用。任何决策的制定，都是对过去在某种程度上的否定；任何决策的实施，都会给组织带来某种程度的变化。组织成员对这种可能产生的变化会怀有抵御或欢迎两种截然不同的态度。在偏向保守、怀旧、维持的组织中，人们总是根据过去的标准来判断现在的决策，总是担心在变化中会失去什么，从而对

将要发生的变化产生怀疑、害怕和抗御的心理与行为；相反，在具有开拓、创新气氛的组织中，人们总是以发展的眼光来分析决策的合理性，总是希望在可能产生的变化中得到什么，因此渴望变化，欢迎变化，支持变化。显然，欢迎变化的组织文化有利于新决策的实施，而抵御变化的组织文化则可能给任何新决策的实施带来灾难性的影响。在后一种情况下，为了有效实施新的决策，必须首先通过大量工作改变组织成员的态度，建立一种有利于变化的组织文化。因此，决策方案的选择不能不考虑到改变现有组织文化而必须付出的时间和费用的代价。

3. 过去的决策

在实际管理工作中，决策问题大多都是建立在过去决策的基础上的，属于一种非零点决策，决策者必须考虑过去决策对现在的延续影响。即使对于非程序化决策，决策者由于心理因素和经验惯性的影响，决策时也经常考虑过去的决策，问一问以前是怎么做的。所以，过去的决策总是有形无形地影响现在的决策。这种影响有利有弊，利是有助于实现决策的连贯性和维持组织的相对稳定，并使现在的决策建立在较高的起点上；弊是不利于创新，不适应剧变环境的需要，不利于实现组织的跨越式发展。过去的决策对现在的决策的影响程度，取决于它们与决策者的关系，这种关系越紧密，现在的决策受到的影响就越大。

4. 时间

美国学者威廉 · R. 金和大卫 · I. 克里兰把决策类型划分为时间敏感决策和知识敏感决策。时间敏感决策是指那些必须迅速而尽量准确的决策。战争中军事指挥官的决策多属于此类，这种决策对速度的要求远甚于质量。相反，知识敏感决策，对时间的要求不是非常严格。这类决策的执行效果主要取决于其质量，而非速度。制定这类决策时，要求人们充分利用知识，做出尽可能正确的选择。组织中的战略决策，大多属于知识敏感决策。但是，也可能出现这样的情况，外部环境突然发生了难以预料和控制的重大变化，对组织造成了重大威胁。这时，组织如不迅速做出反应，进行重要改变，则可能引起生存危机。这种时间压力可能限制人们能够考虑的方案数量，也可能使人们得不到足够的评价方案所需的信息，同时，还会诱使人们偏重消极因素，忽视积极因素，仓促决策。

5. 决策主体的因素

（1）决策者对风险的态度

决策是确定未来活动的方向、内容和行动的目标，由于人们对未来的认识能力有限，目前预测的未来状况与未来的实际情况不可能完全相符，因此任何决策都存在一定的风险。人们对待风险的态度是不同的，有人喜欢冒险，通常会选取风险程度较高但收益也较高的方案；而另一些人则不太愿意冒险，通常会选取较安全同时收益水平也较低的方案。因此，决策者的风险偏好对决策的选择会产生直接的影响。

（2）伦理观

个人伦理是就某一行为、行动或决定做出是非判断的个人信念。个人的伦理观决定着人们的行为取向。决策者是否重视伦理以及采用何种伦理标准会影响其对待行为或事物的态度，进而影响其决策。不同的伦理标准会对决策产生不同的影响。如在巴西，一个人可能认为，只要金额较小，贿赂海关官员在伦理上就是可接受的，因为他认为：“海关工作人员需要这笔钱，巴西政府是根据他们可以捞一点外快来规定他们的工资。”可见，其伦理标准是以对社会最佳为出发点的，因此无可厚非；而在美国，人们却认为这样做不符合伦理，因为他们信奉的是“只有每个人都变得诚实，制定才会更加有效”。这种伦理标准也是以对社会最佳为出发点，因此也是值得肯定的。在前一种伦理标准下，人会作出以较小的金额贿赂海关官员的决策，以加快货物的通关速度；在后一种伦理标准下，人们会采取其他办法来达到同样的目的。

【党中央出兵援朝的决策是如何形成的？（视频）】

议一议：

党中央出兵援朝的决策体现了我党作为决策主体的哪些因素？

工作任务

以小组为单位，自行收集企业资料，选择某一公司，针对该公司具体问题进行管理决策。

二、决策的主要方法

（一）集体决策方法

集体决策法常用的方法有：

1. 头脑风暴法

头脑风暴法出自“头脑风暴”一词。所谓头脑风暴（Brain-storming）最早是精神病理学上的用语，是针对精神病患者的精神错乱状态而言的，如今转而为无限制的自由联想和讨论，其目的在于产生新观念或激发创新设想。

头脑风暴法，是由美国 BBDO 广告公司的奥斯本首创，该方法主要由价值工程工作小组人员（小组人数一般为10–15人，最好由不同专业或不同岗位者组成）在正常融洽和不受任何限制的气氛中以会议形式进行讨论、座谈，打破常规，积极思考，畅所欲言，充分发表看法。

为使与会者畅所欲言，互相启发和激励，达到较高效率，必须严格遵守下列原则：

（1）禁止批评和评论，也不要自谦。对别人提出的任何想法都不能批判、不得阻拦。即使自己认为是幼稚的、错误的，甚至是荒诞离奇的设想，亦不得予以驳斥；同时也不允许自我批判，在心理上调动每一个与会者的积极性，彻底防止出现一些“扼杀性语句”和“自我扼杀语句”。只有这样，与会者才可能在充分放松的心境下，在别人设想的激励下，集中全部精力开拓自己的思路。

（2）目标集中，追求设想数量，越多越好。意见越多，产生好意见的可能性越大，这是获得高质量创造性设想的条件。

（3）鼓励巧妙地利用和改善他人的设想。这是激励的关键所在。每个与会者都要从他人的设想中激励自己，从中得到启示，或补充他人的设想，或将他人的若干设想综合起来提出新的设想等。

（4）与会人员一律平等，各种设想全部记录下来。与会人员，不论是该方面的专家、员工，还是其他领域的学者，以及该领域的外行，一律平等；各种设想，不论大小，甚至是最荒诞的设想，记录人员也要求认真地将其完整地记录下来。

（5）主张独立思考，不允许私下交谈，以免干扰别人思维。

（6）提倡自由发言，畅所欲言，任意思考。会议提倡自由奔放、随便思考、任意想象、尽量发挥，主意越新越怪越好，因为它能启发人推导出好的观念。

（7）不强调个人的成绩，应以小组的整体利益为重，注意和理解别人的贡献，人人创造民主环境，不以多数人的意见阻碍个人新的观点的产生，激发个人追求更多更好的主意。

实践经验表明，头脑风暴法可以排除折中方案，对所讨论问题通过客观、连续的分析，找到一组切实可行的方案，因而头脑风暴法在军事决策和民用决策中得出了较广泛的应用。例如在美国国防部制订长期科技规划中，曾邀请50名专家采取头脑风暴法开了两周会议。参加者的任务是对事先提出的长远规划提出异议。通过讨论，得到一个使原规划文件变为协调一致的报告，在原规划文件中，只有25%–30%的意见得到保留。由此可以看到头脑风暴法的价值。

当然，头脑风暴法实施的成本（时间、费用等）是很高的，另外，头脑风暴法要求参与者有较好的素质。这些因素是否满足会影响头脑风暴法实施的效果。

同步案例

四季沐歌的会议制度

尽管电子商务、电话、传真改变了我们的商务生活，带来了全新的沟通模式，但在应用这些沟通渠道的同时，四季沐歌仍旧更加钟情于会议制度，把各种员工会议作为面对面的最佳沟通渠道。

一个典型的“四季沐歌会议”，就是让所有参加者置身于自由愉快的环境中，当看到别人发表新奇的意见时，思维受到刺激，情绪受到感染，潜意识被自然地唤醒，巨大的创造智慧自然地迸发了出来，大量的信息不断地充斥着人的大脑，奇思妙想就会喷涌而出；这时，在场的人就会压抑不住自己内心的激动，争着抢着想把自己要说的话说出来。场面越是热烈，争着发言的人就会越多；发言的人越多，形成的点子就会越多，于是，一个个好的方案就这样形成了。

就是在这样的会议中，四季沐歌的“LV 活动”模式、“城乡联动”模式、“村晚活动”模式、“粮食换太阳能”模式、“乡镇割草”模式等销售方法灵感纷沓而至。四季沐歌的会议制度已经成为四季沐歌思想创新、管理创新的大熔炉。

（资料来源：此案例资料经江苏四季沐歌有限公司授权共同开发）

想一想：

四季沐歌的会议制度其实就是定性决策方法中的哪一种方法？使用这种方法要注意哪些问题？

2. 名义小组法

名义小组法，又称名义小组技术，在集体决策中，如对问题的性质不完全了解且意见分歧严重，则可采用名义小组法。在这种方法下，小组成员互不通气，也不在一起讨论、协商，小组只是名义上的。这种名义上的小组可以有效地激发个人的创造力和想象力。

名义小组法具体使用方法是：管理者先选择一些对要解决的问题有研究或者有经验的人作为小组成员，并向他们提供与决策问题相关的信息。小组成员各自先不通气，请他们独立思考，要求每个人尽可能把自己的备选方案和意见写下来。然后再按次序让他们一个接一个地陈述自己的方案和意见。在此基础上，由小组成员对提出的全部备选方案进行投票，根据投票结果，赞成人数最多的备选方案即为所要的方案。当然，管理者最后仍有权决定是接受还是拒绝这一方案。

3. 德尔菲法

德尔菲是古希腊传说中的神谕之地，城中有座阿波罗神殿可以预卜未来，因而借用其名。德尔菲法，也称专家调查法，1946 年由美国兰德公司创始实行。最早用于预测，后来推广应用到决策中来。它是以匿名方式通过几轮函询征求专家们的意见，组织决策小组对每一轮的意见都进行汇总整理，作为参照资料再发给每一个专家，供他们分析判断，提出新的意见。如此反复，专家的意见渐趋一致，最后做出最终结论。具体的实施过程如下：

（1）拟定决策提纲。先把决策的项目写成几个提问的问题，问题的含义必须提的十分明确，不论谁回答，对问题的理解都不应两样，而且最好只能以具体明确的形式回答。

（2）选定决策专家。选择的专家一般是指有名望的或从事该项工作多年的专家，最好包括多方面的有关专家，选定人数一般以 20–50 人为宜，一些重大问题的决策可选择 100 人以上。

（3）征询专家意见。向专家邮寄第一次征询表，要求每位专家提出自己决策的意见和依据，并说明是否需要补充资料。

（4）修改决策意见。决策的组织者将第一次决策的结果及资料进行综合整理、归纳，使其条理化，发出第二次征询表，同时把汇总的情况一同寄去，让每一位专家看到全体专家的意见倾向，据此对所征询的问题提出修改意见或重新做一次评价。

（5）确定决策结果。征询、修改以及汇总反复进行三四轮，专家的意见就逐步集中和收敛，从而确定出专家们趋于一致的决策结果。

同步案例

德尔菲法预测产品的未来销售量

一、相关背景和数据

2021 年四季沐歌公司研制出一种新产品，现在市场上还没有相似产品出现，因此没有历史数据可以获得。但公司需要对可能的销售量做出预测，以决定产量。于是该公司成立专家小组，并聘请业务经理、市场专家和销售人员等 8 位专家，预测全年可能的销售量。8 位专家通过对新产品的特点、用途进行了介绍，以及人们的消费能力和消费倾向做了深入调查，提出了个人判断，经过三次反馈得到结果如表 2.1 所示。

表 2.1　新产品预测销售量　单位：（千件）

专家编号	第一次判断			第二次判断			第三次判断		
	最低销售量	最可能销售量	最高销售量	最低销售量	最可能销售量	最高销售量	最低销售量	最可能销售量	最高销售量
1	500	750	900	600	750	900	550	750	900
2	200	450	600	300	500	650	400	500	650

续表

专家编号	第一次判断			第二次判断			第三次判断		
	最低销售量	最可能销售量	最高销售量	最低销售量	最可能销售量	最高销售量	最低销售量	最可能销售量	最高销售量
3	400	600	800	500	700	800	500	700	800
4	750	900	1500	600	750	1500	500	600	1250
5	100	200	350	220	400	500	300	500	600
6	300	500	750	300	500	750	300	600	750
7	250	300	400	250	400	500	400	500	600
8	260	300	500	350	400	600	370	410	610
平均数	345	500	725	390	550	775	415	570	770

二、分析过程和预测结果

（1）在预测时，最终一次判断是综合前几次的反馈做出的，因此一般取后一次判断为依据。则如果按照 8 位专家第三次的平均值计算，则预测这个新产品的平均销售量为：

（415+570+770）/3=585（千件）

（2）将最可能销售量、最低销售量和最高销售量分别按 0.50、0.20 和 0.30 的概率加权平均，则预测平均销售量为：

570 × 0.5+415 × 0.20+770 × 0.30=599（千件）

（3）用中位数计算，可将第三次判断按预测值高低排列如下：

最低销售量：300 370 400 500 550

最可能销售量：410 500 600 700 750

最高销售量：600 610 650 750 800 900 1250

中间项的计算公式为（N+1）/2（n= 项数）

最低销售量的中位数为第三项，即 400。

最可能销售量的中位数为第三项，即 600。

最高销售量的中位数为第四项，即 750。

将最可能销售量、最低销售量和最高销售量分别按 0.50、0.20 和 0.30 的概率加权平均，则预测平均销售量为：

600 × 0.50+400 × 0.20+750 × 0.30=605（千件）

需要说明的是，如果数据分布的偏态较大，一般使用中位数，以免受个别偏大或偏小的判断值的影响；如果数据分布的偏态比较小，一般使用平均数，以便考虑到每个判断值的影响。

（资料来源：此案例资料经江苏四季沐歌有限公司授权共同开发）

想一想：

德尔菲法与名义小组法区别在哪里？

（二）有关活动方向的决策方法

管理者有时需要对企业或企业的某部门的经营活动方向进行选择，可以采用下列的经营单位组合分析法和政策指导矩阵法。

1. 经营单位组合分析法

又称波士顿矩阵，BCG 矩阵，由美国波士顿咨询公司建立，其基本思想是：大部分企业都有两个以上的经营单位，每个经营单位都有相互区别的产品—市场片，企业应该为每个经营单位确定其活动方向。

该方法认为，在确定每个经营单位的活动方向时，应该综合考虑其在市场上的相对竞争地位和业务增长率情况。相对竞争地位经常体现在企业的市场占有率上，它决定了企业获取现金的能力和速度；而业务增长率反映业务增长的速度，影响投资的回收期限。

（1）根据相对竞争地位和业务增长率，可把企业的经营单位分成四大类。企业应根据各类经营单位的特征，选择合适的活动方向。如图 2.2 所示：

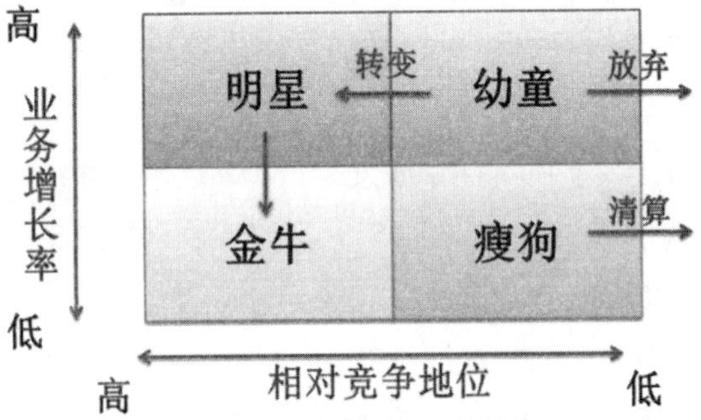

图 2.2　企业经营单位组合图

①“金牛”经营单位。“金牛”经营单位的特征是市场占有率较高，而业务增长率较低。较高的市场占有率为企业带来较多的利润和现金，而较低的业务增长率需要较少的投资。“金牛”经营单位所产生的大量资金可以满足企业的经营需要。

②“明星”经营单位。“明星”经营单位的市场占有率和业务增长率都较高，因而所需要的和所产生的现金都很多。“明星”经营单位代表着最高利润增长率和最佳投资机会，因此企业应投入必要的资金，增加它的生产规模。

③“幼童”经营单位。“幼童”经营单位的业务增长率较高，而目标市场占有率较低，这可能是企业刚刚开发的很有前途的领域。由于高增长速度需要大量投资，而较低的市场占有率只能提供少量的现金，企业面临的选择是投入必要的资金，以提高市场份额，扩大销售量，使其转变为“明星”；如果认为刚刚开发的领域不能转变成“明

星”，则应及时放弃该领域。

④“瘦狗”经营单位。“瘦狗”经营单位的市场份额和业务增长率都较低。由于市场份额和销售量都较低，甚至出现负增长，“瘦狗”经营单位只能带来较少的现金和利润，而维持生产能力和竞争地位所需的资金甚至可能超过其所提供的现金，从而可能成为资金的陷阱。因此，对这种不景气的经营单位，企业应采取收缩或放弃的战略。

（2）经营单位组合分析法的步骤

经营单位组合分析法的步骤通常包括以下内容：

① 把企业分成不同的经营单位；

② 计算各个经营单位的市场占有率和业务增长率；

③ 根据其在企业中占有资产的比例来衡量各个经营单位的相对规模；

④ 绘制企业的经营单位组合图；

⑤ 根据每个经营单位在图中的位置，确定应选择的活动方向。

经营单位组合分析法以“企业的目标是追求增长和利润”这一假设为前提。对拥有多个经营单位的企业来说，它可以将获利较多而潜在增长率不高的经营单位所产生的利润投向那些增长率和潜在获利能力都较高的经营单位，从而使企业在企业内部得到有效利用。

2. 政策指导矩阵

该法由荷兰皇家壳牌公司创立，主要是根据市场前景和相对竞争能力来分析企业各个经营单位的现状和特征，并把它们标示在矩阵上，据此指导企业活动方向的选择。市场前景取决于赢利能力、市场增长率和法规限定等因素分为吸引力强、中等、弱三种；相对竞争能力取决于经营单位在市场上的地位、生产能力、产品研究和开发等因素，分为强、中、弱三种。根据上述对市场前景和相对竞争能力的划分，可把企业的经营单位分成九大类。如图 2.3 所示。

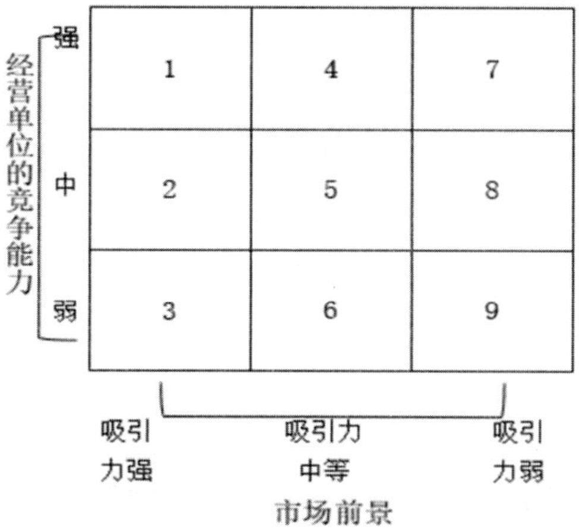

图 2.3 政策指导矩阵

（1）处于区域1和4的经营单位竞争能力较强，市场前景也较好。应优先发展这些经营单位，确保它们获取足够的资源，以维持自身的有利市场地位。

（2）处于区域2的经营单位虽然市场前景较好，但企业利用不够——这些经营单位的竞争能力不够强。应分配给这些经营单位更多的资源以提高其竞争能力。

（3）处于区域3的经营单位市场前景虽好，但竞争能力弱。因企业资源的有限性，要根据不同的情况来区别对待这些经营单位：最有前途的应得到迅速发展，其余的则需逐步淘汰。

（4）处于区域5的经营单位一般在市场上有2–4个强有力的竞争对手。应分配给这些经营单位足够的资源，以使它们随着市场的发展而发展。

（5）处于区域6和区域8的经营单位市场吸引力不强且竞争能力较弱，或虽有一定的竞争能力（企业对这些经营单位进行了投资并形成了一定的生产能力）但市场吸引力较弱。应缓慢放弃这些经营单位，以便把收回的资金投入赢利能力更强的经营单位。

（6）处于区域7的经营单位竞争能力较强但市场前景不容乐观。这些经营单位本身不应得到发展，但可利用它们较强的竞争能力为其他快速发展的经营单位提供资金支持。

（7）处于区域9的经营单位市场前景暗淡且竞争能力较弱。应尽快放弃这些经营单位，把资金抽出来并转移到更有利的经营单位。

（三）定量决策方法

定量决策方法即是运用数学工具、建立反映各种因素及其关系的数学模型，并通过对这种数学模型的计算和求解，选择出最佳的决策方案。对决策问题进行定量分析，可以提高常规决策的时效性和决策的准确性。运用定量决策方法进行决策也是决策方法科学化的重要标志。定量决策方法主要有以下几种。

1. 确定型决策方法

确定型决策方法是为处理只存在一种未来客观状态和一种最优方案的决策问题所采用的一种决策方法。这种决策方法的重要特点是：（1）约束条件比较明确，决策变量都是可控制变量的取值范围。（2）目标明确，一般都用目标函数的形式给以定量表达。（3）由于未来的客观状态确定，决策方案只产生一种确定的结果，只要把决策变量代入目标函数式即可求得，然后对得到的各种值进行比较分析，就能选择出最优方案。由于这类决策问题所涉及的客观状况比较简单，因而各变量之间的关系易定量化，都可通过数学模型方法求解。

确定型决策方法主要有盈亏平衡分析法、经济批量法、线性规划法等。下面主要介绍盈亏平衡分析法。

（1）盈亏平衡分析法的含义

盈亏平衡分析法是依据与管理决策方案相关的业务量（产量或销售量）、成本、利润三者之间的相互关系建立模型，分析评价决策方案优劣的一种重要方法。简言之，它是一种研究销售收入（或销售量）成本与利润三者关系的一种决策分析方法，所以也叫量本利分析法。

（2）计算方法

在应用盈亏平衡分析法时，关键是找出企业不盈不亏的产量（称为保本产量或盈亏平衡产量，此时企业的总收入等于总成本）。具体方法有两种。

①图解法。图解法是用图形来考察产量、成本和利润的关系的方法。在应用图解法时，通常假设产品价格和单位变动成本都不随产量的变化而变化，所以销售收入曲线、总变动成本曲线和总成本曲线都是直线。

【例题 2–1】某企业生产某产品的总固定成本为 60000 元，单位变动成本为每件 1.8 元，产品价格为每件 3 元。假设某方案带来的产量为 100000 件，问该方案是否可取？

利用例子中的数据，在坐标图上画出总固定成本曲线、总成本曲线和销售收入曲线，得出盈亏平衡分析图，如图 2.4 所示：

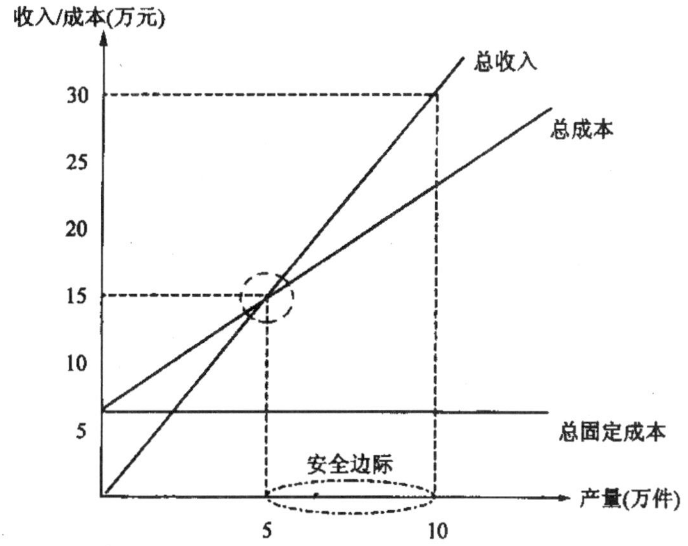

图 2.4　盈亏平衡分析图

从图中可以得出以下信息，供决策分析之用：

a. 保本产量，即总收入曲线和总成本曲线交点所对应的产量（本例中保本产量为 5 万件）；

b. 各个产量上的总收入；

c. 各个产量上的总成本；

d. 各个产量上的总利润，即各个产量上的总收入与总成本之差；

e. 各个产量上的总变动成本，即各个产量上的总成本与总固定成本之差；

f. 安全边际，即方案带来的产量与保本产量之差（本例中安全边际为 5（=10-5）万件）。

在本例中，由于方案带来的产量（10 万件）大于保本产量（5 万件），所以该方案可取。

①代数法。代数法是用代数式来表示产量、成本和利润的关系的方法。

假设 P 代表单位产品价格，Q 代表产量或销售量，F 代表总固定成本，V 代表单位变动成本，π 代表总利润，C 代表单位产品贡献（C = P-V）（单位产品贡献是指多生产一个单位产品给企业带来的利润增量）。

a. 求保本产量：

企业不盈不亏时，PQ = F+VQ

所以保本产量 Q = F /（P-V）= F / C

b. 求保目标利润的产量：

设目标利润为 π，则 PQ=F+VQ+π

所以保目标利润 π 的产量 Q =（F+π）/（P-V）=（F+π）/ C

c. 求利润：

π = PQ-F-VQ

d. 求安全边际和安全边际率：

安全边际 = 方案带来的产量 - 保本产量

安全边际率=安全边际 / 方案带来的产量

【例题 2-2】某公司生产某产品固定成本 50 万元，单位可变成本 10 元，产品单位售价为 15 元，盈亏平衡点产量为多少？如果单价为 80 元，保本点的产量为 10000 件，那么单位变动成本又是多少呢？

（1）已知 F=500000，V=10，P =15，则

Q = F /（P-V）= 500000 /（15-10）=10（万件）

（2）若 F=500000，P=80，Q=10000

根据 PQ = F+VQ 则 V =（PQ-F）/ Q

即 V =（PQ-F）/ Q=（80 × 10000-500000）/ 10000=30（元 / 件）

2. 风险型决策方法

风险型决策方法是指决策者对决策对象的自然状态和客观条件比较清楚，也有比较明确的决策目标，但是实现决策目标必须冒一定风险。对这类决策问题，常用的风险型决策方法是决策树法。

（1）决策树法的含义

决策树分析法是常用的风险分析决策方法。它利用了概率论的原理，并且利用一

种树形图作为分析工具。其基本原理是用决策点代表决策问题，用方案分枝代表可供选择的方案，用概率分枝代表方案可能出现的各种结果，经过对各种方案在各种结果条件下损益值的计算比较，为决策者提供决策依据。

（2）决策树的构成（三点两枝）

决策点：代表最后的方案选择

状态点：代表方案将会遇到的不同状态

损益值点：代表每一种状态所得到的结果

方案枝：由决策点引出的线段，连接决策点和状态点，每一线段代表一个方案

概率枝：由状态点引出的线段，连接状态点和结果点。每一线段代表一种状态

如图 2.5 所示：

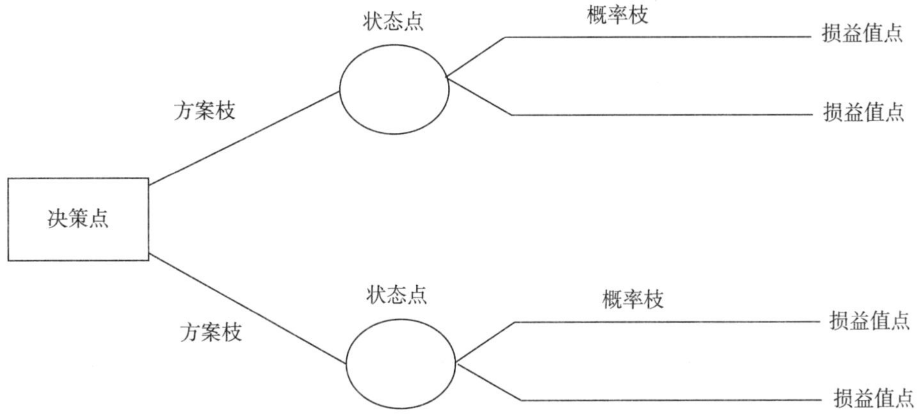

图 2.5　决策树结构图

（3）运用决策树的基本步骤

第一步：绘制决策树图。按从左到右的顺序画决策树，此过程本身就是对决策问题的再分析过程。

第二步：按从右到左的顺序计算各方案的期望值，并将结果写在相应方案节点上方。

第三步：对比各方案的期望值的大小，进行剪枝优选。在舍去备选方案枝上用“=”隔断。

【例题 2-3】设某厂进行生产能力决策。根据市场预测可能有好、中、差三种自然状态，市场形势好，年销售量可达 10 万件；市场形势中等时，年销售量可达 8 万件；市场形势差时，年销售量只有 5 万件，其概率分别为 0.5，0.3，0.2。与之相对应，生产能力可有年产 10 万、8 万、5 万件三种方案。年产 10 万件时，单件成本为 6 元，但如果卖不出去，则未卖出的产品就积压报废，其成本由已销产品承担。年产 8 万件时，单件成本为 7 元，年产 5 万件时，因规模更小，成本增大，每件为 8 元，单价预计为

10元。

试问：应当选择何种方案？

解：第一步：画决策树。

第二步：计算各种生产方案在不同自然状态下的条件损益值及每个方案的期望收益：

方案1：年产10万件，其条件损益值：

好：10×10–10×6=40（万元）

中：8×10–10×6=20（万元）

差：5×10–10×6=–10（万元）

方案2：年产8万件，其条件损益值：

好和中：8×10–8×7=24（万元）

差：5×10–8×7=–6（万元）

方案3：年产5万件，其条件损益值：

好、中和差：5×10–5×8=10（万元）

计算各种生产方案的损益期望值（EVM）如下：

方案1：EVM1=0.5×40+0.3×20+0.2×（–10）=24（万元）

方案2：EVM2=0.5×24+0.3×24+0.2×（–6）=18（万元）

方案3：EVM3=0.5×10+0.3×10+0.2×10=10（万元）

将方案1、方案2和方案3的期望值分别标注到决策树中相应状态点的上方。

第三步：进行方案选择。显然，通过比较，方案1的期望值24万元为最大，故应选择方案1。同时淘汰方案2和方案3，在淘汰的方案2、方案3分枝上画上“//”。

决策树法图解如图2.6所示。

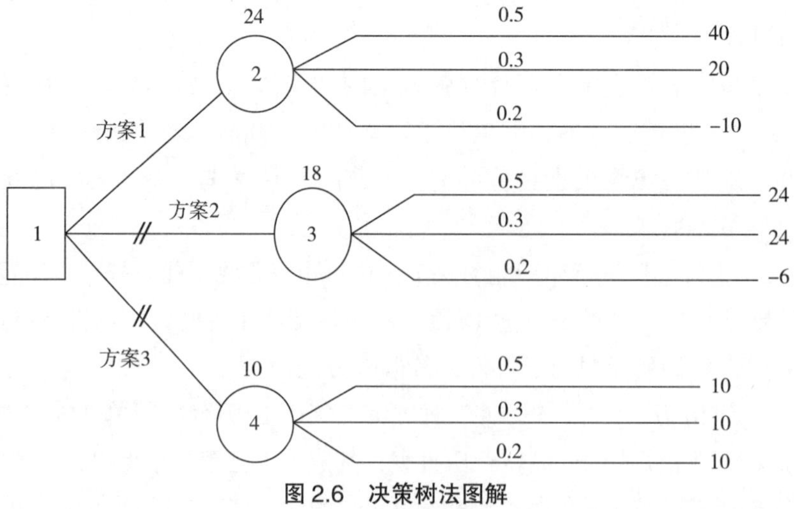

图2.6 决策树法图解

3. 不确定型决策方法

在比较和选择活动方案时，如果管理者不知道未来情况有多少种，或虽知道有多少种，但不知道每种情况发生的概率，则需要采用不确定型决策方法。常用的不确定型决策方法有小中取大法、大中取大法和最小最大后悔值法等。下面举例介绍这些方法。

【例题 2-4】某企业打算生产某产品。据市场预测，产品销路有三种情况：销路好、销路一般和销路差。生产该产品有三种方案：a. 改进生产线；b. 新建生产线；c. 与其他企业协作。据估计，各方案在不同情况下的收益见表 2.2. 问企业选择哪个方案？

表 2.2　　各方案在不同情况下的收益　　单位：万元

自然状态 / 收益 / 方案	销路好	销路一般	销路差
a. 改进生产线	180	120	–40
b. 新建生产线	240	100	–80
c. 与其他企业协作	100	70	16

（1）小中取大法。采用这种方法的管理者对未来持悲观的看法，认为未来会出现最差的自然状态，因此，不论采取哪种方案，都只能获取该方案的最小收益。采用小中取大法进行决策时，首先计算各方案在不同自然状态下的收益，并找出各方案所带来的最小收益，即在最差自然状态下的收益，然后进行比较，选择在最差自然状态下收益最大或损失最小的方案作为所要的方案。

在例题 2–4 中，a 方案的最小收益为 –40 万元，b 方案的最小收益为 –80 万元，c 方案的最小收益为 16 万元，经比较，c 方案的最小收益最大，所以选择 c 方案。

（2）大中取大法。采用这种方法的管理者对未来持乐观的看法，认为未来会出现最好的自然状态，因此，不论采取哪种方案，都能获取该方案的最大收益。采用大中取大法进行决策时，首先计算各方案在不同自然状态下的收益，并找出各方案所带来的最大收益，即在最好自然状态下的收益，然后进行比较，选择在自然状态下收益最大的方案作为所要的方案。

在例题 2–4 中，a 方案的最大收益为 180 万元，b 方案的最大收益为 240 万元，c 方案的最大收益为 100 万元，经比较，b 方案的最大收益最大，所以选择 b 方案。

（3）最小最大后悔值法。管理者在选择了某方案后，如果将来发生的自然状态表明其他方案的收益更大，他会为自己的选择而后悔。最小最大后悔值法就是使后悔值最小的方法。采用这种方法进行决策时，首先计算各方案在各自然状态下的后悔值

（某方案在某自然状态下的后悔值 = 该自然状态下的最大收益 – 该方案在该自然状态下的收益），并找出各方案的最大后悔值，然后进行比较，选择最大后悔值最小的方案作为所要的方案。

在例题 2-4 中，在销路好这一自然状态下，b 方案（新建生产线）的收益最大，为 240 万元。在将来发生的自然状态是销路好的情况下，如果有管理者恰好选择了这一方案，他就不会后悔，即后悔值为 0。如果他选择的不是 b 方案，而是其他方案，他就会后悔。比如，他选择的是 c 方案（与其他企业协作），该方案在销路好时带来的收益是 100 万元，比选择 b 方案少带来 140 万元的收益，即后悔值为 140 万元，各个后悔值的计算结果见表 2.3。

表 2.3　　各方案在各自然状态下的后悔值　　单位：万元

收益 自然状态 方案	销路好	销路一般	销路差
d. 改进生产线	60	0	56
e. 新建生产线	0	20	96
f. 与其他企业协作	140	50	0

由表 2.3 看出，a 方案的最大后悔值为 60 万元，b 方案的最大后悔值为 96 万元，c 方案的最大后悔值为 140 万元。经比较，a 方案的最大后悔值最小，所以选择 a 方案。

同步案例

可行性方案的优选

2022 年四季沐歌拟开发新产品，现在有两个可行性方案需要决策。

I 开发新产品 A，需要追加投资 180 万元，经营期限为 5 年。此间，产品销路好可获利 170 万元；销路一般可获利 90 万元；销路差可获利 –6 万元。三种情况的概率分别为 30%，50%，20%。

II. 开发新产品 B，需要追加投资 60 万元，经营期限为 4 年。此间，产品销路好可获利 100 万元；销路一般可获利 50 万元；销路差可获利 20 万元。三种情况的概率分别为 60%，30%，10%。

（此案例资料经江苏四季沐歌有限公司授权共同开发）

想一想：

应当选择哪种方案？

知识链接

轻松扫一扫——知识点在线测试

本章小结

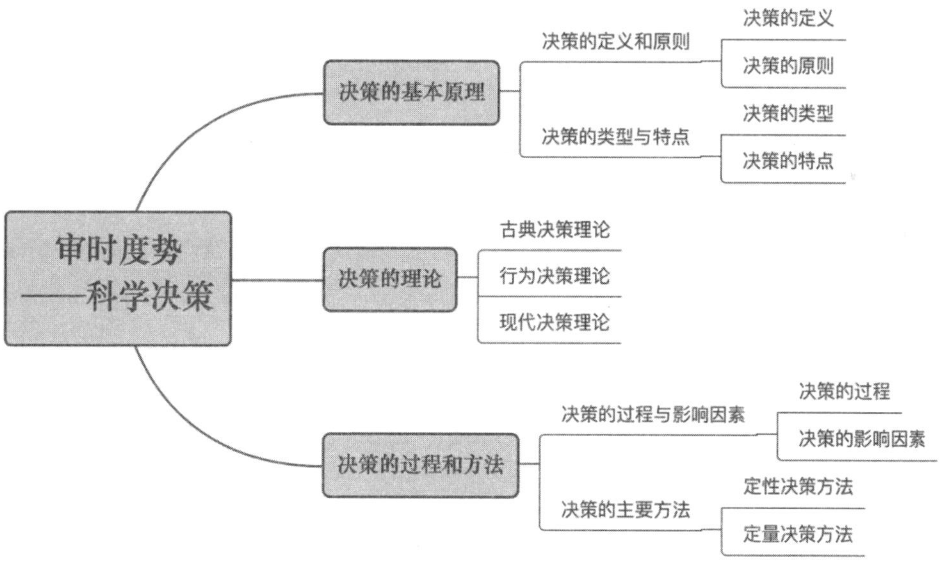

技能训练

走访 1–2 家企业，了解不同层次管理者决策的内容及企业中常用的决策方法。

拓展实训

实训项目： 定性决策法—头脑风暴法

实训目的：通过模拟决策练习，使学生熟悉头脑风暴法的过程，培养学生决策能力、应变能力、协调关系和团队合作的能力。

实训内容：四季沐歌集团创建于2000年，2012年5月21日于沪市A股主板上市，是中国航天事业战略合作伙伴。专注清洁能源采暖、热水领域，产品涵盖太阳能、空气能、电热水器、燃气热水器、集成热水机、壁挂炉等全系列热水、采暖产品，并形成了从单机到系统、从城市到乡村、从家用到商用、从线下到线上的全方位清洁能源采暖、热水系统解决方案。但受疫情影响，市场份额也受到一定的影响。用头脑风暴法展开一次讨论，共同为四季沐歌如何进一步提升国内外市场份额出谋划策。

实训要求：以学习小组为单位，其中1人任主持人，1人任记录员，组织1–2小时的集体讨论，对当前疫情下“四季沐歌如何进一步提升国内外市场份额”问题进行思考，畅所欲言，集思广益。

实训成果与考评：每个单位形成一份集体讨论纪要，由教师组织一次课堂讨论，先由各单位小组互评，进行打分，再由教师进行必要的点评，最后综合给出得分。

模块三
善谋者胜——编制计划

知识目标

- 了解计划的具体含义与性质；
- 理解计划的类型与表现形式；
- 熟悉计划工作的程序；
- 掌握各种类型的计划及其相互关系；
- 掌握编制计划方法。

能力目标

- 能结合管理情境制定计划；
- 能运用计划实施制定具体计划；
- 能运用计划实施原理进行自我管理。

德育目标

- 树立符合现代社会正确的目标管理观念和意识；
- 培养勇于承担责任和计划实施的能力素养；
- 培养战略系统观和分工协作创新精神。

第一节 计划的基本原理

管理纵横

海尔集团的创新计划

2021 年 9 月，入选 2021 中国 500 强发明专利数量前十名公司第 2 位。

海尔集团是世界第四大白色家电制造商，也是中国电子信息百强企业之首。旗下拥有 240 多家法人单位，在全球 30 多个国家建立本土化的设计中心、制造基地和贸易公司，全球员工总数超过五万人，重点发展科技、工业、贸易、金融四大支柱产业。海尔集团自 1984 年创立以来，始终坚持创业和创新的两创精神，秉承“企业即人，人即企业”的管理理念，希望通过在战略、组织、流程和机制等领域的不断创新，创造人人创客的环境，激发每位员工创业、创新的动力，不断满足用户的个性化需求，实现企业与员工的双赢。“没有成功的企业，只有时代的企业”，是海尔坚持创业和创新的一个重要思想支柱。在过去 30 多年，海尔走过的每一步都伴随着创新与突破，伴随着对自我的不断否定和超越。因此，在当前互联网飞速发展的时代背景下，企业唯有坚持创业和创新的两创精神，才能基业长青。海尔在战略创新方面进行了高瞻远瞩的探索。

海尔集团是位于中国青岛的一家大型家电制造企业，在世界同行业中处于技术领先水平，海尔品牌是中国最具价值的品牌，海尔集团是中国最具世界竞争力的家电集团，连续多年列中国企业 500 强前 30 位。海尔集团在首席执行官张瑞敏确立的名牌战略指导下，先后实施名牌战略、多元化战略和国际化战略，现在海尔在欧美、中东、日本等国家和地区都有子公司或销售网点，已进入全球化品牌阶段。

海尔的发展战略如下：

●名牌战略阶段（1984 年—1991 年）

特征：只干冰箱一个产品，探索并积累了企业管理的经验，为今后的发展奠定了坚实的基础，总结出一套可移植的管理模式。

●多元化战略阶段（1992 年—1998 年）

特征：从一个产品向多个产品发展（1984 年只有冰箱，1998 年时已有几十种产品），从白色家电进入黑色家电领域，以“吃休克鱼”的方式进行资本运营，以无形资产盘活有形资产，在最短的时间里以最低的成本把规模做大，把企业做强。

●国际化战略阶段（1998 年—2005 年）

特征：产品批量销往全球主要经济区域市场，有自己的海外经销商网络与售后服务网络，Haier 品牌已经有了一定知名度、信誉度与美誉度。

●全球化品牌战略阶段（2006 年— ）

特征：为了适应全球经济一体化的形势，运作全球范围的品牌，从 2006 年开始，海尔集团继名牌战略、多元化战略、国际化战略阶段之后，进入第四个发展战略创新阶段：全球化品牌战略阶段。国际化战略和全球化品牌战略的区别是：国际化战略阶段是以中国为基地，向全世界辐射；全球化品牌战略则是在每一个国家的市场创造本土化的海尔品牌。海尔实施全球化品牌战略要解决的问题是：提升产品的竞争力和企业运营的竞争力。与分供方、客户、用户都实现双赢利润。从单一文化转变到多元文化，实现持续发展。

自 2002 年以来，海尔品牌价值连续四年蝉联中国最有价值品牌榜首。海尔品牌旗下冰箱、空调、洗衣机、电视机、热水器、电脑、手机、家居集成等 16 个主导产品被评为中国名牌，其中海尔冰箱、洗衣机还被国家质检总局评为首批中国世界名牌。

目前，海尔有 9 种产品在中国市场位居行业之首，3 种产品在世界市场占有率居行业前三位，在智能家居集成、网络家电、数字化、大规模集成电路、新材料等技术领域处于世界领先水平。在国际市场彰显出发展实力。“创新驱动”型的海尔集团致力于向全球消费者提供满足需求的解决方案，实现企业与用户之间的双赢。目前，海尔累计申请专利 6189 项（其中发明专利 819 项），拥有软件著作权 589 项。在自主知识产权基础上，海尔还主持或参与了近百项国家标准的制修订工作，其中，海尔热水器防电墙技术、海尔洗衣机双动力技术还被纳入 IEC 国际标准提案，这证明海尔的创新能力已达世界级水平。

在创新实践中，海尔探索实施的“OEC”管理模式、“市场链”管理及“人单合一”发展模式均引起国际管理界高度关注，目前，已有美国哈佛大学、南加州大学、瑞士 IMD 国际管理学院、法国欧洲管理学院、日本神户大学等商学院专门对此进行案例研究，海尔“市场链”管理还被纳入欧盟案例库。海尔“人单合一”发展模式为解决全球商业的库存和逾期应收提供创新思维，被国际管理界誉为“号准全球商业脉搏”的管理模式。

面对新的全球化竞争条件，海尔确立全球化品牌战略、启动“创造资源、美誉全球”的企业精神和“人单合一、速决速胜”的工作作风，挑战自我、挑战明天，为创出中国人自己的世界名牌而持续创新！

（资料来源：王方华 . 立足“人单合一”管理创新，推进中国管理理论探索——访谈海尔集团张瑞敏先生观点内容摘编［J］. 管理学报 2018（6）.）

案例启发

有效地计划是一切成功的秘诀，计划做得好可获得很多的收益，海尔集团通过清楚地确定目标和如何实现这些目标，为企业的行动提供了正确的方向，有效地配置了资源，并且提高了效率，调动了积极性，为控制提供了标准。从而使海尔企业不断发展，在世界上占有重要的地位。面对新的全球化竞争条件，海尔确立全球化品牌战略，启动“创造资源、美誉全球”的企业精神和“人单合一、速决速胜”的工作作风，挑战自我、挑战明天，为创出中国人自己的世界名牌而持续创新!

计划过程是决策的组织落实过程。决策是计划的前提，计划是决策的逻辑延续。计划通过将组织在一定时期内的活动任务分解给组织的每个部门、环节和个人，从而不仅为这些部门、环节和个人在该时期的工作提供具体的依据，而且为决策目标的实现提供保证。作为管理的关键职能，计划工作的质量将对组织管理水平产生决定性的影响。

一、计划的内涵

（一）计划的定义

计划就是根据社会的需要以及组织的自身能力，确定出组织在一定时期内的奋斗目标，通过编制、执行和检查，用文字和指标等形式表述的管理文件，协调和合理安排组织中各方面的管理活动，有效地利用组织的人力、物力和财力资源，取得最佳效益。计划的定义理解包括以下四个方面：

1. 计划首先涉及目标。没有目标，组织及其成员就不知道行动的方向和成果，就没有行动的动力。没有目标，就无法制定实施方案。

2. 计划是行动的依据。有了计划，各部门就有了各个时期的工作任务和工作重点。

3. 计划是为未来制定的。由于未来具有不确定性，因此，计划是以预测为基础，预测的准确性决定着计划的成败。

4. 计划是设计的产物。计划离不开计划制定者的思考、创新和决策行为。因此，计划制定者的能力和素质决定着计划的质量。

（二）计划工作的内容

计划工作的核心是决策，即对未来活动的目标及通向目标的多种途径做出符合客观规律以及当时实际情况的合理抉择。要做好计划工作，必须解决“5W2H 问题”，即预先决定做什么（what）、论证为什么要做（why）、确定何时做（when）、何地做（where）、何人做（who）以及如何做（how）与预算多少（how much），计划必须清楚地确定和描述这些内容，并能提出表 3.1 的问题。

做什么（what）：要明确计划的目标任务和要求，明确每一个时期的中心任务和工作重点。

为什么做（why）：规定计划实施地点或场所，了解计划实施的环境条件和限制，以便合理安排计划实施的空间组织和布局。

何时做（when）：计划不仅要明确规定目标任务、地点和进度，还应规定由哪个主管部门负责。

何地做（where）：制定实施计划的措施，以及相应的政策和规则，对各种派生计划进行综合平衡等。

谁去做（who）：选定计划实施的时机，以及规定计划中各项工作的开始和完成的进度，以便进行有效控制和对能力资源进行平衡。

如何做（how）：即对实施计划的具体行动措施、政策、规则的规定，对人力与物力资源分配和使用的规定。

需要多少成本（how much）：整个行动方案中对财力所需要的预算，要取得最佳的经济效益和社会效益。

表 3.1　　5W2H 的 28 问

5W2H	1 层次	2 层次	3 层次	4 层次	结论
WHO	是谁	为什么是他	有更合适的人吗	为什么是更合适的人	定人
WHEN	什么时候	为什么这个时候	有更适合的时间	为什么是更合适的时间	定时
WHERE	什么地点	为什么在这地点	有更合适的地点	为什么是更合适的地点	定位
WHY	什么原因	为什么是这个原因	有更适合的理由	为什么是更合适的理由	定原因
WHAT	什么事情	为什么做这个事情	有更合适的事情吗	为什么是更合适的事情	定事
HOW	如何去做	为什么采用这个方法	有更适合的方法	为什么是更合适的方法	定方法
HOW MUCH	花费多少	为什么要这些花费	有更合理的花费吗	为什么是更合理的花费	定耗费

工作任务

【请用 5W2H 结合实际进行分析应用】

二、计划与决策

计划与决策是何关系？两者中谁的内容更为宽泛，或者说哪一个概念是被另一个包容的？管理理论研究中对这个问题有着不同的认识。

决策是指人们为了达到一定的目标，在掌握充分的信息和在对有关情况进行深刻分析的基础上，用科学的方法拟定并评估各种方案，从中选出合理方案的过程。计划是指为了实现决策所确定的目标预先进行的行动安排的过程。计划是为决策服务，计划是决策的基础，决策是计划的目的，一个良好的决策往往需要从两个以上的备选计划方案中选择。

决策与计划是两个既相互区别又相互联系的概念；它们是相互区别的，是因为这两项工作需要解决的问题不同。决策是关于组织活动方向、内容以及方式的选择，是从“管理的首要工作”这个意义上来把握决策的内涵的。任何组织，在任何时期，为了表现其社会存在，必须从事某种为社会所需要的活动。在从事这项活动之前，组织当然必须首先对活动的方向和方式进行选择；计划则是对组织内部不同部门和不同成员在一定时期内行动任务的具体安排，它详细规定了不同部门和成员在该时期内从事活动的具体内容和要求。

1. 决策是计划的前提，计划是决策的逻辑延续。决策为计划的任务安排提供了依据，计划为决策活动的选择提供组织保证。

2. 计划是关于组织未来的蓝图，是对组织在未来一段时间内的目标和实现目标途径的策划与安排。而决策是指组织或个人为了实现一定的目标，对所提出的若干决策方案进行分析评价，最终选择出满意方案的过程。

3. 现实中决策与计划是相互渗透，甚至不可分割地交织在一起。

在决策制定过程中，不论是对内部能力优势或劣势的分析，还是在方案选择时关于各方案执行效果或要求的评价，实际上都已经开始孕育着决策的实施计划。反过来，计划的编制过程，既是决策的组织落实过程，也是决策的更为详细的检查和修订过程。无法落实的决策，或者说决策选择的活动中某些任务的无法安排，必然导致决策进行一定程度的调整。

三、计划的特性

计划的根本目的在于保证管理目标的实现。从事计划工作并使之有效地发挥作用，就必须把握计划的性质。它主要表现在以下五个方面。

（一）目的性

任何组织和个人制定计划都是为了有效地达到某种目标。然而在计划工作开始之前，这种目标可能还不具体，计划工作就是让这些目标具体化，以便执行和完成。在计划工作过程的初始阶段，制定具体的、明确的目标是首要任务，其后的所有工作都是围绕目标进行的。计划的性质决定着计划必须设定一个目标，必须在管理工作中居于领先地位。

（二）科学性

计划应符合党和国家的路线、方针和政策，符合有关的法律条文。计划所提出的目标、措施、方法、步骤要符合事物发展的规律，要尊重科学，按辩证法办事。还要注意与上级组织和下级单位的衔接，与前后计划、上下工序的吻合，与协作单位的协调合作。

（三）普遍性

制定计划是各级主管人员的一个共同职责。各级管理人员所制定的计划的范围、内容不同而异。高层管理人员制定组织的总体计划，把握全局方向和目标；中层管理人员制定部门计划，诸如财务计划、市场计划、人事计划等，确定在整体目标实现过程中，各部门自身的具体目标；而基层管理人员则要制定具体的作业计划，以配合生产计划的最终实现。

（四）效率性

效率性是指从组织目标所做贡献中扣除制定和执行计划所需要费用及其他因素后的总额。指在资源一定的情况下，如何使方案产生最大的效益。对于营利性组织来说，效率是指计划的成本收益比率。计划的编制和实施是要支付成本或费用的，如果其收益大于成本，就可以称之为有效率的，反之，就是没有效率的或效率低的。对于非营利性组织，计划的结果取决于决策者的价值标准。

（五）创新性

组织面临的环境具有很大的不确定性，计划工作总要面对新问题、新变化，做出相应的改变。组织环境的不确定性，使得组织面对变化时，不再有一种唯一的固定的计划模式可以进行参照，面对新的问题，管理者必须打破常规和限制，充分发挥主观能动性，提出新的措施，以便使计划赶得上变化。正如一项新产品的成功依赖于创新一样，成功的计划也依赖于创新。

四、计划的类型

计划是将决策实施所需完成的活动任务进行时间和空间上的分解，以便将其具体落实到组织中的不同部门和个人。因此，计划的分类可以依据时间和空间两个不同的标准。除了时间和空间两个标准外，我们还可以根据计划的明确性程度和计划的程序化程度对计划进行分类。把计划分类为战略性计划和战术性计划是管理活动中常见的。

这一分类综合时间和空间两类标准，考察计划涉及的时间长短和职能范围的广狭程度。表 3.2 列出了按不同方法分类的计划类型。

表 3.2 计划的类型

分类标准	类型
时间长短	• 长期计划 • 短期计划
职能空间	• 业务计划 • 财务计划 • 人事计划
综合性程度（涉及时间长短和职能范围广狭）	• 战略性计划 • 战术性计划
明确性	• 具体性计划 • 指导性计划
程序化程度	• 程序性计划 • 非程序性计划

（一）按时间的期限划分

按时间期限的长短，可以将计划分为短期计划、中期计划和长期计划。一般来说，短期计划在 1 年左右，中期计划在 1 年以上 5 年以内，长期计划在 5 年以上。需要指出的是，长、中、短期计划的时间划分并没有绝对的标准，不同的组织计划活动的期限有很大的差异。

长期计划主要是方向性和长远性的计划，它主要回答的是组织的长远目标与发展方向以及大政方针问题，通常以工作纲领的形式出现。中期计划是根据长期计划制订的，它比长期计划更具体，是考虑了组织内部与外部的条件与环境变化情况后制订的可执行性计划。短期计划则比中长期计划更加详细具体，它是指导组织具体活动的行动计划，一般是中期计划的分解与落实。

（二）按职能空间划分

从职能空间分类，可以将计划分为业务计划、财务计划及人事计划。组织通过从事一定业务活动立身于社会，业务计划是组织的主要计划。我们通常用“人财物，供产销”六个字来描述一个企业所需的要素和企业的主要活动。业务计划的内容涉及“物、供、产、销”，财务计划的内容涉及“财”，人事计划的内容涉及“人”。

1. 业务计划

企业业务计划包括产品开发、物资采购、仓储后勤、生产作业以及销售促进等内容。长期业务计划主要涉及业务方面的调整或业务规模的发展，短期业务计划则主要涉及业务活动的具体安排。比如，长期产品计划主要涉及产品新品种的开发，短期产品计划则主要与现有品种的结构改进、功能完善有关；长期生产计划安排了企业生产规模的扩张及实施步骤，短期生产计划则主要涉及不同车间、班组的季、月、旬乃至周的作业进度安排；长期营销计划关系到推销方式或销售渠道的选择与建立，短期营销计划则为现有营销手段和网络的充分利用。

2. 财务计划与人事计划

财务计划与人事计划是为业务计划服务的，也是围绕着业务计划而展开的。财务计划研究如何从资本的提供和利用上促进业务活动的有效进行，人事计划则分析如何为业务规模的维持或扩大提供人力资源的保证。比如，长期财务计划要决定，为了满足业务规模发展从而资本增大的需要，如何建立新的融资渠道或选择不同的融资方式，短期财务计划则研究如何保证资本的供应或如何监督这些资本的利用效率；长期人事计划要研究如何保证组织的发展，提高成员的素质，准备必要的干部力量，短期人事计划则要研究如何将具备不同素质特点的组织成员安排在不同的岗位上，使他们的能力和积极性得到充分的发挥。

（三）按综合性程度（涉及时间长短和职能范围广狭）划分

根据涉及时间长短及其范围广狭的综合性程度标准，可以将计划划分为战略性计划、战术性计划与作业计划。

1. 战略计划

战略计划是由企业高层管理部门制订的、涉及企业长远发展目标的计划。它包括经营目的和经营方向、目标，即一定时期内企业经营活动的出发点和归宿，战略是达到目标的指导思想或基本途径。战略性计划的两个显著特点是长期性与整体性。长期性是指战略性计划涉及未来较长时期，整体性是指战略性计划是基于组织整体而制定的，强调组织整体的协调。

2. 战术计划

战术计划通常是指组织整体目标的具体化，解决的是组织内具体部门或职能在未来某一时段内的行动计划方案。通常是由企业中层管理部门制订的涉及企业生产经营资源分配和利用的计划。它把战略计划转化为能够实施的具体行动计划，因而较为具体。例如，人员、资金、物资分配和使用计划；各种费用支出的预算方案等。

战略性计划是战术性计划的依据，战术性计划是在战略性计划指导下制定的，是战略性计划的落实。从作用和影响上来看，战略性计划的实施是组织活动能力的形成与创造过程，战术性计划的实施则是对已经形成的能力的应用。

3. 作业计划

作业计划是更具体的实施方案，主要针对具体的任务或项目进行规划。作业计划需要考虑人力、物力、时间等方面的资源分配，以及具体的执行过程和结果评估。

三种计划之间存在紧密的联系和互相依存的关系，企业需要在不同的层次上进行协调和衔接，才能实现全面的目标管理和有效的执行。

一般而言，企业在发展过程中，首先确定自己的战略目标，将战略计划根据组织发展的要求分解成不同阶段的战术计划，形成一套完善的计划体系，逐项实施计划，定期反馈，间隔一段时间再考察战术计划的执行情况，及时纠偏，保证目标指向战略计划。简单地说，战略计划的目的是确保企业“做正确的事”，而战术计划则是在追求“正确地做事”。

（四）按明确程度划分

根据计划内容的明确性标准，可以将计划分为具体性计划和指导性计划。

具体性计划具有明确规定的目标，不存在模棱两可。比如，企业销售部经理打算使企业销售额在未来 6 个月中增长 15%，他制定明确的程序、预算方案以及日程进度表，这便是具体性计划。

指导性计划只规定某些一般的方针和行动原则，给予行动者较大自由处置权，它指出重点但不把行动者限定在具体的目标上或特定的行动方案上。比如，一个增加销售额的具体计划可能规定未来 6 个月内销售额要增加 15%，而指导性计划则可能只规定未来 6 个月内销售额要增加 12%—16%。相对于指导性计划而言，具体性计划虽然更易于计划的执行、考核及控制，但它缺少灵活性，而且它要求的明确性和可预见性条件往往很难得到满足。

（五）按程序化程度划分

赫伯特 · 西蒙把组织活动分为两类（见图 3.1）。

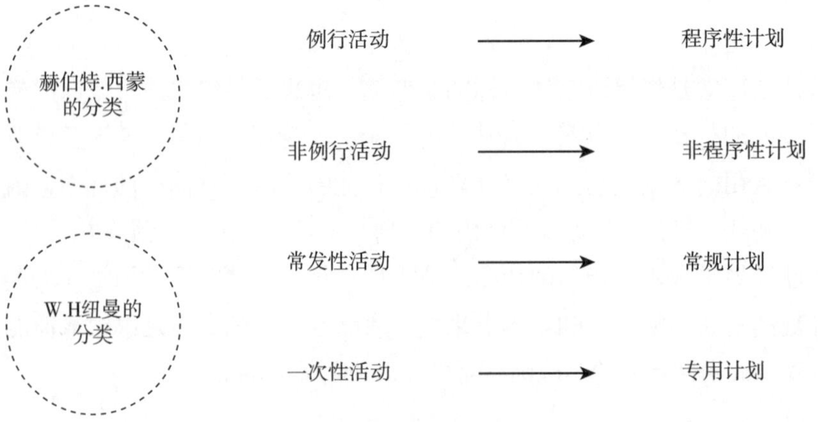

图 3.1　组织活动的分类

1. 例行活动，指一些重复出现的工作，如订货、材料的出入库等。有关这类活动的决策是经常反复的，而且具有一定的结构，因此，可以建立一定的决策程序。每当出现这类工作或问题时，就利用既定的程序来解决，而不需要重新研究。这类决策叫程序化决策，与此对应的计划是程序性计划。

2. 非例行活动，不重复出现，如新产品的开发、生产规模的扩大、品种结构的调整、工资制度的改变等。处理这类问题没有一成不变的方法和程序，因为这类问题在过去尚未发生过，或因为其确切的性质和结构捉摸不定或极为复杂，再或因为其十分重要而须用个别方法加以处理。解决这类问题的决策叫非程序化决策，与此对应的计划是非程序性计划。

W.H. 纽曼（William H. Newman）指出，“管理部门在指导完成既定目标的活动上基本用的是两种计划：常规计划和专用计划。”常规计划包括政策、标准方法和常规作业程序，所有这些都是准备用来处理常发性问题的。每当一种具体常见的问题发生时，常规计划就能提供一种现成的行动指导。专用计划包括为独特的情况专门设计的方案、进程表和一些特殊的方法等，它用来处理一次性的而非重复性的问题。

（六）按计划的层次体系划分

哈罗德·孔茨和海因·韦里克从抽象到具体把计划分为一种层次体系：①目的或使命；②目标；③战略；④政策；⑤程序；⑥规则；⑦方案；⑧预算，如图 3.2 所示。

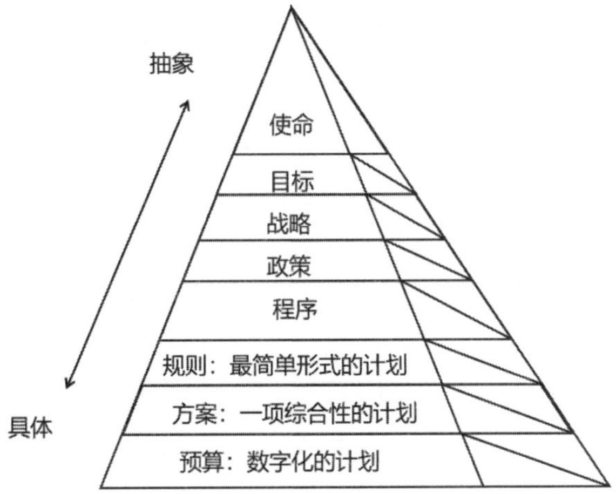

图 3.2 计划层次体系

孔茨和韦里克的分类对于我们理解计划及其计划工作大有裨益。下面简要分析各种形式的计划。

1. 目的或使命

它指明一定的组织机构在社会上应起的作用、所处的地位。它决定组织的性质，决定此组织区别于彼组织的标志。各种有组织的活动，如果要使它有意义，至少应该有自己的目的或使命。比如，大学的使命是教书育人和科学研究，研究院所的使命是科学研究，医院的使命是治病救人，法院的使命是解释和执行法律，企业的目的是生产和分配商品和服务。

2. 目标

目标是使命的具体化，组织的目标是围绕组织存在的使命而制定的，它说明了组织从事这项事业的预期成果。管理者将组织目标细化，从而得出各方面的目标，从确定目标到目标分解，直至形成目标体系，构成了组织全部计划的基础。目标不仅是计划工作的终点，也是组织、领导和控制所要表达的最终结果。虽然教书育人和科学研究是一所大学的使命，但一所大学在完成自己使命时会进一步具体化不同时期的目标和各院系的目标，如最近 3 年培养多少人才、发表多少论文等。

3. 战略

战略是为了达到组织总目标而采取的行动和利用资源的总计划，其目的是通过一系列的主要目标和政策去决定和传达希望成为什么样组织的愿景。战略并不打算确切地概述组织怎样去完成它的目标，其实这些是无数主要的和次要的支持性计划的任务。

4. 政策

政策是指导或沟通决策思想的全面的陈述书或理解书，但不是所有政策都是陈述书，政策也常常会从主管人员的行动中含蓄地反映出来。比如，主管人员处理某问题的习惯方式往往会被下属作为处理该类问题的模式，这也许是一种含蓄的、潜在的政策。政策帮助事先决定问题处理的方法，这减少了对某些例行事件处理的成本。政策支持分权，同时也支持上级主管对该项分权的控制。政策允许对某些事情有酌情处理的自由，我们切不可把政策当作规则，又必须把这种自由限制在一定的范围内。自由处理的权限大小既取决于政策自身，又取决于主管人员的管理艺术。

5. 程序

程序是制订处理未来活动的一种必需方法的计划。它详细列出必须完成某类活动的切实方式，并按时间顺序对必要的活动进行排列。它与战略不同，它是行动的指南，而非思想指南。它与政策不同，它没有给行动者自由处理的权力。出于理论研究的考虑，我们把政策与程序区分开来，实践工作中，程序往往表现为组织的规章制度。组织中每个部门都有程序，并且在基层，程序变得更加具体化和数量更多了。

6. 规则

规则没有酌情处理的余地。它详细地阐明必需的行动或非必需的行动，其本质是反映一种必须或无必须采取某种行动的管理决策。规则是最简单形式的计划。

规则不同于程序。

（1）规则指导行动但不说明时间顺序；

（2）可以把程序看作一系列的规则，但是一条规则可能是也可能不是程序的组成部分。

规则也不同于政策。政策的目的是要指导行动，并给执行人员留有酌情处理的余地；规则虽然也起指导行动的作用，但是在运用规则时，执行人员没有自行处理之权。必须注意的是，就其性质而言，规则和程序均旨在约束思想；但我们只有在不要组织成员使用他们的自行处理权时，才应该使用规则和程序。

7. 方案（或规划）

方案是一个组织比较全面的长远发展计划，它包括目标、政策、程序、规则、任务分配、采取的步骤、要使用的资源以及为完成既定行动方针所需要的其他因素。组织的方案（或规划）是一份综合性的，同时也是粗线条、纲要性的计划。通常情况下，规划需要资金和预算的支持。

8. 预算

预算是用数字表示预期结果的一种报告书，也可称为“数字化”的计划。预算有各种类型，如关于经营方面的费用预算；反映资本支出的基本建设预算；说明现金流动情况的现金预算等等。预算也是一种控制手段，但制订预算属于计划的内容，它是计划的一个基本工作。

工作任务

【描述：xx 公司的处理订单程序并指出计划类型】

第二节　计划的编制过程

虽然计划的类型和表现形式多种多样，但科学地编制计划所遵照的步骤具有普遍性。一项完整的计划一般需要七个步骤才能完成如下图，这七个步骤不一定全部经过，也不一定非按此顺序不可。在实际工作中，应根据具体情况确定哪些步骤必要，哪些步骤可以省略，哪些步骤可以并行。计划编制过程如图 3.3 所示。

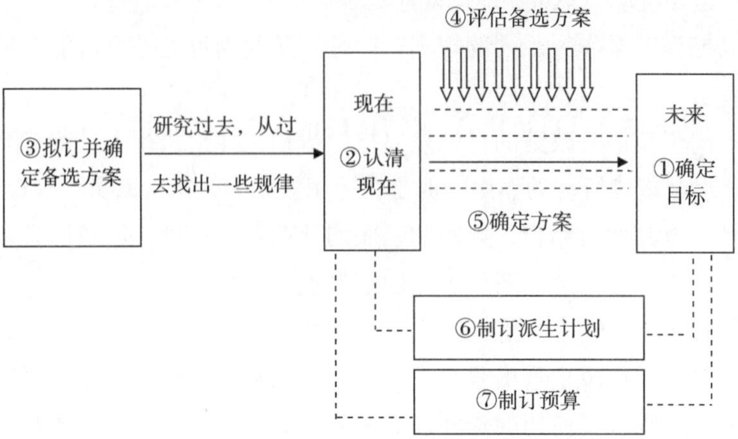

图 3.3　计划编制的步骤

一、确定目标

人们在旅行之前必须明确自己的目的地，同样，计划工作的第一项步骤就是为整个计划确定目标，也就是计划的预期成果。确立目标时要注意解决以下四个问题。

（一）确立目标的内容和顺序

某一个组织在一定时间内到底取得哪些成果是首先要确定的。此外，这些成果不可能是等量齐观的，在一定的时间和一定的条件之下，某一目标可能比其他目标更为重要。不同的目标内容和顺序将导致不同的政策和行动，也会有不同的资源分配顺序。因此，大至一个国家，小至一个人，正确地选择目标内容和顺序是和社会制度、组织的性质、面临的主要问题以及管理者个人，特别是高层管理者的价值观念有关的。

（二）选择适当的目标时间

这是指要用多长时间来达到目标。一般地，人们往往习惯于按日历的相等间隔来确定计划时间，从而也就确定了目标时间，但这种做法有时与实际工作中所需时间是不一致的，最好的办法是按承诺原则确定目标时间。我们做了某项选择就是对未来将采取的某一串行动做了“承诺”，合理的目标时间应当与合理承诺所需要的时间相同。例如，目标时间应与采用某一方案所使用的投资充分回收的时间相等。

（三）目标要有明确的科学指标和价值

目标不能含糊其辞，要尽可能数量化，以便度量和控制。同时应反映出事物的本质并确切地反映目标。目标不仅要有数量指标，而且要有质量指标；不仅要有绝对指标，而且要有相对指标。如利润与利润率、单位流动资金所创造利润、单位总投资所创造利润、企业评估的分数和名次等。

二、认清现在

前提条件是计划实施必须具备的关键性条件，即针对计划实施最有影响的假设条件。一般来说，包括五方面：

1. 组织面临的宏观社会经济环境，包括总体经济发展情况以及与组织行业密切相关的部分具体环境。考察企业所在国家或地区的经济发展趋势，是处于高速发展还是平稳发展，是低速发展还是停滞或倒退状态。一般来说，在宏观经济大发展时，需求增加，市场扩大，企业面临的机会越多。对于从事跨国经营的企业还要考虑关税的种类、水平以及国际贸易的支付方式等。

2. 当前政府政策，包括税收、信贷、能源、技术、教育等。这些政策都是政府根据全局利益决定的，企业无法改变并且必须执行或遵守。一旦政策有所改变，企业要尽快适应，同时利用政策改变所带来的机会谋求新发展。

3. 组织所处的市场环境，如供货商、批发商、零售商以及消费者的变化。供货商议价的能力越强，对生产企业的威胁就越大，供应商的威胁手段一是提高供应价格，二是降低供应产品或服务的质量，从而使下游行业的利润下降；消费者趋向于寻找物美价廉的产品。

4. 组织面对的竞争对手，包括国内外的竞争者、潜在的竞争者。企业间现有竞争对手一般采取两种方式竞争：价格竞争和非价格竞争，价格竞争是通过降低价格，减小毛利率而侵蚀利润，导致大多数企业盈利能力差，甚至亏损，是较惨烈的竞争形式；非价格竞争主要包括广告战、引进新产品以及增加对消费者的服务等，主要是由于成本提高而减少利润。

5. 组织拥有的资源，包括资金、设备、原材料、人力资源、技术力量、管理情况、创新能力、品牌声誉等。这些资源分为有形资源和无形资源。相对于有形资源，无形资源更具有竞争性，因为竞争对手难以购买、了解和模仿。现在的企业可以以无形资源如知识、忠诚、文化作为竞争优势的基础，这些资源不会因为使用产生消耗，反而会因使用而增加效用。

在这些影响因素中，有的不能控制，如国家宏观经济环境、政府政策等；有的在相当范围内可以控制，如企业内的价格政策、劳动生产率、市场占有率等；有些完全可以控制，如资金分配、新产品开发等。

三、拟订并确定备选计划

计划工作的第三项是探讨和制定可提供选择的行为过程，即可行计划。实现目标的可选计划往往会有几种，只有一种计划的情况极其少见。这一步的任务就是群策群力、集思广益，发掘多种方案，在备选计划中进行比较，逐步淘汰不经济、不合算的计划，对一些最有希望的计划进行分析。任何一种备选计划类似于一种行动线路图，它可以清楚地告诉我们要做什么、由谁做、何时做、何处做以及如何做等问题。

四、评估备选计划

根据前提和目标来权衡各种因素，比较各个计划的利弊，对各个计划进行评价。评价备选计划的两个尺度是：一是评价的标准；二是各个标准的权重。评价方法有定性方法和定量方法两种，通常可以采用一些数学方法进行评估，如运筹学中较为成熟的矩阵评价法、层次分析法以及多目标评价方法等。

进行评价时，要注意三个问题：一是要注意发现每个计划的制约因素或隐患，以提高选择计划的效率；二是用总体的效益观点去衡量计划，因为对某一部门有利的计划不一定对全局有利，对某项目标有利的计划不一定对总体目标有利；三是要动态地考察计划的结果，不仅要考虑执行计划时带来的收益，还要考虑到执行计划时带来的损失。

五、确定计划

计划的第五步是从多个可行计划中选择一个或几个较优方案，这是整个计划流程中最为关键的步骤。计划选择通常是在经验、实验和研究分析的基础上进行，经验在抉择时起着重要作用，然而只凭经验会造成失误；对于一些依靠经验和直觉以及数学分析都不能做出正确决定的问题，通常依靠实验和试点来解决；也可以根据情况借助于建立数学模型进行研究与分析。当可供选择的计划不是一个时，管理者应首先确定一个较佳计划作为首选计划，把其他几个方案作为备选计划。一旦计划实施的条件有变，管理者能够从容应对，迅速适应变化的环境。

六、制订派生计划

完成选择方案之后，计划工作并没有结束，还必须帮助计划涉及的各个下属部门制订支持总计划的派生计划。派生计划就是总计划下的分计划和行动计划。总计划要依靠派生计划来保证，派生计划是总计划的基础。如生产计划、营销计划、财务计划、人力资源计划等。

这一阶段要注意：一是使有关人员和部门了解企业总体计划的目标；二是协调并

保证各派生计划方向一致以支持总计划；三要协调各个派生计划的工作时间顺序。

七、编制预算

这是计划工作的最后一步，即把计划转变成预算，使之数字化。它既是计划职能的一部分，也是控制职能的一部分，下属部门的每一活动无一不直接地或间接地和预算有关。

编制预算有两个目的：第一，分配组织各类资源；第二，预算是衡量计划是否完成的标准。如果预算编制得好，则可以成为汇总各种计划的一种手段，也可以成为衡量计划完成进度的重要标准。

第三节 计划的编制方法

计划工作是对未来一段时期即将要进行的工作的规划，是一种预测工作，很难准确地预测未来组织可能面临的各种影响因素的变化。因此，计划的编制需要掌握科学合理的方法。实践中，计划编制主要有目标管理、滚动计划法、网络计划技术等方法。

一、目标管理

（一）目标管理的产生

目标管理（MBO）于20世纪50年代产生于美国，它是以泰勒的科学管理和后来的行为科学（其中的参与管理）为基础形成的管理制度。凭借这种管理制度，员工可以亲自参加目标的制定，实现“自我控制”，并努力完成目标。对于员工的工作成果，由于有明确的目标可以作为考核标准，从而管理制度在美国得到了广泛的应用，被称之为“管理中的管理”。1954年，美国管理大师彼得.德鲁克在《管理的实践》一书中首次提出目标管理的概念，提出三点关于目标管理的主张：

首先，必须明确定企业的整体目标，包括市场地位、创新、生产力、人力与财力资源、获利能力、主管的绩效与培养、员工的绩效与态度、社会责任等八项。其次，每个主管（各个层级）须根据整体目标，各自设定本身的目标，以及实现自我控制的方式。企业的经营活动，尽可能托付给最低管理阶层。最后，基于前两项，才能在企业内部推行分权及目标考核。

目标管理是科学管理理论和行为管理理论的结合。科学管理理论重视工作的效率，而忽视人的主观能动性；行为科学理论则偏重于对职工思想和行为的研究。德鲁克提出的目标管理是“以工作为中心”和“以人为中心”两种管理思想的有机结合。他认为，任何企业都是一个协作体，要把个人的努力凝结成为集体共同的努力；企业的目的和任务，必须转化为目标；企业的各级管理者必须通过这些目标对下级进行领导，以此来达到总目标。德鲁克提出的目标管理思想，得到了理论界和企业界的强烈反响，目标管理也在很多企业得到了应用。

（二）目标管理的概念

目标管理以提高绩效为目的，应用行为科学理论，通过组织内上下级人员共同协商，根据下级人员职责范围，订立该人员于一定时期内（通常是一个绩效评价周期）应完成的目标及成果评价标准，以绩效考核为手段，激发各级人员的潜力。

具体来说，目标管理可以从以下几方面进行解释：

1. 目标管理是一种制度；以提高绩效为目的；以设立目标为手段；以行为科学为理论基础；强调上下级的合作与沟通。更重要的是，目标管理规定工作期限、工作项目、绩效评价标准，作为执行人员的努力方向。

2. 目标管理尊重工作人员的地位与人格；与以往各种管理学说根本不同的是，以人为出发点，强调员工的自我管理、自我监控和自我激励，达到有效提高绩效的目的。

3. 从执行层面来看，目标管理就是目标执行者针对未来特定时期所要达到的工作理想，预先订立工作目标，并据此拟订各项具体可行的工作计划与进度。

4. 目标执行人积极主动愿意达成的。此目标即为执行计划工作的基础，目标执行人按照计划如期执行各项工作，直至目标达成。而在该特定时期终了时，依据原来订立的目标，与目标执行人期终时的工作绩效相比，以此来考核其工作成果并评定其工作绩效。

5. 目标管理是一个全面管理系统。它用系统的方法，使许多关键管理活动结合起来，高效率地实现个人目标和企业目标。目标管理方法提出来后，美国通用电气公司最先采用，并取得了明显效果。其后，在美国、西欧、日本等许多国家和地区得到迅速推广，被公认为一种加强计划管理的先进科学管理方法。

（三）目标的性质

目标表示最后结果，总目标需要由子目标来支持。这样，组织及其各层次的目标就形成一个目标网络。作为任务分配、自我管理、业绩考核和奖惩实施的目标具有如下特征：

1. 目标的层次性

组织目标形成一个有层次的体系，范围从广泛的组织战略性目标到特定的个人目标。这个体系的顶层包含组织的远景和使命陈述。第二层次是组织的任务。在任何情况下，组织的使命和任务必须要转化为组织总目标和战略，总目标和战略更多地指向组织较远的未来，并且为组织的未来提供行动框架。这些行动框架必须要进一步细化为更多的具体的行动目标和行动方案，这样，在目标体系的基层，有分公司的目标、部门和单位的目标、个人目标等。

在组织的层次体系中不同层次的主管人员参与不同类型目标的建立。董事会和最高层主管人员主要参与确定企业的使命和任务目标，也参与在关键成果领域中更多的具体的总目标。中层主管人员如副总经理、营销经理或生产经理，主要是建立关键成果领域的目标、分公司的和部门的目标。基层主管人员主要关心的是部门和单位的目标以及他们的下级人员目标的制定。

2. 目标的网络性

如果说目标体系是从整个组织的整体观来考察组织目标，目标网络则是从某一具体目标的实施规划的整体协调方面来进行工作。目标与计划方案，通常均会形成所希望的结果和结局的一种网络。如果各种目标不互相关联、不相互协调且也互不支持，则组织成员往往出于自利而采取对本部门看来可能有利而对整个公司却是不利的途径。目标网络的内涵表现为以下四点。

（1）目标和计划很少是线性的，即并非一个目标实现后接着去实现另一个目标，如此等等。目标和规划形成一个互相联系着的网络。

（2）主管人员必须确保目标网络中的每个组成部分要相互协调。不仅执行各种规划要协调，而且完成这些规划在时间上也要协调。

（3）组织中的各个部门在制订自己部门的目标时，必须要与其他部门相协调。有人研究得出结论，一家公司的一个部门似乎很容易制订完全适合于它的目标，但这个目标却在经营上与另一个部门的目标相矛盾。

（4）组织制订各种目标时，必须要与许多约束因素相协调。

3. 目标的多样性

企业任务的主要目标通常是多种多样的。同样，在目标层次体系中的每个层次的具体目标，也可能是多种多样的。有人认为，一位主管人员不可能有效地追求更多的目标，以 2—5 个为宜。其理由是，过多的目标会使主管人员应接不暇从而顾此失彼，更为可怕的是，可能会使主管人员过多注重于小目标而有损于主要目标的实现。也有人认为，即使排除了日常的事务性工作，似乎也没有目标的限定数目，主管人员可能同时追求多达 10–15 个重要目标。但这个结论是值得怀疑的，如果目标的数目过多，其中无论哪一个都没有受到足够的注意，则计划工作是无效的。因此，在考虑追求多个目标的同时，必须对各目标的相对重要程度进行区分。

4. 目标的可考核性

目标考核的途径是将目标量化。目标定量化往往也会损失组织运行的一些效率，但是会给组织活动的控制、成员的奖惩带来很多方便。目标可考核性表达的是：人们必须能够回答这样一个问题，“在期末，我如何知道目标已经完成了？”比如，获取合理利润的目标，可以最好地指出公司是盈利还是亏损的，但它并不能说明应该取得多少利润。因为在不同人的思想里，“合理”的解释是不同的，对于下属人员是合理的东西，可能完全不被上级领导人接受。如果意见不合，下属人员一般无法争辩。如果我们将此目标明确地定量为“在本会计年度终了实现投资收益率10%”，它对“多少”“什么”“何时”，都做出了明确回答。

5. 目标的可实现性

根据美国管理心理学家维克多·弗鲁姆（Victor Vroom）的期望理论，人们在工作中的积极性或努力程度（激发力量）是效价和期望值的乘积。其中，效价指一个人对某项工作及其结果（可实现的目标）能够给自己带来满足程度的评价，即对工作目标有用性（价值）的评价；期望值指人们对自己能够顺利完成这项工作可能性的估计，即对工作目标能够实现概率的估计。因此，一个目标对其接受者如果要产生激发作用的话，对于接受者来说，这个目标就必须是可接受的、可以完成的。对一个目标完成者来说，如果目标超过其能力所及的范围，则该目标对其是没有激励作用的。

6. 目标的挑战性

同样根据弗鲁姆的期望理论，如果一项工作完成所达的目的对接受者没有多大意义，接受者也就没有动力去完成该项工作；如果一项工作对接 受者来说是件轻而易举的事件，那么接受者也没有动力去完成该项工作。所谓“跳一跳，摘桃子”说的就是这个道理。

目标的可接受性和挑战性是对立统一的关系，但在实际工作中，我们必须把它们统一起来。

7. 目标的信息反馈性

信息反馈是把目标管理过程中目标的设置、目标实施情况不断地反馈给目标设置和实施的参与者，让人员时时知道组织对自己的要求、自己的贡献情况。如果建立了目标再加上反馈，就能更进一步加强员工工作表现。

综上所述，设置目标，一般要求目标的数量不宜太大，尽可能地说明必须完成什么和何时完成，如有可能，也应明示所期望的质量和为实现目标的计划成本。此外，目标能促进个人和职业上的成长和发展，对员工具有挑战性，并适时地向员工反馈目标完成情况。

（四）目标管理的过程

孔茨认为，目标管理是一个全面的管理系统，它用系统的方法，使许多关键管理活动结合起来，并且有意识地瞄准有效地和高效地实现组织目标和个人目标。

在理想的情况下，这个过程开始于组织的最高层，并且有总经理的积极支持，他给组织以指导。但是目标设置开始于最高层并不是实质性的。它可以从分公司一级开始，也可以在某职能部门这一级甚至更低层开始。目标管理的过程有如下六步：

1. 设定目标

实行目标管理，首先要建立一套完整的目标体系。这项工作总是从企业的最高主管部门开始的，然后由上而下地逐级确定目标。上下级的目标之间通常是一种“目的—手段”的关系；某一级的目标，需要用一定的手段来实现，这些手段就成为下一级的次目标，按级顺推下去，直到作业层的作业目标，从而构成一种锁链式的目标体系。

制定目标的工作如同所有其他计划工作一样，非常需要事先拟定和宣传前提条件。这是一些指导方针，如果指导方针不明确，就不可能希望下级主管人员会制定出合理的目标来。此外，制定目标应当采取协商的方式，应当鼓励下级主管人员根据基本方针拟定自己的目标，然后由上级批准。

目标体系应与组织结构相吻合，从而使每个部门都有明确的目标，每个目标都有人明确负责。然而，组织结构往往不是按组织在一定时期的目标而建立的，因此，在按逻辑展开目标和按组织结构展开目标之间，时常会存在差异。其表现是，有时从逻辑上看，一个重要的分目标却找不到对此负全面责任的管理部门，而组织中的有些部门却很难为其确定重要的目标。这种情况的反复出现，可能最终导致对组织结构的调整。从这个意义上说，目标管理还有助于搞清组织机构的作用。

【目标管理的要点】

2. 明确组织的作用

理想的情况是，每个目标和子目标都应有某一个人的明确责任。然而，几乎不可能去建立一个完美的组织结构以致每一特定的目标都成为某个人的责任。例如，在制订一种新产品投入的目标中，研究、销售和生产等部门的主管人员必须仔细地协调他们的工作。组织常会设立一名产品主管人员来统一协调各种职能。

3. 执行目标

目标既定，主管人员就应放手把权力交给下级成员，而自己去抓重点的综合性管理。完成目标主要靠执行者的自我控制。如果在明确了目标之后，作为上级主管人员还像从前那样事必躬亲，便违背了目标管理的主旨，不能获得目标管理的效果。当然，这并不是说，上级在确定目标后就可以撒手不管了。上级的管理应主要表现在指导、协助。提出问题，提供情报以及创造良好的工作环境方面。

4. 成果评价

成果评价既是实行奖惩的依据，也是上下左右沟通的机会，还是自我控制和自我激励的手段。成果评价既包括上级对下级的评价，也包括下级对上级、同级关系部门相互之间以及各层次自我的评价。上下级之间的相互评价，有利于信息、意见的沟通，从而有利于组织活动的控制；横向的关系部门相互之间的评价，有利于保证不同环节的活动协调进行；各层次组织成员的自我评价，则有利于促进他们的自我激励、自我控制以及自我完善。

5. 实行奖惩

组织对不同成员的奖惩，是以上述各种评价的综合结果为依据的。奖惩可以是物质的，也可以是精神的。公平合理的奖惩有利于维持和调动组织成员饱满的工作热情和积极性。如果奖惩有失公正，则会影响这些成员行为的改善。

6. 制定新目标并开始新的目标管理循环

成果评价与成员行为奖惩，既是对某一阶段组织活动效果以及组织成员贡献的总结，也为下一阶段的工作提供参考和借鉴。在此基础上，为组织成员及其各个层次、部门的活动制订新的目标并组织实施，便展开了目标管理的新一轮循环。

目标管理的实施过程从某个角度还可以理解成戴明环的另一种运用，即 P（Plan，设定目标），D（Do，执行目标），C（Check，绩效考评），A（Action，奖惩激励）。目标管理同样是一个循环，不过在每个循环周期的初始阶段（设定目标），企业以及员工的状况都会比上一个周期有所提高。

目标管理的具体形式多种多样，但基本理念和内容一样，重视人的因素，重视结果，以人为本，提倡团队精神。管理者在目标管理中关注共同目标的达成，而不是重点关注员工的执行过程。与传统管理方式比较，目标管理在很多方面有独到之处，在全世界产生很大影响，但是在目标管理实施过程中，出现了许多问题，面对这些问题必须客观分析，扬长避短，减少“错位”和“错时”现象的发生。

同步案例

四季沐歌实施目标管理

四季沐歌推行目标管理，为了充分发挥各职能部门的作用，充分调动一千多名职能部门人员的积极性，该厂首先对厂部和科室实施了目标管理。经过一段时间的试点后，逐步推广到全厂各车间、工段和班组。多年的实践表明，目标管理改善了企业经营管理，挖掘了企业内部潜力，增强了企业的应变能力，提高了企业素质，取得了较好的经济效益。按照目标管理的原则，该厂把目标管理分为三个阶段进行。

第一阶段：目标制订阶段

1. 总目标的制订。（PLAN）该厂通过对国内外市场机床需求的调查，结合长远规划的要求，并根据企业的具体生产能力，提出了 2019 年“三提高”“三突破”的总方针。所谓“三提高”，就是提高经济效益、提高管理水平和提高竞争能力；“三突破”是指在新产品数目、创汇和增收节支方面要有较大的突破。在此基础上，该厂把总方针具体比、数量化，初步制订出总目标方案，并发动全厂员工反复讨论、不断补充，送职工代表大会研究通过，正式制定出全 2019 年的总目标（指标量化和论证）

2. 部门目标的制订。企业总目标由总经理向全厂宣布后，全厂就对总目标进行层层分解，层层落实。各部门的分目标由各部门和厂企业管理委员会共同商定，先确定项目，再制订各项目的指标标准，其制订依据是厂总目标和有关部门负责拟定、经厂部批准下达的各项计划任务，原则是各部门的工作目标值只能高于总目标中的定量目标值，同时，为了集中精力抓好目标的完成，目标的数量不可太多。为此，各部门的目标分为必考目标和参考目标两种。必考目标包括厂部明确下达目标和部门主要的经济技术指标；参考目标包括部门的日常工作目标或主要协作项目：其中必考目标一般控制在 2–4 项，参考目标项目可以多一些。目标完成标准由各部门以目标卡片的形式填报厂部，通过协调和讨论，最后由厂部批准。

3. 目标的进一步分解和落实。部门的目标确定了以后，接下来的工作就是目标的进一步分解和层层落实到每个人。

（1）部门内部小组（个人）目标管理，其形式和要求与部门目标制订相类似、拟定目标也采用目标卡片，由部门自行负责实施和考核。要求各个小组（个人）努力完成各自目标值，保证部门目标的如期完成（目标分解责任到人）。

（2）该厂部门目标的分解是采用流程图方式进行的，具体方法是：先把部门目标分解落实到职能组，任务级再分解落实到工段，工段再下达给个人。通过层层分解，全厂的总目标就落实到了每一个人身上（目标分解须做到管理不漏项）。

第二阶段：目标实施阶段（CHECK）

该公司在目标实施过程中，主要抓了以下三项工作。

1. 自我检查、自我控制和自我管理：目标卡片经主管副厂长批准后、一份存企业管理委员会，一份由制订单位自存。由于每一个部门、每一个人都有了具体的、定量的明确目标，所以在目标实施过程中，人们会自觉地、努力地实现这些目标，并对照目标进行自我检查、自我控制和自我管理。这种“自我管理”，能充分调动各部门及每一个人的主观能动性和工作热情，充分挖掘自己的潜力，因此，完全改变了过去那种上级只管下达任务、下级只管汇报完成情况，并由上级不断检查、监督的传统管理办法。

2. 加强经济考核：虽然该厂目标管理的循环周期为一年。但为了进一步落实经济责任制，及时纠正目标实施过程中与原目标之间的偏差，该厂打破了目标管理的一个循环周期只能考核一次、评定一次的束缚，坚持每一季度考核一次和年终总评定。这种加强经济考核的做法，进一步调动了广大职工的积极性，有力地促进了经济责任制落实。

3. 重视信息反馈工作：为了随时了解目标实施过程中的动态情况，以使采取措施、及时协调，使目标能顺利实现，该厂十分重视目标实施过程中的信息反馈工作，并采用了两种信息反馈方法：

（1）建立“工作质量联系单”来及时反映工作质量和服务协作方面的情况。尤其当两个部门发生工作纠纷时，厂管理部门就能从“工作质量联系单”中及时了解情况，经过深入调查，尽快加以解决，这样就大大提高了工作效率，减少了部门之间不协调现象。

（2）通过“修正目标方案”来调整目标：内容包括目标项目、原定目标、修正目标以及修正原因等，并规定在工作条件发生重大变化需修改目标时，责任部门必须填写“以修正目标方案”提交企业管理委员会，由该委员会提出意见交主管副厂长批准后方能修正目标。

该厂长在实施过程中由于狠抓了以上三项工作，因此，不仅大大加强了对目标实施动态的了解，更重要的是加强了各部门的责任心和主动性，从而使全厂各部门从过去等待问题找上门的被动局面，转变为积极寻找和解决问题的主动局面。

第三阶段：目标成果评定阶段（ACTION）

目标管理实际上就是根据成果来进行管理的，故成果评定阶段显得十分重要，该厂采用了“自我评价”和上级主观部门评价相结合的做法，即在下一个季度第一个月的 10 日之前，每一部门必须把一份季度工作目标完成情况表报送企业管理委员会（在这份报表上，要求每一部门自己对上一阶段的工作做恰如其分的评价）；企业管理委员会核实后，也给予恰当的评分；如必考目标为 30 分，一般目标为 15 分。每一项目标超过指标 3% 加 1 分，以后每增加 3% 再加 1 分。一般目标有一项未完成而不影响其他部门目标完成的，扣一般项目中的 3 分，影响其他部门目标完成的则扣分增加到 5 分：加 1 分相当于增加该部门基本奖金的 1%，减 1 分则扣该部门奖金的 1%。如果有一项必考目标未完成则扣至少 10% 的奖金。

该厂在目标成果评定工作中深深体会到：目标管理的基础是经济责任制，目标管理只有同明确的责任划分结合起来，才能深入持久，才能具有生命力，达到最终的成功。

（此案例资料经江苏四季沐歌有限公司授权共同开发）

想一想：

1. 在目标管理过程中，应注意哪些问题？

2. 目标管理有什么优缺点？

3. 增加和减少员工奖金的发放额是实行奖惩的最佳方法吗？除此之外，你认为还有什么激励和约束措施？

二、滚动计划法

滚动计划法是一种定期修订未来计划的方法。

（一）滚动计划的思想

这种方法根据计划的执行情况和环境变化情况定期修订未来的计划，并逐期向前推移，使短期计划、中期计划有机地结合起来。由于在计划工作中很难准确地预测将来影响企业经营所面临的经济、政治、文化、技术、产业、顾客等各种变化因素，而且随着计划期的延长，这种不确定性就越来越大。因此，若机械地按几年以前的计划实施，或机械地、静态地执行战略性计划，则可能导致巨大的错误和损失。滚动计划法可以避免这种不确定性可能带来的不良后果。具体做法是，用近细远粗的办法制订计划。如图 3.4 所示，这是 5 年期的滚动计划方法。

由图 3.4 可以看出，在计划期的第一阶段结束时，要根据该阶段计划的实际执行情况和外部与内部有关因素的变化情况，对原计划进行修订，并根据同样的原则逐期滚动。每次修订都使整个计划向前滚动 1 个阶段。

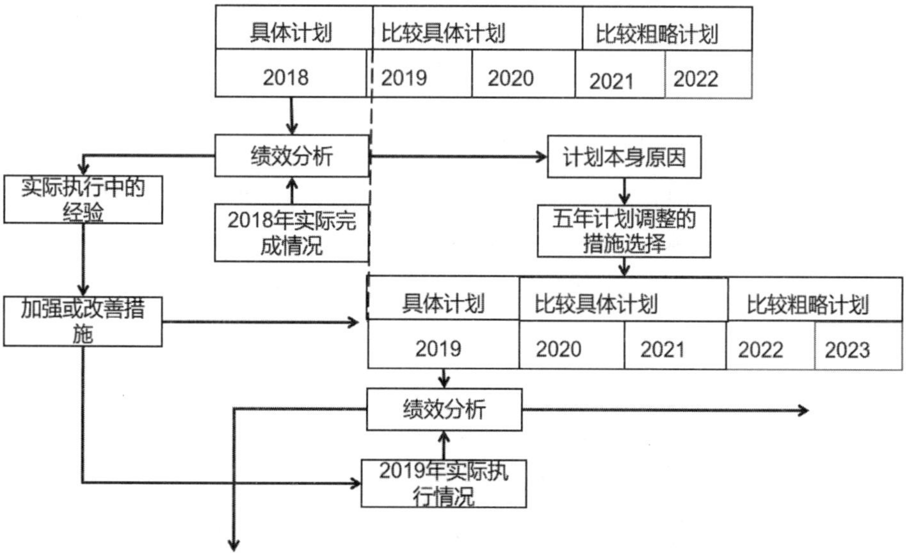

图 3.4　5 年期的滚动计划法

（二）滚动计划法的评价

滚动计划方法虽然使得计划编制和实施工作的任务量加大，但在计算机时代的今天，其优点十分明显。

1. 计划更加切合实际，并且使战略性计划的实施也更加切合实际。战略性计划是指应用于整体组织的，为组织未来较长时期（通常为 5 年以上）设立总体目标和寻求组织在环境中的地位的计划。由于人们无法对未来的环境变化做出准确的估计和判断，所以，计划针对的时期越长，不准确性就越大，其实施难度也越大。滚动计划相对缩短了计划时期，加大了计划的准确和可操作性，是战略性计划实施的有效方法。

2. 滚动计划方法使长期计划、中期计划与短期计划相互衔接，短期计划内部各阶段相互衔接。这就保证了即使由于环境变化出现某些不平衡时也能及时地进行调节，使各期计划基本保持一致。

3. 滚动计划方法大大加强了计划的弹性，这对环境剧烈变化的时代尤为重要，它可以提高组织的应变能力。

三、网络计划技术

网络计划技术于 20 世纪 50 年代后期在美国产生和发展起来。这种方法包括各种以网络为基础制定计划的方法，如关键路径法、计划评审技术、组合网络法等。1956 年，美国的一些工程师和数学家组成一个专门小组首先开始这方面的研究。1958 年，美国海军武器计划处采用计划评审技术，使北极星导弹工程的工期由原计划的 10 年缩短为 8 年。1961 年，美国国防部和国家航空署规定，凡承制军用品必须用计划评审技术制定计划上报。从那时起，网络计划技术就开始在组织管理活动中被广泛地应用。

（一）网络计划技术的基本步骤

网络计划技术的原理，是把一项工作或项目分成各种作业，然后根据作业顺序进行排列，通过网络图对整个工作或项目进行统筹规划和控制，以便用最少的人力、物力、财力资源，用最高的速度完成工作。网络计划技术的基本步骤如图 3.5 所示。

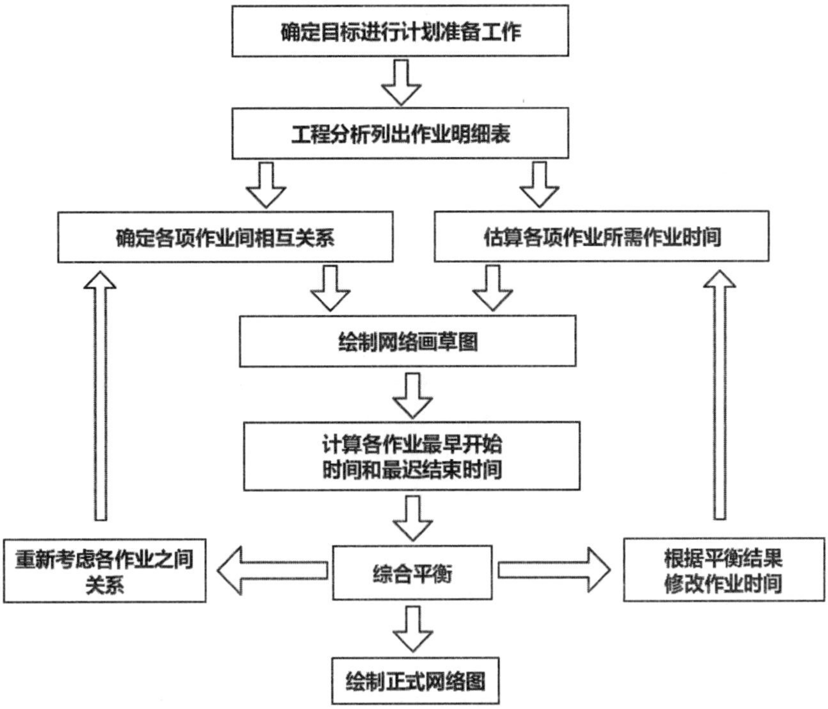

图 3.5　网络计划技术的基本步骤

（二）网络图

网络图是网络计划技术的基础。任何一项任务都可分解成许多步骤的工作，根据这些工作在时间上的衔接关系，用箭线表示它们的先后顺序，画出一个由各项工作相互联系，并注明所需时间的箭线图，这个箭线图就称作网络图。图 3.6 便是一个简单的网络图形。

1. “→”，工序。这表示一项工作的过程，有人力、物力参加，经过一段时间才能完成。图中箭线下的数字便是完成该项工作所需的时间。此外，还有一些工序既不占用时间，也不消耗资源，是虚设的，叫虚工序，在图中用“┈┈►”表示。网络图中应用虚工序的目的也是为避免工序之间关系的含混不清，以正确表明工序之间先后衔接的逻辑关系。

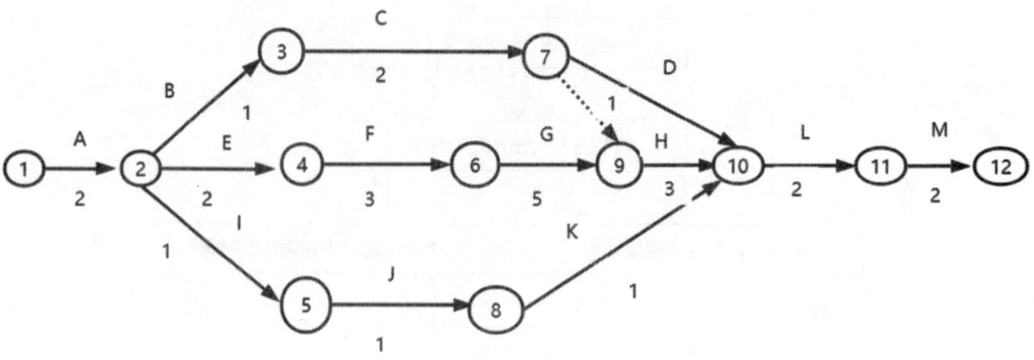

图 3.6　网络图

2.“○”，事项。这是指两个工序间的连接点。事项既不消耗资源，也不占用时间，只表示前道工序结束、后道工序开始的瞬间。一个网络图中只有一个始点事项，一个终点事项。

3. 路线，这是指网络图中由始点事项出发，沿箭线方向前进，连续不断地到达终点事项为止的一条通道。一个网络图中往往存在多条路线，图 3.6 中从始点①连续不断地走到终点⑫的路线有四条，如图 3.7 所示。

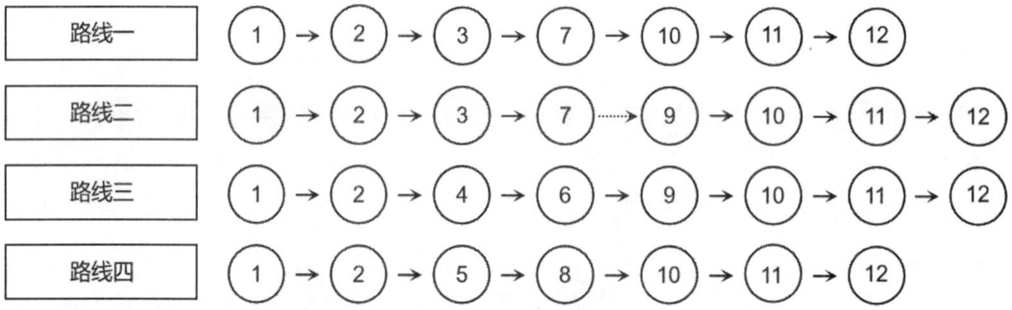

图 3.7　四条路线

比较各路线的路长，可以找出一条或几条最长的路线。这种路线被称为关键路线。关键路线上的工序被称为关键工序。关键路线的路长决定了整个计划任务所需的时间。关键路线上各工序完工时间提前或推迟都直接影响整个活动能否按时完工。确定关键路线，据此合理地安排各种资源，对各工序活动进行进度控制，是利用网络计划技术的主要目的。

（三）网络计划技术的评价

网络计划技术虽然需要大量而烦琐的计算，但在计算机广泛运用的时代，这些计算已大都程序化了。这种技术之所以被广泛地运用，是因为它有一系列的优点。

1. 该技术能把整个工程的各个项目的时间顺序和相互关系清晰地表明，并指出完成任务的关键环节和路线。因此，管理者在制订计划时可以统筹安排，全面考虑，又不失重点。在实施过程中，管理者可以进行重点管理。

2. 可对工程的时间进度与资源利用实施优化。在计划实施过程中，管理者调动非关键路线上的人力、物力和财力从事关键作业，进行综合平衡。这既可节省资源又能加快工程进度。

3. 可事先评价达到目标的可能性。该技术指出计划实施过程中可能发生的困难点，以及这些困难点对整个任务产生的影响，准备好应急措施，从而减少完不成任务的风险。

4. 便于组织与控制。管理者可以将工程，特别是复杂的大项目，分成许多支持系统来分别组织实施与控制，这种既化整为零又聚零为整的管理方法，可以达到局部和整体的协调一致。

5. 易于操作，并具有广泛的应用范围，适用于各行各业以及各种任务。

工作任务

讨论：以小组为单位讨论并评价四季沐歌公司销售计划的实施与控制。

知识链接

轻松扫一扫——知识点在线测试

本章小结

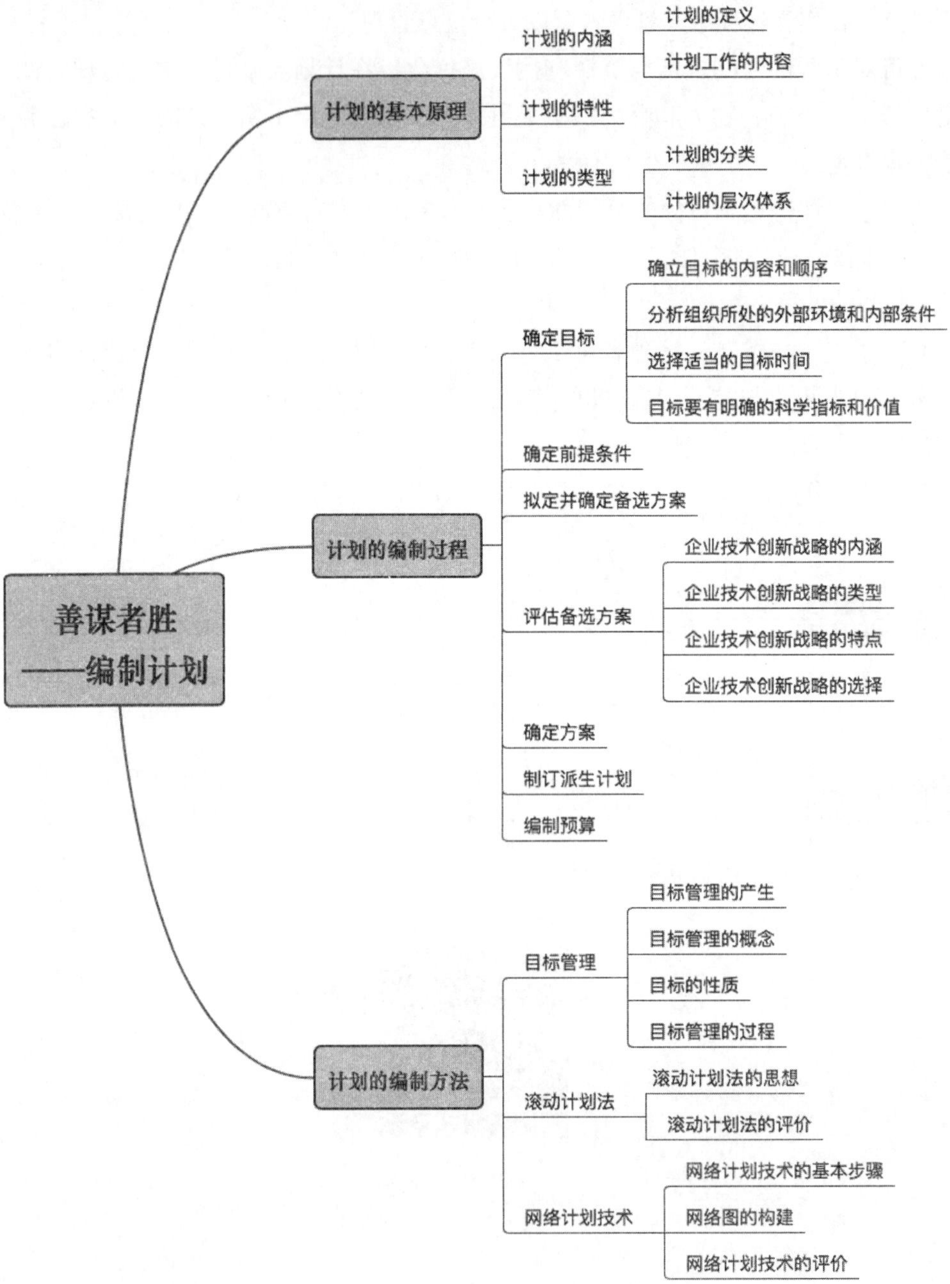
善谋者胜
——编制计划
计划的基本原理
计划的内涵
计划的定义
计划工作的内容
计划的特性
计划的类型
计划的分类
计划的层次体系
计划的编制过程
确定目标
确立目标的内容和顺序
分析组织所处的外部环境和内部条件
选择适当的目标时间
目标要有明确的科学指标和价值
确定前提条件
拟定并确定备选方案
评估备选方案
企业技术创新战略的内涵
企业技术创新战略的类型
企业技术创新战略的特点
企业技术创新战略的选择
确定方案
制订派生计划
编制预算
计划的编制方法
目标管理
目标管理的产生
目标管理的概念
目标的性质
目标管理的过程
滚动计划法
滚动计划法的思想
滚动计划法的评价
网络计划技术
网络计划技术的基本步骤
网络图的构建
网络计划技术的评价

技能训练

访问本地一家企业，与其部门主管进行交流沟通，了解近年来该部门计划类型及实施情况，讨论并评价计划实施情况。

拓展实训

实训项目： 计划实施情况总结。

实训目的： 通过计划实施情况训练，培养学生制定计划能力、应用能力、决策的能力。

实训内容： 通过实际案例讨论，模拟计划编制过程的各个环节。

1. 情境设定：自行搜集或设定具体情境和案例。

2. 方案设计：制订解决方案。

3. 场景布置：包括总经理办公室、部门办公室、公司会议室等。

4. 小组讨论：现有计划实施情况以及未来计划怎样制订？

5. 角色演练：计划编制过程的模拟。

6. 总结归纳：总结现有计划的实施过程以及未来计划制订过程及要点，对不足之处做反思。

实训要求：

1. 弄清问题的背景，企业内外部环境。

2. 讲清事件的影响，包括人财物、市场等方面。

3. 听取相关人意见。

4. 部署相应部门的工作。

模块四
排兵布阵——设计组织

知识目标

- 了解组织及组织设计的相关与原理；
- 掌握几种常见的组织结构模式，清晰界定各种模式的特点和适用条件；
- 掌握管理人员选聘、培训、考评的具体方法和程序；
- 掌握组织变革的动因和基本类型。

能力目标

- 能根据企业实际情况，进行合理的组织设计，绘制组织结构图；
- 能根据企业岗位设置情况，编制职务说明书；
- 能结合企业用人的实际情况，进行管理人员的选聘、培训、考评；
- 能运用组织变革的原理优化组织结构。

德育目标

- 树立科学的管理意识，激发个体在组织中的使命感和归属感；
- 构建管理思维的大局观，从组织的角度思考问题，保障组织利益最大化；
- 培养敢于直面问题，敢于突破创新推进组织变革的胆识和魄力。

第一节　组织的设计

管理纵横

海尔的平台组织和小微创业

海尔集团创建于1984年，从一家濒临倒闭的集体发展成为全球拥有8万多名员工、2016年营业额2016亿元、利润203亿元的全球化集团公司。早在1998年，海尔就开始尝试在企业组织内部建立市场链，将市场机制引入传统的研发、生产、制造、销售环节。2005—2012年，海尔通过引入“自主经营体”的概念建立零距离满足客户需求的组织结构。2012年12月26日，海尔宣布进入第五个发展战略阶段——网络化战略阶段。对外，创造用户在互联网时代的最佳生活体验；对内，让员工成为内部创业、自我驱动、自我演进的“创业者”，即创客。2013年下半年，海尔提出了“在线员工”和“创业者”的概念，通过将组织内外资源打通，让员工成为创客，在海尔平台上寻找创业机会。同时，配合内部的风险投资机制，鼓励员工到社会上组织力量成立小微公司，拉开小微创业的浪潮。

一、平台和小微的组织架构

本着“人单合一”的原则，海尔将当时2000多个自主经营体向小微转型，向社会直接提供服务。海尔只有三类员工：平台主、小微主、小微成员。小微分为用户小微、节点小微和职能小微。用户小微指面向特定的用户群而独立的小微企业；节点小微指原来生产链条上市场之外的部门，如研发、制造、销售、物流等；职能小微是由原来的公共职能部门演化而来的小微，如财务、生产、人力等，也是公用小微。平台系统的运转以用户小微所发现的用户需求来主导，进而导入研发、生产等环节。

小微的发展分四个阶段：第一阶段，在小微签订对赌协议之后，进入创业时期，此阶段小微成员的薪酬只有生活费部分，采取小微账户预支或自筹的方式。第二阶段，在达到二维点阵中的下一个拐点目标后，小微的成员可以获得基本薪酬之外的利润分享。第三阶段，小微达到引爆点，即在行业中发展势头迅猛，小微的成员可以跟投一部分小微的虚拟股份，除了基本薪酬和利润分享之外还可以获得分红。第四阶段，小微实现在行业中的引领，并吸引外部资本进行投资，小微可以脱离海尔成为独立公司，小微成员可以根据贡献进行配股。

未能通过海尔考核的小微会变为红区小微，面临被淘汰的风险。平台化后的海尔，外部以用户交互来推动，内部则以用户付薪机制来保障。

二、实现平台组织的机制设计

平台组织的设计主要表现在：（1）企业平台化，期望把海尔打造成一个连接更多优质资源且具有快速资源配置能力的平台，吸引双边市场；平台上的小微可以通过平台共享信息和资源，平台对小微的建立、发展和运营起到支持和服务的作用。（2）用户个性化，用户参与到企业运营全过程，使得用户体验变得无缝化、透明化和可视化；小微和用户不断进行线上、线下的交互，企业从过去大规模的制造转变为个性化的任务。（3）员工创客化，激发员工活力，将其由任务执行者转变为内部创业者，由被雇佣者变为动态合伙人。

为实现"三化"，海尔陆续采用"人单合一""对赌协议""两维点阵"考核和"并联平台生态圈"等策略。

1. "人单合一"策略。"单"并不仅仅是指订单，还是订单的来源——用户，"单"是用户的需求和价值。"人单合一"是员工和用户价值的结合，员工的薪酬取决于为用户创造价值的大小，促进人和任务的匹配。"人单合一"重新定义了工作内容和报酬体系，只有满足了用户的需求，实现了用户的价值，才能得到更多的报酬。

2. "对赌协议"策略。以小微为基本单元，在事前与平台或其他小微建立对赌契约，确定目标和分享标准；然后，根据二维点阵评价其达到对赌目标后，按照约定的分享标准分享对赌价值，对赌价值在小微内部自动分配到各个小微成员。对赌协议的合作付费细则包括：（1）小微的企业价值目标和用户目标；（2）对赌目标达成后的价值分享方案；（3）各个节点如人力、财务等各自的职责。通过"对赌"，小微与平台之间、小微与小微之间依据契约建立内部市场交易机制，实现协作流程。"对赌"策略还倒逼小微组织更加独立。

3. "两维点阵"考核策略。为了推动用户小微去挖掘更多的潜在消费者，通过"两维点阵图"对小微进行考核。"两维点阵图"是小微在完成"组织独立""同一薪源""同一目标"等指标方面的表现。"组织独立"目标是成立小微公司，实现资本市场化，这是一个循序渐进的过程；"同一薪源"和"同一目标"是指用户付薪，由原来的各个节点只对自己的工作负责变为同一目标。只有共同为用户创造价值，才能有薪酬分享。

4. "并联平台生态圈"策略。建立由消费者、供应商、合作伙伴以及内部平台和小微所构成的，以并联平台为基础的生态系统。在生态系统中，要求各节点都参与用户价值的创造，达到各相关方面的利益"共赢、共创"关系。

（资料来源：井润田．海尔集团组织平台化转型的案例研究［J］．管理学季刊，2016（4））

案例启发

结合以上案例内容，你是如何看待海尔的平台组织和小微创业模式的？海尔是如何进行组织平台化转型的？

在现代社会，个人不能脱离组织而存在，每一个社会成员都是通过加入一个或多个组织，才能参与具体的经济活动、政治活动和文化活动等。组织作为把人们组织起来的活动及其结果，把人们的个体力量整合成整体力量，从而在社会的发展中发挥重要作用。组织工作是管理的一项基本职能，它包括组织结构的设计和维持，促进组织的发展和变革等，其目的是为了有效地实现组织目标。

一、组织概述

（一）组织的含义

“组织”这一概念，作为动词指的是组织工作，即对人的集合体中各个成员的角色安排和任务分派。由于管理因协作而生，协作的外在形式即是组织。过去人们将组织工作与管理等同看待，今天仍有使用“组织管理”一词来描述管理活动。作为名词，指的是按一定规则建立起来的人的集合体。

对于组织的概念，国外学者众说纷纭。以下与大家分享几种代表性的学者观点：

亨利·法约尔（Henry Fayol）最早指出的管理五项职能，其中就有组织，并认为企业的组织职能主要包括：设计组织结构，确定相互关系，制定规章制度，以及招收、训练、评价职工等等。

“组织理论”之父韦伯提出了“理想行政组织”的概念，他把理性合法权利看作组织的基础和支柱。他的着眼点是，根据权力大小所决定的组织纵向关系，把整个企业组织按权力的关系划分为上、中、下三个层次。

詹姆斯·穆尼（J.D.Mooney）和切斯特·巴纳德（Chester Barnard）对组织的概念提出了自己独到的见解。穆尼认为，组织是一种在一个协调的整体里，把具体的任务或者职能联系起来的技术。巴纳德认为，组织即协同努力，是人们有意识地调整共同活动或力量的系统。穆尼把组织看作是一个“整体”，巴纳德则把组织定义为一个“系统”，但两人都强调了整体或系统的内部联系和协同。这就把组织的内涵深化到了其内部的相互关系。另外，强调了人是组织的重要因素，应该把组织结构与人的行为特性结合起来的新观念，而且强调“两人以上”，这就从人的社会结合的角度提出组织的起点，成为研究组织产生与发展的“路标”。

综合以上专家学者的观点，组织的概念可以作如下阐述：组织是由两个人以上的群体组成的有机体，是一个基于共同目标，按照一定目的和程序组成的一种权责结构。

我们可以从以下几点来加深对管理学意义上的组织含义的理解。

1. 组织是一个人的系统。该系统是由人建立的、以人为主体的具有特定功能的有机整体。

2. 组织内部有分工与协作。分工是为了提高组织的群体工作绩效，组织的本质在于协作，个体的人有机地聚集在一起，围绕目标协同开展具体活动从而形成组织。组织功能的产生是人类协作劳动的结果。

3. 组织都有特定的目标。目标是任何组织存在的前提，组织目标是组织前进的方向和动力，反映了组织的性质以及其存在的价值。

4. 组织有权责制度的设计。权责关系的统一，使组织内部形成反映组织内部有机联系的不同的管理层次。这种联系是在分工协作的基础上形成的，是实现合理分工协作的保障。组织的规模对组织权责制度的设计与权责关系的处理影响很大。

在职能层面上的组织（Organizing）定义：组织职能是为了实现组织目标对组织内部活动及其生产要素进行有效配置的过程。

（二）组织的作用

组织的基本作用可以概括为以下三个方面：

1. 组织的力量聚合作用

把分散的个体汇聚为整体，用“拧成一股绳”的力量去完成任务，这是组织力量汇聚作用的体现。组织实际上是个人力量的一种汇集，可以用简单的公式表达为1+1=2。

2. 组织的力量放大作用

组织对汇聚起来的力量有放大或相乘的作用，就如同核裂变释放出来的能量一样。力量放大作用是在力量汇聚作用的基础上产生的，但不是1+1=2，而是1+1＞2。

3. 个人与组织之间的交换作用

从个人的要素角度来看，个人之所以加入某一组织并对其投入一定的时间、精力和技能，就是想从组织中得到某种利益或报酬，以满足个人的需求。而组织之所以愿意对个人投入上述成本费用，则是希望个人能因此对组织有所贡献，以达到组织预定的目标。这样，个人与组织之间的关系，可以说是建立在一种相辅相成、平等交换的基础之上，形成双方都感到满意的关系。

（三）组织工作的任务

组织的目标确定之后，如何使这些目标得以顺利实现，就需要制定并保持一种职务系统，使组织中的每一个人清楚自己在集体工作中应有的作用以及他们相互之间是怎样的关系，使他们能十分有效地在一起工作。

正是在这个意义上，我们把组织工作的任务看作是：（1）明确完成目标所需的活动并加以分类;（2）对为实现目标必要的活动进行分组;（3）把各个组分派给有必要权力的管理者来领导（授权）;（4）对组织结构中的横向方面以及纵向方面制定关于协调的规定;（5）根据企业环境的变化和组织战略的发展对组织结构进行变革。通过这些工作使人们明确谁去做什么，谁要对什么结果负责，并消除由于分工不清所造成的实施中的障碍，同时提供能反映和支持组织目标的决策信息和沟通网络。简而言之，组织工作有三大任务：组织设计、组织运行以及组织变革。

二、组织设计

（一）组织结构与组织设计

1. 组织结构的含义

组织结构就是表现组织各部分排列顺序、空间位置、聚集状态、联系方式以及各要素之间相互关系的一种模式，它是执行管理和经营任务的体制。

2. 组织设计的含义

组织设计是以组织结构安排为核心的组织系统的整体设计工作，是对组织的结构和活动进行创构、变革和再设计。组织设计是一项操作性很强的工作，它是在组织理论的指导下进行的。

（二）管理幅度、管理层次

1. 管理幅度与管理层次的含义

所谓管理幅度（Span of management），是指管理者能够直接有效地管辖下级人员的数量。这个概念强调了两点:（1）在组织所形成的不中断的等级系列中直接上级对下级的管辖人数;（2）有效管辖的下级人员数。

所谓管理层次（Level of management），是指在组织中所形成的不中断的等级系列的环节数。

在组织规模给定的条件下，管理层次与管理幅度成反比，每个主管所能宜接领导的下属人数越多，所需的管理层次就越少。管理层次与管理幅度的反比关系决定了两种基本的管理组织结构形态，扁平结构形态和锥形结构形态。

（1）扁平结构是指在组织规模已定的条件下，管理幅度越大，管理层次较少的一种组织结构形态。这种形态的优点是：由于层次少，信息的传递速度快，从而可以使高层尽快地发现信息所反映的问题，并及时采取相应的纠偏措施；同时，由于信息传递经过的层次少，传递过程中失真的可能性也小；此外，较大的管理幅度，使主管人员对下属不可能控制得过多过死，有利于下属主动性和首创精神的发挥。过大的管理幅度也存在局限性：比如主管不能对每位下属进行充分、有效的指导和监督；每个主管从较多的下属那儿取得信息，众多的信息量可能淹没其中最重要、最有价值的信息，从而影响信息的及时利用等。

（2）锥形结构是管理幅度较小，管理层次较多的高、尖、细的金字塔形态。其优点与局限性正好与扁平结构相反：较小的管理幅度可以使每位主管仔细研究从每个下属那儿得到的有限信息，并对每个下属进行详尽的指导。但管理层次过多，一会影响信息从基层传递到高层的速度，而且由于经过的层次多，每次传递被各层主管加进许多自己的理解和认识，可能使信息在传递过程中失真；二是使各层主管感到自己在组织中的地位相对渺小，从而影响积极性的发挥；三是往往容易使计划的控制工作更加复杂。

组织设计要尽可能地综合两种基本组织结构形态的优势，克服它们的局限性。

2. 影响管理幅度的因素

影响管理幅度有效性的因素主要有以下六个方面：

（1）上下级管理者的工作能力

作为上级管理者，其工作能力强，可以有效提高管理效率，有利于放大管理幅度；作为下属，其工作能力强，可以自行解决许多问题，减少占用上司时间的频率和总量，从而可以放大管理幅度。

（2）工作的内容和性质

首先，主管所处的管理层次。越是组织的高层的管理人员，其决策职能越重要，管理幅度较中层和基层管理人员就越小；其次，下属工作的相似性。相似性越高，管理幅度越大。

（3）计划的详尽程度

如果计划制定得非常详尽周到，下属对计划的目标和要求就有十分清楚的了解，这样，需要主管人员亲自予以指导的情形就减少，自然增强了管理者对更多下属的管理。反之亦然。

（4）非管理性事务的多少

主管人员处理非管理事务所需的时间越多，则用于指挥和领导下属的时间就相应减少，此时就会限制其管理幅度。

（5）信息手段的配备情况

掌握信息是进行管理的前提，利用先进的信息技术去收集、处理和传输信息，从主管和下属两方面去分析，显然都有利于扩大管理幅度。

（6）环境因素

环境变化越快，变化程度越大，组织中遇到的新问题就越多，下属向上级的请示就越频繁；而此时上级能用于指导下属工作的时间和精力就越少。因此，环境越不稳定，各层次主管人员的管理幅度就会越小。

（三）组织设计的任务

组织设计的任务具体来说有两项：一是提供组织结构系统图，也称组织图或组织结构图；二是编制职务说明书。

1. 组织结构图

组织结构图是自上而下绘制的，利用直线加方框的树型图，简洁明了地展示组织内的机构构成及主要职权关系。在创建组织时，可以根据组织的宗旨、任务目标以及组织内外环境的变化，自上而下地确定组织运行所需要的部门、职位及相应的权责。另外，组织设计也可以根据组织内部的资源条件，在组织目标层层分解的基础上从基层开始自下而上地进行。

2. 职务说明书

职务说明书一般以文字或表格的形式规定某一职位的工作内容、职责、与组织中其他职务或部门的关系，以及该职务承担者所必须具备的任职条件如专业背景、知识结构、工作经验、管理能力等。

为了达到组织设计的理想效果，组织设计者需要完成以下几项工作。

（1）职务分析与设计

职务分析与设计是组织设计最基础的工作。它是在对组织的目标活动进行逐级分解的基础上，具体确定出组织内各项作业活动与各项管理活动开展所需要设置职务的类别与数量，以及每个职务所拥有的权限和任职人员所应具备的素质。

（2）部门划分与层次设计

这是根据各个职务所从事工作的性质、内容及职务间的相互联系，采取一定的部门化方式，依照一定的原则，将各个职务组合成“部门”或管理单位。这些部门、单位又可以按一定的方式组合成上一层级的更大的部门，这样就形成了组织的“层次”。

（3）结构形成

这是通过职责权限的分配和各种联系手段的设置，使组织中的各构成部分（职务、部门、层次）连接成一个有机的整体，从而使各方面的行动协调配合起来。

【江苏四季沐歌有限公司部分岗位职务说明书】

（四）组织设计的原则

1. 目标至上原则

组织结构只是实现组织目标的手段，组织机构只是落实组织机能或职能的工具。一个组织在进行组织设计工作时，无论是决定选取何种形式的组织结构，都必须服从并服务于组织目标实现的需要。

2. 管理幅度原则

管理幅度原则要求一个领导者要有适当的管理幅度。在同样规模的组织中，管理幅度扩大可使管理层减少，加快信息传递，减少信息失真，降低管理费用。但管理幅度过大，上级主管就很难对每位下属进行充分、有效的指挥和监督。

3. 统一指挥原则

统一指挥原则的实质，就是在管理工作中实行统一领导，建立起严格的责任制，消除多头领导、政出多门的现象，保证全部活动的有效领导和正常工作。

4. 责权利对等原则

管理分工意味着管理者必须对其岗位所规定的工作完全负责，要做到完全负责就必须授予管理者相应的权力。同时，完全负责也就意味着责任者要承担全部风险，就必须给其与风险相对应的收益作为补偿。

5. 因事设职与因人设职相结合原则

组织设计必须确保实现组织目标活动的每项内容都能落实到具体职能和部门，做到“事事有人做”，即因事设职。但这并不意味着组织设计可以忽视人的因素，组织设计必须在保证有能力的人做他们真正胜任的工作的同时，也能获得能力的不断提高和发展。

三、组织结构主要形式

组织结构就是表现组织各部分排列顺序、空间位置、聚集状态、联系方式以及各要素之间相互关系的一种模式，它是执行管理和经营任务的体制。组织结构在整个管理系统中同样起“框架”作用。

组织结构是描述工作任务如何进行分工、分组和协调合作。管理者在进行组织结构设计时，必须考虑以下 6 个要素：工作专业化、部门化、命令链、管理幅度、集权与分权、正规化。

工作专业化。工作专业化的实质是，将个人无法有效完成的整体工作分解为若干步骤或部分，再分工到具体个人，每个人完成整体工作中的一个步骤或部分。工作专业化能有效提高生产效率。

部门化。部门化是对工作单元进行合并和协调的基础。实践中，可以根据企业发展的实际需要，按照不同的方式组合工作岗位。如职能部门化、地区部门化、产品部门化、过程部门化、顾客部门化等。

命令链。命令链是从组织最高层到最基层不间断的职权路线，澄清谁向谁报告工作，回答员工有关于："出了问题，我应该找谁？""我对谁负责？"的问题。命令链涉及职权、职责和统一指挥三个重要概念。职权是指管理职位所固有的发布命令并期望命令被执行的权力，每位管理者为完成自己的职责任务，都要被授予一定的职权。当管理者利用自己的职权向员工分配工作时，这些员工承担了履行工作任务的义务，这种履行任务的义务或期望称为职责。只授予职权而不授予职责会导致滥用职权。统一指挥原则有助于职权链条的连续性，即一个人应该对一个主管，且只对一个主管直接负责。

管理幅度。管理幅度是指管理者能够直接有效地管辖下级人员的数量。每个管理者的能力有限，其有效管理下级人员的数量也是有限的。一个主管可以有效地指导多少个下属？这种有关管理幅度的问题非常重要，因为它很大程度上决定着组织要设置多少层次，配备多少管理人员。

集权与分权。有些组织中，高层管理者制定所有的决策，低层管理人员只管执行高层管理者的指示。另一种极端是，组织把决策权下放到最基层管理者手中。前者是高度集权，后者则是高度分权。集权化是指组织中的决策权集中于一点的程度。如果组织的高层管理者不考虑或不关心基层人员的意见就决定组织的主要事宜，这个组织的集权化程度就高。相反，基层人员参与决策的程度越高，或他们能够自主地做出决策，组织的分权程度就越高。

正规化。正规化是指组织中的各项工作实行标准化的程度以及员工行为受规划和程序指导的程度。正规化程度越高，就意味着做这项工作的人对工作内容、工作时间、工作方法没有多少自主权。高度正规化的组织中，有明确的工作说明书和繁杂的组织规章制度，对于工作过程有详尽的规定。

组织结构是随着生产力和社会的发展而不断发展的。常见的组织结构类型有：直线制、职能制、直线职能制、事业部制、矩阵制等。

（一）直线制

直线制是一种最古老、最简单的集权组织结构形式，又称军队式结构。其领导关系按垂直系统建立，不设专门的职能结构，自上而下形同直线。

直线制组织结构如图 4.1 所示。

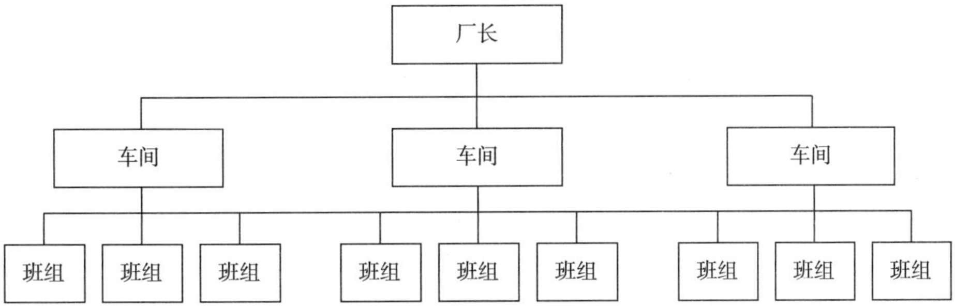

图 4.1　直线制组织结构示意图

直线制结构的优点是：结构简单，指挥系统清晰、统一，责权关系明确；横向联系少，内部协调容易；信息沟通迅速，解决问题及时，管理效率比较高。其缺点是：缺乏专业化的管理分工，不利于发挥专业人员的积极性；经营管理事务依赖于少数几个人，难以有效管理；要求企业领导人必须掌握多方面的管理知识与技能。尤其是企业规模扩大时，管理工作量会超过个人能力所能承受的限度，采用直线制结构不利于集中精力研究企业管理的重大问题。

通过对直线制组织结构的分析，我们可以得出如下判断：直线制结构的适用范围是有限的，它只是适用于规模较小或业务活动简单、稳定的企业。

（二）职能制

职能制组织是一种通过对管理职能进行分类，然后根据不同的管理职能来设立一些相应的部门，共同承担管理工作的组织结构形式。

职能制组织结构如图 4.2 所示。

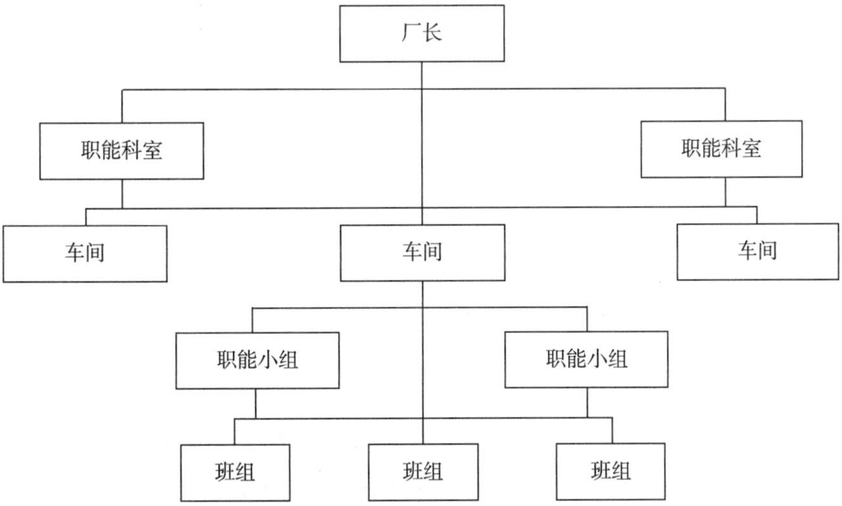

图 4.2　职能制组织结构示意图

在现代管理中，由组织承担的职能是多方面的，为了分担某些职能，人们便设立了不同的部门。在职能制组织中，直线主管还存在，但权力相对减弱，因为大量的权力被分散到不同的职能部门中去了，由不同的职能部门来分担职能管理的业务。

在职能制组织中，职能部门有权在自己的业务范围内向下级单位下达命令和指示。因此，下级直线主管除了接受上级直线主管的领导外，还必须接受上级各职能机构的领导和指示。它的优点是：能够适应现代组织技术比较复杂和管理分工较细的特点，能够发挥职能机构的专业管理作用，减轻上层主管人员的负担。但其缺点也比较明显，那就是这种结构形式妨碍了组织必要的集中领导和统一指挥，形成了多头领导，不利于明确划分直线人员和职能部门的职责权限，容易造成管理的混乱。

由于该组织结构形式的缺点，在实际的企业组织结构形式中很少采用。

（三）直线职能制

直线职能制组织结构，就是直线与参谋相结合的组织结构，随着组织规模的扩大，管理工作日益复杂，位于上层的管理人员无法承担一切工作，需要配备一些专业人士充当顾问，协助其管理。这些由专业人士组成的部门称为职能部门（参谋部门），他们充当参谋的角色。参谋部门权力有限，不能直接指挥其他部门，只能提供服务、帮助、提出意见和建议。

以企业为例，其组织结构如图 4.3 所示。

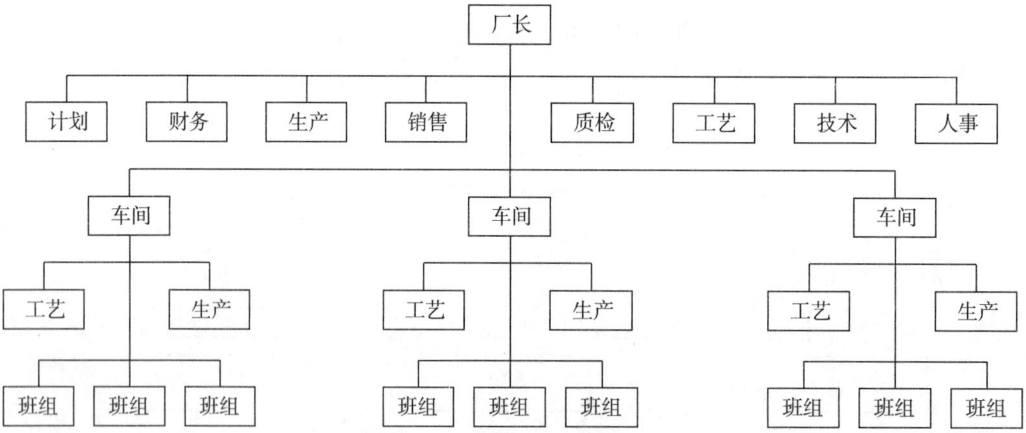

图 4.3 工厂直线职能结构

由图可以看出，这种组织结构是按照一定的职能专业分工，各级都建立职能机构担负计划、生产、人事、销售、财务等方面的管理工作，各级领导都有相应的职能机构作为助手，从面发挥了职能机构的专业管理作用。整个系统中管理人员分为两类，一类是直线指挥人员，相当于军队中的各级军官，他们可以对下级发号施令；另一类是职能人员，相当于军队中的参谋、后勤人员，他们只能对下级机构进行业务指导，而不能直接对下级发号施令，除非上级直线人员授予他们某种权力。这种划分保证了统一的生产指挥和管理。另外，这种结构导致权力高度集中，凡不能在一个部门范围内做出决定的问题，最后必须由厂长决定。

直线职能结构之所以被广泛地采用，是由于它具有许多技术经济上的优点。这种结构分工细密，任务明确，且各个部门的职责具有明显的界限，各职能部门仅对自己应做的工作负有责任，可以专心从事这方面工作，因此有较高的效率。这种结构的稳定性较高，在外部环境变化不大的情况下，易于发挥组织的集团效率。其不利方面是缺乏信息交流，各部门缺乏全局观点，不同的职能机构之间，职能人员与指挥人员之间目标不易统一，矛盾较多，最高领导者的协调工作量大。这种结构还不易于从企业内部培养熟悉全面情况的管理人才。此外，这种结构使整个组织系统刚性较大；分工很细，手续繁杂，反应较慢，不易迅速适应新的情况。

通过对直线职能制组织结构的分析，我们可以得到以下判断：这种组织结构形式对中小型组织比较适用，对于规模较大、决策时需要考虑较多因素的组织则不太适合。

同步案例

四季沐歌集团 2014——2019 年企业组织架构演变

四季沐歌集团是沪市 A 股主板上市企业，中国航天事业战略合作伙伴。企业专注于清洁能源采暖和热水领域，业务涵盖太阳能、空气能、电热水器、燃气热水器、集成热水机、五金卫浴、智能家居、厨房电器、壁挂炉等全系列热水、采暖产品，并形成了从单机到系统、从城市到乡村、从家庭到商用、从线下到线上的全方位热水、采暖系统解决方案。

近年来，四季沐歌集团随着产品线的丰富，业务量不断增大，先后在江苏、河南、浙江、广东、河北、西藏等省、自治区建成现代化制造基地，拥有“企业技术中心”“博士后科研工作站”，拥有业界前沿的热水实验室、太阳能模拟器等科研检测资源平台。本案例收集了四季沐歌集团自 2014 年以来的组织架构演变过程，能清楚地看到近年来该企业的业务范围不断扩大，其组织架构也在不断调整变化中。

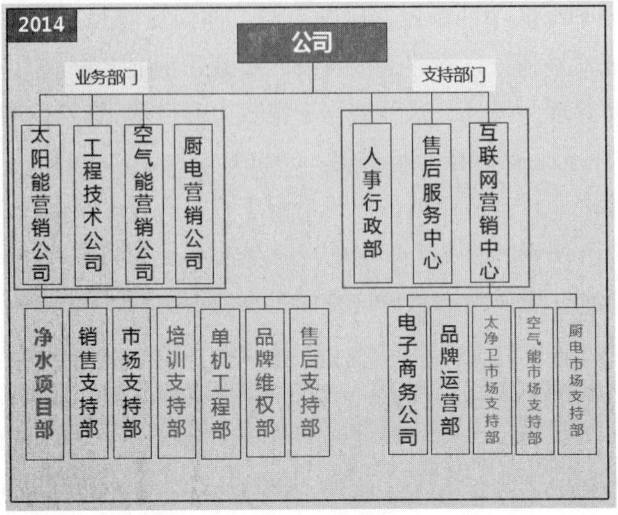
2014
公司
业务部门
支持部门
太阳能营销公司
工程技术公司
空气能营销公司
厨电营销公司
人事行政部
售后服务中心
互联网营销中心
净水项目部
销售支持部
市场支持部
培训支持部
单机工程部
品牌维权部
售后支持部
电子商务公司
品牌运营部
太净卫市场支持部
空气能市场支持部
厨电市场支持部

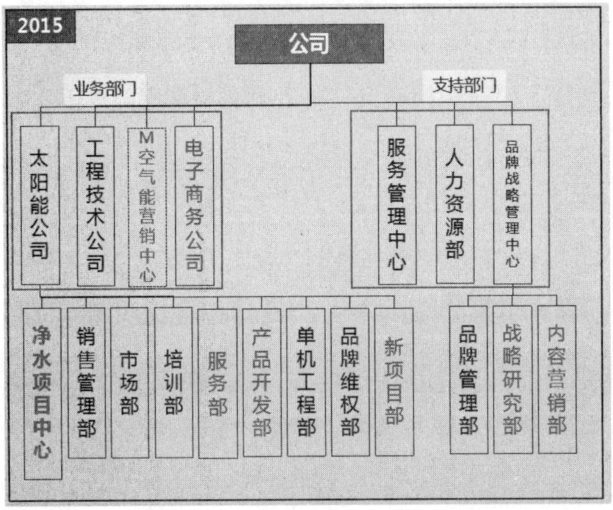
2015
公司
业务部门
支持部门
太阳能公司
工程技术公司
M空气能营销中心
电子商务公司
服务管理中心
人力资源部
品牌战略管理中心
净水项目中心
销售管理部
市场部
培训部
服务部
产品开发部
单机工程部
品牌维权部
新项目部
品牌管理部
战略研究部
内容营销部

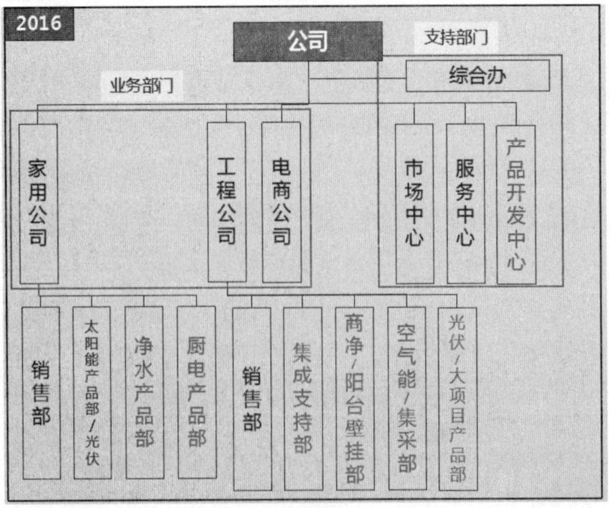
2016
公司
支持部门
综合办
业务部门
家用公司
工程公司
电商公司
市场中心
服务中心
产品开发中心
销售部
太阳能产品部/光伏
净水产品部
厨电产品部
销售部
集成支持部
商净/阳台壁挂部
空气能/集采部
光伏/大项目产品部

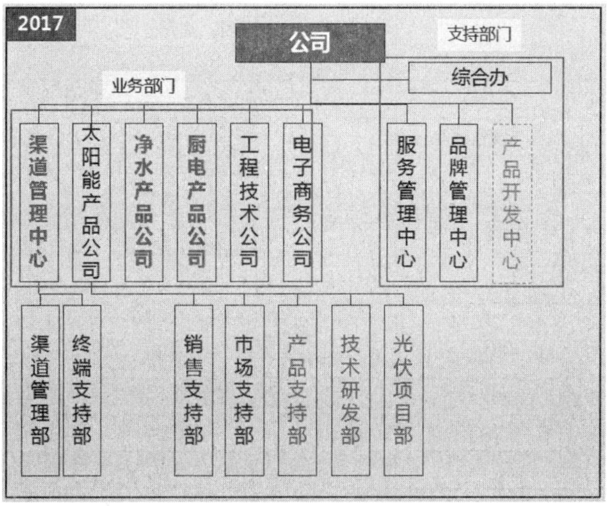
2017
公司
支持部门
综合办
业务部门
渠道管理中心
太阳能产品公司
净水产品公司
厨电产品公司
工程技术公司
电子商务公司
服务管理中心
品牌管理中心
产品开发中心
渠道管理部
终端支持部
销售支持部
市场支持部
产品支持部
技术研发部
光伏项目部

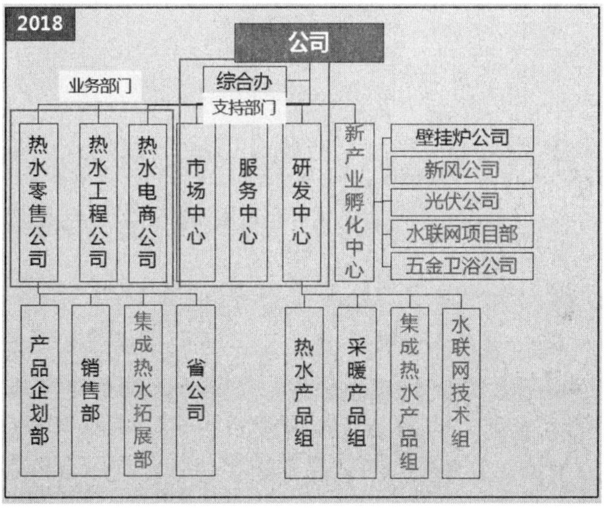
2018
公司
综合办
业务部门
支持部门
热水零售公司
热水工程公司
热水电商公司
市场中心
服务中心
研发中心
新产业孵化中心
壁挂炉公司
新风公司
光伏公司
水联网项目部
五金卫浴公司
产品企划部
销售部
集成热水拓展部
省公司
热水产品组
采暖产品组
集成热水产品组
水联网技术组

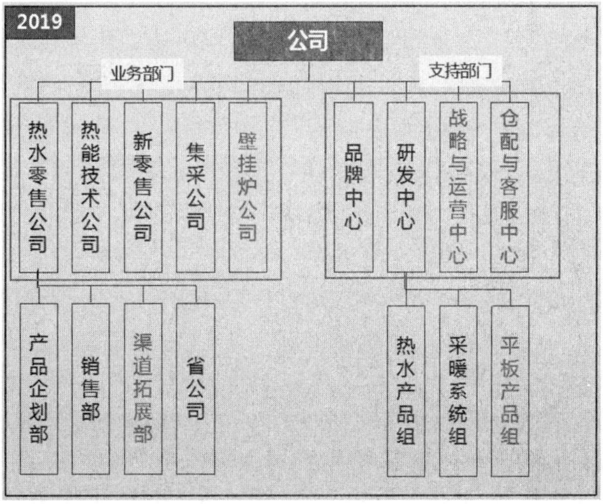
2019
公司
业务部门
支持部门
热水零售公司
热能技术公司
新零售公司
集采公司
壁挂炉公司
品牌中心
研发中心
战略与运营中心
仓配与客服中心
产品企划部
销售部
渠道拓展部
省公司
热水产品组
采暖系统组
平板产品组

类型	2014年	2015年	2016年	2017年	2018年	2019年
业务部门	太阳能营销公司	太阳能公司	家用公司	太阳能产品公司	热水零售公司	热水零售公司
	工程技术公司	工程技术公司	工程公司	工程技术公司	热水工程公司	热能技术公司
	空气能营销公司	空气能营销中心				
	厨电营销公司			厨电产品公司		
		电子商务公司	电商公司	电子商务公司	热水电商公司	新零售公司
				净水产品公司	新产业孵化中心	
						集采公司
						壁挂炉公司
支持部门	人事行政部	人力资源部	综合办	综合办	综合办	战略与运营中心
	售后服务中心	服务管理中心	服务中心	服务管理中心	服务中心	仓配与客服中心
	互联网营销中心	品牌战略管理中心	市场中心	品牌管理中心	市场中心	品牌中心
			产品开发中心	产品开发中心	研发中心	研发中心
核心变化	分为业务与支持部门两大板块	①厨电业务撤销 ②互联网中心拆分为品牌中心与电子商务公司	①空气能业务撤销 ②增设产品开发中心 ③人力资源部增加综合管理职能	①厨电业务重新开展 ②增加净水业务	①厨电业务撤销 ②增加新产业孵化中心	①新产业孵化中心里壁挂炉公司上升为一级部门 ②热水工程公司拆分为热能技术公司与集采公司 ③综合办增加战略运营管理职能

（资料来源：此案例资料经江苏四季沐歌有限公司授权共同开发）

想一想：

企业组织架构的变化是需要随着企业业务发展不断优化与调整的，没有一成不变的架构，只有不断调整，不断磨合，不断适应市场的组织架构。根据以上资料信息，四季沐歌集团采用的是什么形式的组织结构？这样的组织结构存在什么优缺点？对于该企业未来的组织结构调整，你有什么建议？

（四）事业部制

事业部制组织结构又称为分部结构或M型结构。所谓事业部结构，就是一个企业内对于具有独立的产品和市场、独立的责任和利益的部门实行分权管理的一种组织形态。公司总部只对公司总体战略做出决策，决定资源在各事业部的分配方案；各事业部则拥有完整的发展战略及运营决策自主权。

事业部的组织结构如图4.4所示。

事业部结构具有许多显著的优点。它能使最高管理部门摆脱日常行政事务，成为坚强有力的决策机构，并使各个事业部发挥经营管理的主动性，而高层领导不致忙于协调、监督等较低层的管理工作。这种结构既有较高的稳定性，又有较强的适应性。这种结构还是培养管理人才的最好组织形式之一。分权化的事业部经理与一家独立公司的高层所面对的问题几乎是一样的，他应考虑市场、人力、技术，考虑今天和明天。

所不同的只是不必负责有关财务资源与供应。所以事业部制在培养和考验着明天的领导人才。此外，事业部结构扩大了有效控制的跨度，使上级领导直接控制下层单位的数目增加。

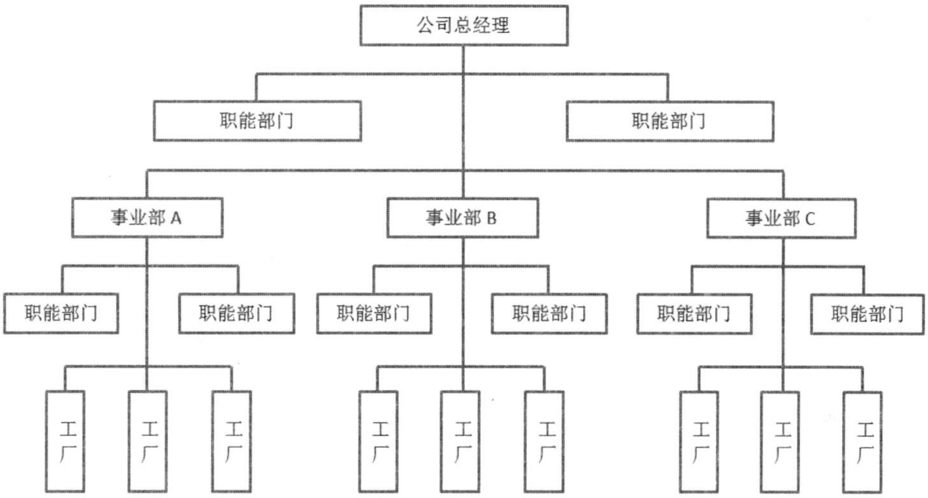

图 4.4 事业部制组织结构

事业部结构也有其相对不足的地方。比如，对事业部一级的管理人员水平要求较高。每个事业部都相当于一个单独的企业，事业部经理要熟悉全面业务和管理知识才能胜任工作。另外，集权与分权关系比较敏感，一旦处理不当，可能削弱整个组织的协调一致。而且，各事业部皆有完备的职能部门，管理人员增多，管理成本较高。

通过对事业部制组织结构的分析，我们可以得到以下判断：这种组织结构形式对于大型企业、跨国公司、多元化经营企业比较适用。

（五）矩阵制

所谓矩阵制结构，是指要根据需要从各职能部门调集技术人员，由项目经理指挥完成某个项目的一种组织结构形式。

矩阵制结构采用双重指挥链，它打破了统一指挥这一古典组织原理。一方面，专业分工带来了部门化的发展，出现了部门经理；另一方面，根据项目的具体要求，设置了项目经理。项目经理对某一特定项目、计划负责。这样，下属员工既接受部门管理人员的领导，又接受项目经理的领导。严格地讲，矩阵制结构是一种非长期的组织结构。

矩阵制组织结构又可以分为按照项目设置的矩阵结构和按照产品及地区设置的矩阵结构两种。

按照项目建立的矩阵结构的具体方法是，为了完成某一项特别任务，在项目的实施阶段，如研究、设计、试制、开发等过程中，由有关的部门派人参加，组成项目攻关小组，任务完成之后，成员仍然回到原来的部门工作。显然，按照项目建立起来的项目组的寿命期与项目开发所需要的时间长短有关。这种矩阵结构一般适用于重大项目的攻关。按项目建立的矩阵结构如图 4.5 所示。

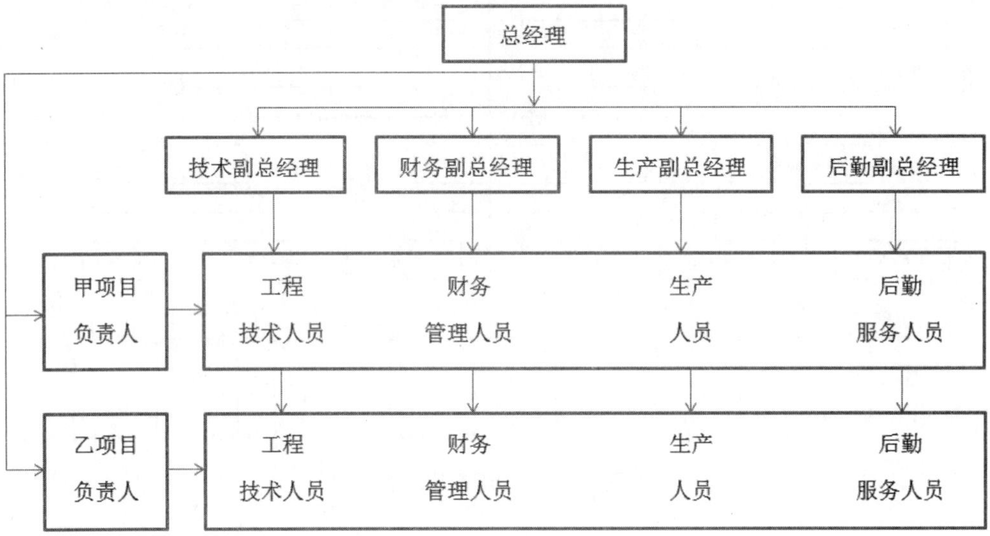

图 4.5　项目矩阵结构

按照产品建立起来的矩阵结构可以作为企业的一种较为稳定的组织结构，使条块有机结合起来。以销售公司为例，按照产品以及地区建立起来的矩阵结构如图 4.6 所示。

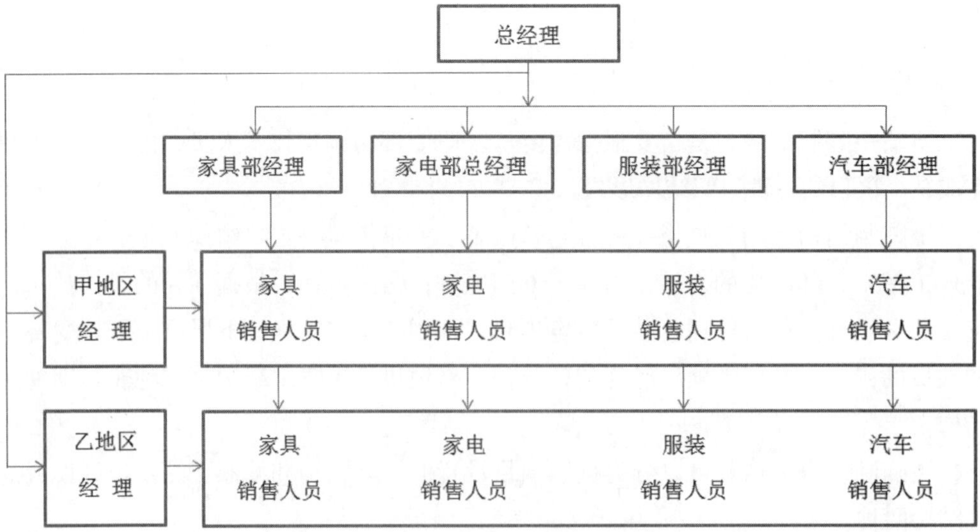

图 4.6　地区与产品结合的矩阵结构

它的优点是：具有较大的机动性和适应性，能克服职能部门相互脱节、各自为政的现象；专业人员和专用设备能够得到充分利用；具有较大的机动性，任务完成即解散，各回原来的部门；各行各业人员为了一个目标在一个组织内共同工作可以互相启发、相互帮助、相得益彰；有利于人才的培养，克服“近亲繁殖”；实现了集权与分权优势的结合。

其缺点是：由于这种组织形式是实行纵向、横向联合的双重领导，如处理不当，会由于意见分歧而在工作中造成冲突和相互推诿；组织关系较复杂，对项目负责人的要求较高。克服缺点的办法是：授予项目经理全面的职权；独立预算；项目经理与职能经理共同制定进度与确定重点，如有矛盾，提交上一级解决。

从实践中看，理想的双重平衡式矩阵型结构的应用局限性还是比较明显的，实践中衍生出了以职能主管职权为主要权力的职能式矩阵结构和以项目主管职权为主要权力的项目式矩阵结构。这两种矩阵结构方式都取得了明显的成效。矩阵制组织结构主要适应于重大工程与项目、单项重大事务的临时性组织。

工作任务

调查：绘制并评判一个你熟悉的企业的组织结构模式

第二节 组织运行与组织文化

一、组织力量的整合

（一）正式组织与非正式组织

1. 正式组织

正式组织是具有明确的组织目标，并由规章制度、方针政策等责任形成各个成员之间职责范围和相互关系的一种结构。

正式组织具有下述特征：①不是自发形成的；②有明确的目标；③以效率逻辑为标准；④强制性。

2. 非正式组织

非正式组织是人们在共同工作或活动中，由于抱有共同的社会感情和爱好，以共同的利益和需要为基础而自发形成的团体。

非正式组织具有以下特征：①自发性；②内聚性；③不稳定性；④领袖人物作用较大。

3. 对非正式组织引导的具体措施

第一，利用非正式组织成员之间情感密切的特点，引导他们互相取长补短，互帮互学，提高职工的生产技术水平，提高劳动生产率。

第二，利用非正式组织成员之间相互信任、说话投机、有共同语言的特点，引导他们开展批评与自我批评，克服缺点，发扬优点，不断提高思想政治水平和工作能力。

第三，利用非正式组织信息沟通迅速的特点，及时了解职工对组织工作的意见和要求，使领导做到心中有数，知己知彼。

第四，利用非正式组织的凝聚力强，能较好地满足成员的社交等心理需求的特点，可以有意识地把有些组织无力顾及的群众工作交给他们去做，这对于解决群众的特殊疑难问题，促进组织内部安定团结，具有重要的作用。

第五，利用非正式组织内群体压力大，成员的从众心理强，标准化倾向强的特点，在制订定额、制定任务和目标、分配任务时，只要有可能的话，标准就可适当提高，难度也可以适当加大，以提高工作效率，克服工作难关。

第六，利用非正式组织中自然形成的领袖人物号召力强、威信高、能力较强、影响力大的特点，在条件允许的情况下．对其领袖人物可以适当信任、依靠，并授予相应的权力，从而把整个非正式组织纳入正式组织目标的轨道上来。

（二）直线与参谋

1. 直线与参谋的含义

企业中的最高主管，由于时间和精力的限制，不可能直接地、面对面地安排和协调每一个成员的活动，需要委托若干副手来分担管理的职能，各个副手又需委托若干部门经理或车间主任，后者再委托若干科长或工段长来分担自己受托担任的管理工作。依此类推，直至组织中的基层管理人员能直接安排和控制员工的具体活动。这种由管理幅度的限制而产生的管理层次之间的关系便是所谓的直线关系。

参谋关系是伴随着直线关系而产生的。参谋的设置首先是为了方便直线主管的工作，减轻他们的负担。因此，参谋人员的主要职责是同层次直线主管的助手，其主要任务是提供某些专门服务，进行某些专项研究以提供某些对策。

区分直线与参谋的另一个标准是分析不同管理部门和管理人员在组织目标实践中的作用。人们把那些对组织目标的实现负有直接责任的部门称为直线机构，而把那些为实现组织基本目标协助直线人员有效工作而设置的部门称为参谋机构。根据这个标准，人们通常把企业致力于生产或销售产品（服务）的部门称为直线机构，而把采购、人事、会计等列为参谋部门。

2. 直线与参谋的矛盾

从理论上来说，设置作为直线主管的助手的参谋职务，不仅可以保证直线的统一指挥，而且能够适应管理复杂活动需要多种专业知识的要求。然而在实践中，直线与参谋的矛盾往往是组织缺乏效率的原因之一。考察这些低效率的组织活动，通常可以发现两种不同的倾向：虽然保持了命令的统一性，但参谋作用不可能充分发挥；或者参谋作用发挥失当，破坏了统一指挥的原则。因此，在实际工作中，直线与参谋都可能产生对对方不满的情绪。

3. 正确发挥参谋的作用

参谋的作用发挥不够或者过分，都会影响直线人员，从而影响整个组织活动的效率。要正确发挥参谋的作用，应明确直线与参谋的关系，授予参谋机构适当的职能权力，并向参谋人员提供必要的信息。

（1）明确职权关系。设置参谋职务，利用参谋人员的专业知识是管理现代化组织的复杂活动所必要的。直线人员与参谋人员的职责、权限以及工作的目的是不同的：直线主管需要做决策，安排所管辖部门的活动，并对活动的结果负责；而参谋人员则是在直线主管的决策过程中，进行分析研究、提供建议、指明不同的方案可能得到的结果，以供直线主管在运用决策权力中参考。

直线主管与参谋人员，越是明确各自的工作性质，了解职权关系，就越有可能重视对方的价值，从而自觉地尊重对方，处理好相互的关系。

（2）授予必要的职能权力。为了确保参谋人员作用的合理发挥，授予他们必要的职能权力往往是必须的，特别是在要求专业知识很多的领域里。但参谋部门职能权力的增加，也带来了形成多头领导的危险。因此，高层直线主管要谨慎授予职能权力。首先要认真分析授予职能权力的必要性，只有在必要的领域使用它，以避免削弱直线主管的地位；其次要明确职能权力的地位，限制职能权力的使用范围，要使参谋人员明确，职能权力主要用来指导下层直线人员怎么干，而不是决定他们干什么。

（3）向参谋人员提供必要的信息。要发挥参谋人员的作用，必须首先帮助参谋人员工作，向参谋人员提供必要的工作条件，特别是有关的信息，使他们能及时了解直线部门的活动进展情况，从而提供有用的建议。埋怨参谋部门不了解情况瞎指挥，同时又不愿意提供必要的信息，这显然是直线主管们应该努力避免的情况。

（三）委员会制

委员会制是现代管理中运用比较普遍的一种组织方式，它突出了集体管理的特征。一般说来，委员会所行使的是一定组织的最高决策权，它由两个以上的人组成。委员会制的管理形式是与个人负责制的管理形式相区别的：个人负责制的形式往往是组织的最高决策权集中掌握在一个人手中，由他对整个组织负责，而委员会制则是把职权在同一管理层次上进行分配。

1. 委员会制的优势

（1）集思广益。利用委员会的最重要的理由，是为了取得集思广益的好处。委员会由一组人组成，其知识、经验与判断力均较其中任何一人为高。因此，通过集体讨论、集体判断可以避免仅凭主管人员个人的知识和经验所造成的判断错误。

（2）协调作用。部门的划分，可能会产生“职权分裂”，即对某一问题，某一部门没有完全的决策权。只有通过几个有关部门的职权结合，才能形成完整的决策。解决此类问题当然可以通过提交给上一级主管人员解决，但也可以通过委员全把具有决策权的一些部门召集来解决。这样既可减轻上层主管人员的负担，又有利于促进部门间的合作。此外，委员会可以协调各部门间的活动；各部门的主管人员可通过委员会来了解其他部门的情况，使之自觉地把本部门的活动与其他部门的活动结合起来。

（3）避免权力过于集中。委员会做出的决策一般都是对组织前途有举足轻重影响的重大决策。通过委员会做出决策，一方面可得到集体判断的好处；另一方面也可避免个人的独断专行、以权谋私等弊端，委员之间起了权力互相制约的作用。

（4）激发主管人员的积极性。委员会可使下级主管人员和组织成员有可能参与决策与计划的制定过程。这样做可以激发和调动下级人员的积极性，以更大的热情去接受和执行这些决策或计划。

（5）加强沟通联络。委员会对传送信息有好处。受共同问题影响的各方都能同时获得信息，都有同等的机会了解所接受的决策，这样可以节约信息传递过程中的时间。面对面的交谈，有机会说清楚问题，这是一种非常有效的沟通联络方式。

（6）代表各方面利益。委员会的成员一般由各方面利益集团的代表组成，因此，委员会做出的决策必然能广泛地反映各个利益集团的利益。

2. 委员会制的局限性

（1）时间上的延误。为了取得较为一致的意见，制定出各方面基本上都能接受的决策，委员会需要召开多次会议，只有在充分讨论的基础上，才有可能达到基本一致的集体决议。综合了各种知识和意见的集体决策的正确性往往伴随着时间上的迟缓性。

（2）决策的折中性。委员会的成员是不同利益集团的代表，利益诉求存在差异，他们往往把委员会视为充分表现自己、实现个人或集团目标的手段。委员会最终能达到全体一致的决策与其说是集体的意见，不如说是各种利益冲突的结果，是各种努力妥协、折中的产物。

（3）权力和责任的分离。职权与责任的分离是委员会的主要缺陷之一，它可能导致没有任何委员会成员去关心委员会的工作效率。委员会的决策并未反映每个人的所有意见，而每个人都不愿意对那些只代表了自己部分利益和观点的决策及其行动负完全的责任。

二、管理人员的配备

组织设计为系统的运行提供了框架。组织系统要发挥其功用，需要由人来操作，人员配备是组织设计的逻辑延续。人在组织中的这种特殊地位决定了人员配备在管理工作中的重要性。而组织成员需要在管理人员的领导和指挥下开展具体工作，因此管理人员的配备更是重中之重。

（一）管理人员配备的含义

管理人员配备，是指对管理人员进行恰当而有效的选拔、培训和考评，其目的是为了配备合适的人员去充实组织机构中所规定的各项职务，以保证组织活动的正常进行，进而实现组织的既定目标。

管理人员配备不但包括选人、评人、育人，还包括如何使用人员，以及如何增强组织凝聚力来留住人员，这又和指导与领导工作紧密联系起来。

（二）管理人员配备的任务、原则

1. 管理人员配备的任务

（1）从组织需要的角度考察

①要通过管理人员配备使组织系统开动运转，必须使机构中每个工作岗位都有适当的人去占据，使实现组织目标所必须进行的每项工作活动都有称职的人去完成。这是管理人员配备的基本任务。

②为组织发展准备管理者力量。组织是一个动态的系统，处在一个不断变化发展的经济环境中。组织的目标和活动的内容需要经常根据环境的变化做适当的调整，由目标和活动决定的组织机构也会随之发生改变，而且也会在数量上有所增减。所以，我们在为组织目前的机构配备人员时，还需要考虑机构可能发生的变化，为将来的组织准备和提供管理人员。

③维持成员对组织的忠诚。人才流动对个人来说可能是重要的，它可以使人才自己通过不断的尝试找到最适合自己、给自己带来最大利益的工作。但是对于整个组织来说，人才流动虽有可能给企业带来“新鲜血液”的好处，但是其破坏性也不容忽视，人员不稳定，特别是优秀管理人才的外流，往往使组织多年的培养付之东流，而且可能破坏组织的人力资源发展计划，甚至影响企业在发展过程中的管理者需要。因此，要通过人员配备稳住人心，留住人才，维持成员对组织的忠诚。

（2）从组织成员需要的角度考察

①通过人员配备，可以使每个人的知识和能力得到公正的评价、认可和运用。配备的人员对工作的要求与自身的能力是否相匹配，是否感到“大材小用”，从而“怀才不遇”，工作的目标是否有挑战性，这些因素与人们在工作中的积极、主动、热情程度

有着极大的关系。

②通过人员配备，使每个人的知识和能力不断发展，素质不断提升。知识与技能的提高不仅可以满足人们的心理需要，而且往往是职务晋升的阶梯。

2. 管理人员配备的原则

（1）因事择人原则

选聘管理人员的目的在于使其担当一定的职务，要求其从事于职务相应的工作。要求工作者具备相应的知识和能力，从而使工作者卓有成效地完成。因此，因事择人是管理人员配备的首要原则。

（2）用人之长原则

一个人只有处在最能发挥其才能的职位上，才会干得最好，才能使组织得到最大的收益。因此，在进行人员配备时，必须根据职务的明确要求，寻找最合适的人选。所谓最合适的人选，并不是指那些在各方面都完美无缺的人，而是相对于某个特定职务来看候选人的长处适合于这个特定的职务。

（3）人事动态平衡原则

处在多变环境中的组织是在不断发展的，组织成员的能力和知识是在不断地提高和丰富的。同时，组织对其成员的素质认识也有一个不断全面、完善的过程。因此，人与事的配合需要进行不断调整，使能力发展并得到充分证实的人去从事更高层次的负更多责任的工作，使能力平平、不符合职务需要的人有机会进行力所能及的活动，以求每一个人都能够得到最合理的使用，实现人与工作的动态平衡。

（4）公开竞争原则

公开竞争原则，是指组织越想提高管理水平，就越要在主管职务的接班人之间鼓励公开竞争。实行公开竞争时，空缺的职务是对任何人都开放的，它不仅要求候选人能够胜任空缺的职务，而且要求他能比别人更有效地实现该职务对他的要求。只有进行公开竞争，组织才有可能选到合适的人员。

（三）管理人员的选聘

1. 选聘的条件

（1）管理愿望

管理愿望就是人们希望从事管理工作的主观要求。如果管理人员的管理愿望是建立在对环境的细致分析，对管理工作的性质的透彻理解和对自身能力充分自信的基础上，而不是建立在对某种地位和物质利益追求的基础上，是为了组织目标贡献自己的才能，这就是我们所指的强烈的管理愿望。这种人才，才有可能进入管理人员选聘的视野。

（2）管理能力

管理者至少应具备三大基本技能：技术技能、人际技能和概念技能。但是不同层次的主管人员因为职责不同，所需的三种技能的程度是不同的。由于能力是在实践中形成和发展起来的，因此我们在以是否具有管理能力这一标准来选拔管理人员时，就必须从管理人员在工作中认识问题、分析问题以及综合处理问题时表现出来的管理能力来评价。

（3）对待风险的态度

管理的任务不仅在于执行上级的命令，维持系统的运转，而且要在组织系统或部门的工作中不断创新。要创新，就要敢于冒险。敢于冒险但不盲目的精神，应该作为对组织中所有管理人员的共同要求。

（4）正直的品质

正直是每个组织成员都应该具备的基本品质。对于管理人员来说，由于担任管理职务具有相当大的职权，而组织对权力的运用往往难以进行严密、细致、及时、有效的监督，所以权力能否正确运用与拥有该权力的管理者自身的品质有很大关系。

2. 选聘的方式

（1）内部提升

内部提升即从组织内部选聘那些能够胜任的人员来充实组织中的各种空缺职位。内部提升意味着由较低职位提升到较高职位。实行内部提升一般要求在组织中建立详尽的人员工作表现的调查登记资料，以便在需要填补空缺时，即可据此进行研究分析，以找出合适人选。

内部提升的优点包括：①组织对候选人比较了解，因为对机构中的人员有较充实可靠的资料，所以可了解候选人的优缺点，以判断其是否适合做新的工作；②候选人对组织的历史和现状比较了解，能很快胜任工作；③为组织成员的工作变换提供了机会，有助于激励组织成员的进取心和士气；④使组织对组织成员的训练投资得到回收。

其缺点包括：①候选人供应有限，尤其是关键的主管人员，当组织内有大量空缺职位时，往往发生“青黄不接”的情况；②可能造成“近亲繁殖”，因为组织成员习惯了组织内一脉相承的做法，不易带来新的观念，而创新对组织是不可缺少的要素；③可能挫伤组织中没有得到提升的人的积极性。

（2）外部招聘

外部招聘即从组织外部设法得到组织需要的人员，特别是那些起关键性作用的人员。外部招聘可通过广告、就业服务机构、学校、组织成员推荐等途径来进行。它的对象可以是有管理经验的职场人士，即将迈入职场的大中专毕业生，或者是能胜任管理工作的其他各种人员。要使这项工作得以有效实施，应将拟招聘管理岗位的相关信息（职务的性质和要求，工作环境的现状和前景，以及报酬和福利条件等）告知应聘者。

外部招聘的优点包括：①有较广泛的来源来满足组织的需求，并有可能招聘到第一流的人才；②可避免“近亲繁殖”，给组织带来新的理念和方法；③可避免组织内没有提拔到人的情绪受挫；④由于大多数应聘者有一定的经验，可节省在培训上所耗费的大量时间和费用。

其缺点包括：①由于组织不了解应聘者的实际情况，有时会造成很大的失望；②应聘者对组织的历史和现状不了解，需要有一个熟悉的过程；③如果组织中有胜任的人未被选用，则从外部招聘会使他们感到不公平，对自己的前途失去信心。

究竟从内部提升，还是从外部招聘，要根据具体情况来定。一般说来当组织内有能够胜任空缺职位的人时，应先从内部提升；当空缺的职务不很重要，但组织有一个持续发展的既定战略时，应当考虑从内部提升；然而当组织急需某个关键性的主管人员来对其原定的战略进行重大修改，而组织内又无胜任这一重大职务的人员时，就要从外部招聘。不然，如果勉强地提拔内部人员的后果将是不可思议的，因为这样做会使组织处于停顿状态。

在实际工作中，通常采用内部提升与外部招聘相结合的途径，将从外部招聘来的人员先放在较低的职位上，然后根据其表现再进行提升。

（四）管理人员的培训

管理人员的成长是一个渐进的过程，为了使管理人员适应职务晋升的要求和组织发展的需要，组织要特别重视管理人员的培训工作。

1. 管理人员培训的内容

（1）思想教育

思想教育包含世界观教育、价值观教育、道德教育、理想教育以及职业教育等。思想教育的核心在于形成一种内化于管理人员心灵深处的历史使命感、社会责任感，形成一种内在的道德约束或自律。

（2）管理业务知识

丰富的管理业务知识，有助于管理人员深刻理解环境的变化，并做出符合组织利益的决策。这里所讲的管理业务知识是指广义的管理知识。管理学的基本原理，以及与组织业务活动有关的科学技术知识是管理人员必须掌握和精通的。

（3）管理能力和技巧

不同层次管理人员培训的重点是有差异的：基层管理人员培训的重点应是技术培训和管理基本理论与方法的学习；中层管理人员培训的重点是领导艺术和管理技能的提高；高层管理人员培训的重点则应是提高战略分析和规划、决策的能力。

2. 管理人员培训的方法

（1）理论培训

理论培训有助于学员较深地了解有关学科的基本理论及其理论培训，有助于管理人员比较系统或者深入地了解有关学科的基本理论和方法，有助于提高管理人员的理论水平。在组织理论培训时要力求理论联系实际，以提高学员解决实际问题的能力。

（2）职务轮换

职务轮换是使各级管理人员在不同部门的不同管理岗位上轮流工作，以使其全面了解整个组织的不同工作内容，得到各种不同的经验，为其今后在较高层次的职位上工作搞好基础。为了有效地实现职务轮换的目的，要对受训人提出明确的要求，并据此对他们在各部门工作期间的表现严格考核。

（3）提升

包括有计划提升和临时性提升。有计划提升就是管理人员按计划的途径，经过锻炼，由低层提拔到较高层次的管理岗位。这种方法的目的在于重点培养那些看来有发展前途的管理人员；临时性提升是指当某个主管人员因某些原因，例如度假、生病或出差而出现职务空缺时，组织指定某个下级主管人员为代理人。这种提升的原因虽然主要不是为了培训，但对作为代理人的下级主管人员来说，却是一个很好的实践机会。同时，组织亦可借此机会考察其潜能。

（4）在“副职”上培训

这里的“副职”可以是组织的常设职务，也可以是特为培训而设置的临时性职务，一般包括“助理”“秘书”等。在“副职”上接受培训的管理人员有的仅限于观察上级主管如何行事，有的则被授予一定的权限，不仅要让他们看上级主管处理，而且也要适当地放手让他们自己学着去处理一些具体问题，这样才能达到培训的目的。

（5）参观考察

管理人员可参观考察组织内其他的先进部门，也可参观考察组织外的一些先进组织。目的是考察和学习其他部门和组织的先进管理经验和方法。参加这种培训的对象多为具有一定经验的主管人员。由于主管人员已有一定的工作经验，他们在参观和考察过程中，能对其他组织的经验有个正确的评价，能找到那些对自己组织适用的具体做法。

（6）辅导

所谓辅导，就是帮助引导。上级主管在辅导下级管理人员时，要着重培养他们怎样从管理学的基本原理出发，提高他们认识问题、分析问题、解决问题的实际能力，培养他们的管理技巧。特别要注意培养他们的自信心和独立工作的能力，而不只是让他们观察和模仿上级的做法。在辅导中，上下级之间要互相信任。

思政微议

自我训练　不断提升

企业员工因为岗位的设置分工不同，各个部门之间的工作强度、工作标准都会有差异。尤其是对于管理岗位的员工，由于管理幅度大小有差异，工作要求不尽相同。

有些员工平时对于工作懒惰不积极，抵触企业的各种培训活动。相反，还有些员工认为企业为其安排的培训，是难得的福利和机会，平时，也会充分利用闲散时间，通过各种线上、线下的平台培训提升自我，考取职业相关的资格证书，在遇到岗位内部选聘、转岗时，优势凸显，在工作过程中，保持终身学习的习惯，持续不断地进行自我训练，在职场中获得长足的发展动力。

议一议：

平时的学习、生活中，同学们要如何保持自身不断提升呢？可以从哪些方面提升自己？

（五）管理人员的考评

1. 管理人员考评的含义

管理人员的考评是指对管理人员的工作业绩进行考核和评价。管理人员考评是人员配备的一项重要内容，在整个组织的考核体系中处于非常重要的位置，考评的结果会直接影响组织目标的实现。通过对管理人员的考评，可以全面考察一个管理人员的管理能力和管理业绩。

2. 管理人员考评的内容

（1）关于能力的考评

能力考评是指通过考察管理人员在考评期的管理工作，评估他们的管理能力和发展潜力，重点分析他们是否符合现任职务所具备的要求，任职后的素质和能力是否有所提升以及提升的程度，是否能通过晋升来担任组织更重要的职务。

考察管理人员的素质特征或能力水平的概念往往比较抽象，诸如：决策能力、沟通能力、创新精神、正直的作风等。如果在能力考评中只给这些抽象的概念打分，会带来考评者打分的主观性和较大的随意性，与考评工作真实、可靠、客观的要求相悖。

（2）关于绩效的考评

绩效考评是指考核和评估管理人员在考评期内担任某个职务过程中对实现组织目标所做出的贡献，通过评价和对比组织要求某管理职务及其所管辖部门应提供的绩效与该部门的实际绩效。绩效考评可以成为决定管理人员报酬的主要依据。

三、组织文化

（一）组织文化的含义

我们可以对组织文化的含义作如下描述：组织文化是组织在长期发展过程中逐渐培育形成并被组织成员共同遵循的具有本组织特色的价值观念、团体意识、思维模式和行为规范的总和。

（二）组织文化的结构

组织文化在结构上可以划分成 3 个层面，即物质层（表层文化）、制度层（中层文化）和精神层（核心文化）。

1. 物质层的组织文化

物质层的组织文化是组织文化的表层部分，也称之为“文化构件”。它是一种以物质形态存在的可见的组织文化构成单位，既涵盖组织的整个物质和精神的活动过程、组织行为、工作流程、工作语言、做事风格等外在表现形式，也包括组织实体性的文化设备和设施等，如带有本组织特色的生产环境、雕塑、图书馆、俱乐部等。物质层的组织文化是精神层的组织文化和制度层的组织文化的载体。

【企业的精神文化如何体现？（四季沐歌的宣传片）】

2. 制度层的组织文化

制度层的组织文化是组织文化的中间层次，组织的物质文化和组织的精神层文化通过制度层的组织文化融合为一个有机的整体。制度层的组织文化主要是指组织文化中对组织及其成员的行为产生规范性、约束性影响的部分，包括具有组织特色的各种规章制度、道德规范和行为准则，以及组织中分工协作的组织结构。制度层的组织文化集中体现了物质层的组织文化和精神层的组织文化对组织及其成员的要求，是潜层次的精神层组织文化（核心文化）向表层的物质层组织文化转化的中介。

3. 精神层的组织文化

精神层的组织文化是组织在其长期历史发展中形成的组织成员群体心理定式和价值取向，是组织的价值观、道德观即组织哲学的综合体现，它涵盖了所有组织成员共同信守的基本信念、管理哲学、价值标准以及敬业精神和职业道德等。精神层的组织文化是组织价值观的核心，是组织文化的灵魂，因素是维系组织生存与发展的精神支柱。

（三）组织文化的塑造

1. 选择价值标准

由于组织价值观是组织文化的核心，因此选择正确的组织价值标准是塑造组织文化的首要问题。一般来说，选择组织价值标准有两个前提：（1）立足于本组织的具体特点，选择适合自身发展的组织文化模式，否则就不会得到组织成员和社会公众的认同和理解；（2）把握组织价值观与组织文化各要素之间的相互协调关系，组织文化各要素只有经过科学的组合与匹配才能实现整体优化。

在此基础上，选择正确的价值标准要把握以下几点：第一，组织价值标准要准确、明晰、科学，具有鲜明的组织特点；第二，组织价值观和组织文化要体现组织的宗旨、管理战略和发展方向；第三，要充分听取组织成员的意见，审慎提炼出既符合组织特点，又体现组织成员价值取向的组织价值观和文化模式；第四，要切实调查组织成员对组织价值标准的认可、接受程度，使之与组织成员的基本素质相匹配。

2. 强化员工认同

一旦选择和确立了组织价值观和文化模式，就要通过一定的强化方式使其深入人心。具体做法如下：（1）利用一切宣传工具和手段，大张旗鼓地宣传组织文化的内容和要求，使组织成员周知；（2）树立典型人物或英雄人物。要以他们特有的感召力、影响力为组织成员提供可以效仿的榜样，通过典型人物或英雄人物的精神风貌、价值追求、工作态度和具体行为来诠释组织文化的实质和意义；（3）培训教育。有目的的培训教育，能够使组织成员系统接受和强化认同组织所倡导的组织文化。

3. 提炼定格

组织文化经过成员的初步认同后，还需要进一步总结，以提炼定格。具体步骤：（1）精心分析。在经过组织成员初步认同后，及时将反馈回来的意见加以剖析，详细分析实践结果与建设方案的差异，必要时刻结合有关专家和员工的意见；（2）全面归纳。在系统分析的基础上，进行综合整理、归纳、总结和反思，以去粗留精、去伪存真，保留那些具有科学性、先进性同时又能为广大员工所接受的形式与内容；（3）提炼定格。把经过科学论证和实践检验的组织文化予以条理化、完善化、格式化，再加以必要的理论加工和文字处理，用精练的语言提炼出来。

4. 巩固落实

组织文化的巩固落实至少需要两方面的保障：（1）必要的制度保障。在组织文化塑造过程中，想使每个成员都能自觉按照组织文化的标准行事，几乎是不可能的，即使在组织文化已经成熟的组织中，个别成员背离组织文化的行为也时常发生。因此，建立相关的规章制度很有必要；（2）领导的示范作用。组织领导的看法和观点会影响员工，其行为更是一种无声的号召和导向，对广大员工会产生很强的示范作用。因此，领导肩负着带领组织成员塑造组织文化的重任。

5. 丰富发展

任何一种组织文化都是特定历史阶段的产物，与组织发展的历史状况相适应。当组织的内外部条件发生变化，从而使原有的组织文化需要进行适应性变革时，组织文化的适时调整、更新、丰富和发展就成为组织文化塑造的必要之举。

工作任务

请尝试编制完成以下人员绩效考核表

江苏四季沐歌有限公司

人力资源部（部门）　　部长（岗位）　　______（月）绩效考核表

指标类型	考核项	计划值	实际值	指标界定 / 说明	计算公式	权重	闸口部门	数据来源	得分
关键绩效指标（KPI）	销售计划			衡量各类产品整体完成情况	销售计划完成情况 = 实际完成的销售额 / 计划完成的销售额 得分 = 销售实际完成情况 *KPI 权重	10%	财务	SAP 系统	
	关键人才流失率			衡量公司内外部所有主管级及以上人员的流失情况（全年 10%）	人员流失率 = 流失人数 / 平均总人数 *100% 平均总人数 = 期末人数 + 当期流失人员数 实际员工离职率高于 5%，该项无分；2.5%–5% 线性得分	20%	人力资源部	各部门	
	人均销售额			衡量公司的人效情况（全年 030 万 / 人，上下半年 4：6）	人均销售额 300 万 / 人 人均季度销售额 = 季度销售额 / 季度平均在职总人数	20%	财务部	各部门	
	关键人才引进			主管级以上关键人员引进 3 人	招聘计划完成率 = 实际招聘数量 / 计划招聘数量 得分 = 招聘计划完成率 *KPI 权重	25%	行政部	HR 系统	
指标类型	序号	工作内容		目标	完成情况	权重	闸口部门	数据来源	得分
重点工作计划（3–5 项）	1	组织架构及人员编制		签批		10%	战略		
	2	人员调整及人员任命		完成		10%	战略		
	3	各部门激励机制（KPI）调整		完成		5%	战略		
	4								
考核结果等级				□ A　□ B　□ C	考核得分合计				
绩效计划确认签字					**考核结果确认签字**				
本人签字确认：					本人签字确认：				
部门负责人确认：					直接上级和部门负责人建议：				
人力资源部复核：					人力资源部复核：				

（资料来源：此案例资料经江苏四季沐歌有限公司授权共同开发）

第三节　组织的变革

管理纵横

不一样的车棚

四季沐歌集团成立于2000年，专注于清洁能源采暖和热水领域，业务涵盖太阳能、空气能、电热水器、燃气热水器、集成热水机、五金卫浴、智能家居、厨房电器、壁挂炉等全系列热水、采暖产品，并形成了从单机到系统、从城市到乡村、从家庭到商用、从线下到线上的全方位热水、采暖系统解决方案。公司集研发、生产、销售于一体，吸引了大量人才，员工现已突破千人。

2020年，随着员工人数的不断增加，后勤部门的管理难度也随之上升。上下班高峰时期，公司门口拥挤不堪，通行缓慢。为解决问题，安全保卫处集合了大家的建议，进行了类似住宅小区的人（非机动车）车（机动车）分流，让机动车和电动车从不同的位置进入厂区。机动车进入厂区后，都能按事先划设好的车位做到整齐停放。厂区内也有固定的非机动车车棚，但里面的电动车却寥寥无几。骑电动车的员工图方便，总是把电动车骑到自己工作的车间门口，或者办公区楼下。为了管理好厂区内的电动车，管理部门多次发通知，甚至使用过针对厂区内随处停放的处罚，但效果不佳且执行困难。

在多个方法均不奏效的情况下，后勤管理部门进行了深度调查访谈，充分了解了骑电动车上下班的员工的想法。原来，部分员工把车停到离自己工作岗位近的地方，不仅仅是图方便，还因为电动车需要充电以满足下班返程有足够电量到家，才没有把车停放在车棚里。

很快，厂区内就出现了几个漂亮新颖的车棚，流线型的造型美观大方，车棚顶上安装了太阳能光板，可以作集电设备使用。难道车棚带电？果然，在车棚内，有整齐的充电桩，可以满足多台电动车同时充电的需要。骑电动车上下班的员工更愿意将车停在新车棚里，摆放整齐。之前一直困扰大家的电动车管理问题，就这样迎刃而解了。

（资料来源：此案例资料经江苏四季沐歌有限公司授权共同开发）

案例启发

组织的运行过程中，也是问题不断出现的过程。企业在发展，经营范围在加大，员工数量也在不断增加，需要组织适时地进行变革来适应环境因素的变化。

组织在完成了结构设计、人员配备之后，其管理任务并没有结束。因为内外环境随时都在变化，组织必须适时进行变革才能应对未来的挑战。

一、组织变革的含义

组织变革就是组织根据内外环境的变化，及时对组织中的要素及其关系进行调整，以适应组织未来发展的要求。

组织作为一个开放系统，必然会不断地与外界环境进行交换，并随着内外环境的变化而变化；完全静态的组织很难适应内外环境的不断变化，只有不断地进行变革，保持动态平衡的组织才能担负起组织的责任，才是有效的组织。一个有远见的领导者，就是要不断关注组织的环境变化，随时抓住机遇，促进组织的变革。

二、组织变革的动因

推动组织变革的因素可以分为外部环境因素和内部环境因素两个部分。

（一）外部环境因素

外部环境因素主要是：

1. 整个宏观社会经济环境的变化。诸如政治、经济政策的调整，经济体制的改变以及市场需求的变化等等，都会引起组织内部深层次的调整和变革。

2. 科技进步的影响。知识经济社会，科技发展日新月异，新产品、新工艺、新技术、新方法层出不穷，对组织的固有运行机制构成了新的挑战。

3. 资源变化的影响。组织发展所依赖的环境资源对组织具有重要的支持作用，如原材料、资金、能源、人力资源、专利使用权等。组织必须要能克服对环境资源的过度依赖，同时要及时根据资源的变化而顺势变革组织。

4. 竞争观念的改变。基于全球化的市场竞争将会越来越激烈，竞争的方式也将会多种多样，组织若要适应未来竞争的要求，就必须在竞争观念上顺势调整，争得主动，才能在竞争中立于不败之地。

（二）内部环境因素

推动组织变革的内部环境因素主要有：

1. 组织机构适时调整的要求。组织机构的设置必须与组织的阶段性战略目标相一致，组织一旦需要根据环境的变化调控机构，新的组织职能必须得以充分的保障和体现。

2. 保障信息畅通的要求。随着外部不确定因素的增多，组织决策对信息的依赖性增强，为了提高决策的效率，必须通过变革保障信息沟通渠道的畅通。

3. 克服组织低效率的要求。组织长期一贯运行极可能会出现某些低效率现象，其原因既可能是由于机构重叠、权责不明，也有可能是人浮于事、目标分歧。组织只有及时变革才能进一步制止组织效率的下降。

4. 快速决策的要求。决策的形成如果过于缓慢，组织常常会因决策的滞后或执行中的偏差而坐失良机。为了提高决策效率，组织必须通过变革对决策过程中的各个环节进行梳理，以保证决策信息的真实、完整和迅速。

5. 提高组织整体管理水平的要求。组织整体管理水平的高低是竞争力的重要体现。组织在成长的每一个阶段都会出现新的发展矛盾，为了达到新的战略目标，组织必须在人员素质、技术水平、价值观念、人际关系等各个方面都做出进一步的改善和提高。

三、组织变革的目标

（一）使组织更具环境适应性

环境因素具有不可控性，组织要想阻止或控制环境的变化可能只是自己的一厢情愿。组织要想在动荡的环境中生存并得以发展，就必须顺势变革自己的任务目标、组织结构、决策程序、人员配备、管理制度等等，只有如此，组织才能有效地把握各种机会，识别并应对各种威胁，使组织更具环境适应性。

（二）使管理者更具环境适应性

一个组织中，管理者是决策的制定者和组织资源的分配者。在组织变革中，管理者必须要能清醒地认识到自己是否具备足够的决策、组织和领导能力来应对未来的挑战。因此，管理者一方面需要调整过去的领导风格和决策程序，使组织更具灵活性和柔性，另一方面，管理者要能根据环境变化的要求重构层级之间、工作团队之间的各种关系，使组织变革的实施更具针对性和可操作性。

（三）使员工更具环境适应性

组织变革最直接的感受者就是组织的员工。组织如若不能使员工充分认识到变革的重要性，顺势改变员工对变革的观念、态度、行为方式等，就可能无法使组织变革措施得到员工的认同、支持和贯彻执行。需要进一步认识到的是，改变员工的固有观念、态度和行为是一件非常困难的事，组织要使人员更具环境适应性，就必须不断地进行再教育和再培训，决策中要更多地重视员工的参与和授权，要能根据环境的变化改造和更新整个组织文化。

四、组织变革的类型

组织变革具有互动性和系统性，组织中任何一个因素的改变，都会带来其他因素的变化。然而，就某一阶段而言，由于环境情况各不相同，变革的内容和侧重点也有所不同。依据不同的划分标准，组织变革可以有不同的类型。如按照变革的程度与速度不同，可以分为渐进式变革和激进式变革；按照工作的对象不同，可以分为以组织为重点的变革、以人为重点的变革和以技术为重点的变革；按照组织所处的经营环境状况不同，可以分为主动性变革和被动性变革。我们按照组织变革的不同侧重，将其分为以下四种类型；

（一）战略性变革

战略性变革是指组织对其长期发展战略或使命所做的变革。如果组织决定进行业务收缩，就必须考虑如何剥离非关联业务；如果组织决定进行战略扩张就必须考虑购并的对象和方式，以及组织文化重构等问题。

（二）结构性变革

结构性变革是指组织需要根据环境的变化适时对组织的结构进行变革，并重新在组织中进行权力和责任的分配，使组织变得更为柔性灵活、易于合作。结构的变革包括权力关系、协调机制、集权程度、职务与工作再设计等其他结构参数的变化。管理者的任务就是要对如何选择组织设计模式，如何制定工作计划，如何授予权力以及授权程度等一系列行动做出决策。现实中，固化式的结构设计往往不具有可操作性，需要随着环境条件的变化而改变，管理者应该根据实际情况灵活改变其中的某些组成要素。

（三）流程主导性变革

流程主导性变革是指组织紧密围绕其关键目标和核心能力，充分应用现代信息技术对业务流程进行重新构造。这种变革会使组织结构、组织文化、用户服务、质量、成本等各个方面产生重大的改变。它包括对作业流程与方法的重新设计、修正和组合，包括更换机器设备，采用新工艺、新技术和新方法等。

由于产业竞争的加剧和科技的不断创新，管理者应能与当今的信息革命相联系，注重在流程再造中利用最先进的计算机技术进行一系列的技术改造，同时，组织还需要对组织中各个部门或各个层级的工作任务进行重新组合，如工作任务的丰富化、工作范围的扩大化等。

（四）以人为中心的变革

组织发展虽然包括各种变革，但人是最主要的因素，人既可能是推动变革的力量，也可能是反对变革的力量。组织如若不能改变人的观念和态度，组织变革就无从谈起。以人为中心的变革是指组织必须通过对员工的培训、教育等引导，使他们能够在观念、态度和行为方面与组织保持一致。以人为中心的变革的主要任务是组织成员之间在权力和利益等资源方面的重新分配。要想顺利实现这种分配，组织必须注重员工的参与，注重改善人际关系并提高实际沟通的质量。

五、组织变革的过程和程序

（一）组织变革的过程

为使组织变革顺利进行，并能达到预期效果，必须先对组织变革的过程有个全面的认识，然后按照科学的程序组织实施。

组织变革的过程包括解冻——变革——再冻结三个阶段。

1. 解冻阶段

这是改革前的心理准备阶段。一般来讲，成功的变革必须对组织的现状进行解冻，然后通过变革使组织进入一个新阶段，同时对新的变革予以再冻结。组织在解冻期间的中心任务是改变员工原有的观念和态度，组织必须通过积极的引导，激励员工更新观念、接受改革并参与其中。

2. 变革阶段

这是变革过程中的行为转换阶段。进入这一阶段，组织上下已对变革做好了充分的准备，变革措施就此开始。组织要把激发起来的改革热情转化为改革的行为，关键是要能运用一些策略和技巧减少对变革的抵制，进一步调动员工参与变革的积极性，使变革成为全体员工的共同事业。

3. 再冻结阶段

这是变革后的行为强化阶段，其目的是要通过对变革驱动力和约束力的平衡，使新的组织状态保持相对的稳定。由于人们的传统习惯、价值观念、行为模式、心理特征等都是在长期的社会生活中逐渐形成的，并非一次变革所能彻底改变的，因此，改革措施顺利实施后，还应采取种种手段对员工的心理状态、行为规范和行为方式等进行不断地巩固和强化。否则，稍遇挫折，便会反复，使改革的成果无法巩固。

（二）组织变革的程序

组织变革程序可以分为以下几个步骤：

1. 通过组织诊断，发现变革征兆

组织变革的第一步就是要对现有的组织进行全面的诊断。这种诊断必须要有针对性，要通过搜集资料的方式，对组织的职能系统、工作流程系统、决策系统以及内在关系等进行全面的诊断。组织除了要从外部信息中发现对自己有利或不利的因素之外，更主要的是能够从各种内在征兆中找出导致组织或部门绩效差的具体原因，并确立需要进行整改的具体部门和人员。

2. 分析变革因素，制定改革方案

组织诊断任务完成之后，就要对组织变革的具体因素进行分析，如职能设置是否合理、决策中的分权程度如何、员工参与改革的积极性怎样、流程中的业务衔接是否紧密、各管理层级间或职能机构间的关系是否易于协调等等。在此基础上制定几个可行的改革方案，以供选择。

3. 选择正确方案，实施变革计划

制定改革方案的任务完成之后，组织需要选择正确的实施方案，然后制定具体的改革计划并贯彻实施。推进改革的方式有多种，组织在选择具体方案时要充分考虑到改革的深度和难度、改革的影响程度和变革速度以及员工的可接受程度和参与程度等等，做到有计划、有步骤、有控制地进行。当改革出现某些偏差时，要有备用的纠偏措施及时纠正。

4. 评价变革效果，及时进行反馈

组织变革是一个包括众多复杂变量的转换过程，再好的改革计划也不能保证完全取得理想的效果。因此，变革结束之后，管理者必须对改革的结果进行总结和评价，及时反馈新的信息。对于没有取得理想效果的改革措施，应当给予必要的分析和评价，然后再做取舍。

六、组织变革的阻力及其管理

（一）组织变革的阻力

组织变革是一种对现有状况进行改变的努力，任何变革都常常会遇到来自各种变革对象的阻力和反抗。产生这种阻力的原因可能是传统的价值观念和组织惯性，也有一部分来自于对变革不确定后果的担忧，这集中表现为来自个人的阻力和来自团体的阻力两种。

1. 个人阻力

个人的阻力包括：

（1）经济利益造成的阻力。变革从结果上看可能会威胁到某些人的利益，如机构的撤并、管理层级的扁平化等都会给组织成员造成压力和紧张感。过去熟悉的职业环境已经形成，而变革要求人们调整不合理的或落后的知识结构，更新过去的管理观念、工作方式等，这些新要求都可能会使员工面临着失去权力的威胁。

（2）心理因素造成的阻力。变革意味着原有的平衡系统被打破，要求成员调整已经习惯了的工作方式，而且变革意味着要承担一定的风险。对未来不确定性的担忧、对失败风险的惧怕、对绩效差距拉大的恐慌以及对公平竞争环境的担忧，都可能造成人们心理上的倾斜，进而产生心理上的变革阻力。另外，平均主义思想、厌恶风险的保守心理、因循守旧的习惯心理等也都会阻碍或抵制变革。

2. 团体阻力

团体对变革的阻力包括：

（1）组织结构变动产生的阻力。组织结构变革可能会打破过去固有的管理层级和职能机构，并采取新的措施对责权利重新做出调整和安排，这就必然要触及某些团体的利益和权力。如果变革与这些团体的目标不一致，团体就会采取抵制和不合作的态度，以维持原状。

（2）人际关系调整产生的阻力。组织变革意味着组织固有的关系结构的改变，组织成员之间的关系也随之需要调整。非正式团体的存在使得这种新旧关系的调整要有一个较长的过程。在这种新的关系结构未被确立之前，组织成员之间很难磨合一致，一旦发生利益冲突就会对变革的目标和结果产生怀疑和动摇，特别是一部分能力有限的员工将在变革中处于相对不利的地位。随着利益差距的拉大，这些人必然会对组织的变革产生抵触情绪。

（3）组织习惯产生的阻力。在长期的组织工作中，组织本身已形成一种可以维持稳定的内在机制。通过规章制度、职务说明书等，组织事先规定了员工工作时必须遵循的工作内容、规则和程序，规定了员工与员工之间、员工与领导之间、员工与组织之间的运作方式，并通过培训等方式塑造和指导员工，让他们自觉遵守上述规定，表现出特定的行为方式。久而久之组织成员的工作方式已经成为一种工作习惯，彼此之间已经形成了某种默契或契约，一旦实行改革，就意味着会改变员工早已形成的工作关系和工作方式，必然会引起员工的不满。

（4）管理层对变革的重要性认识不够或固守陈旧观念而产生的阻力。组织的任何一项变革都需要得到来自管理层的支持。因为管理层大权在握，能对下级发号施令，他们拥有组织的资源，组织的一举一动都与他们息息相关。如果变革的推动者未能做好管理层的工作，管理层对变革的重要性认识不够，尤其是过去长期很成功的管理者，往往看不到组织环境发生的变化，看不到成功背后酝酿的失败，管理层就不会重视组织变革，认为组织不需要变革，或者固守陈旧观念，不愿意轻易变革时，管理层就会对组织的变革起到较大的阻碍作用。

（二）消除组织变革阻力的管理对策

为了确保组织变革的顺利进行，必须事先针对变革中的种种阻力进行充分的研究，并采取一些具体的管理对策。

1. 客观分析变革的推力和阻力的强弱

库尔特 . 勒温（Kurt.Lewin）曾提出运用力场分析的方法研究变革的阻力。其要点是：把组织中支持变革和反对变革的所有因素分为推力和阻力两种力量，前者发动并维持变革，后者反对和阻碍变革。当两力均衡时，组织维持原状。当推力大于阻力时，变革向前发展，反之变革受到阻碍。管理层应当分析推力和阻力的强弱，采取有效措施，增强支持因素，削弱反对因素，进而推动变革的深入进行。

2. 创新组织文化

冰山理论认为，假如把水面之上的冰山比作组织结构、规章制度、任务技术、生产发展等要素的话，那么，水面之下的冰体便是由组织的价值观体系、组织成员的态度体系、组织行为体系等组成的组织文化。只有创新组织文化并渗透到每个成员的行为之中，才能使露出水面的改革行为变得更为坚定，也才能够使变革具有稳固的发展基础。

3. 创新策略方法和手段

为了避免组织变革中可能会造成的重大失误，使人们坚定变革成功的信心，变革者必须采用比较周密可行的变革方案，并从小范围逐渐延伸扩大，特别是要注意调动管理层变革的积极性，尽可能削减团体对组织变革的抵触情绪，力争使变革的目标与团体的目标相一致，提高员工的参与程度。

总之，无论是个人还是组织都有可能对变革形成阻力，变革成功的关键在于尽可能消除阻碍变革的各种因素，缩小反对变革的力量，使变革的阻力尽可能降低，必要时还应该运用行政的力量保证组织变革的顺利进行。

七、组织变革中的压力与管理

（一）组织变革中的压力

所谓压力是在动态的环境条件下，个人面对种种机遇、规定以及追求的不确定性所造成的一种心理负担。压力既可以带来正面激励效果也可能造成负面影响。一般而言，压力往往与各种规定、对目标的追求相关联，例如组织中的各项规定使每一个人都不能随心所欲，而对工作业绩、奖励和提升的追求又使每一个人产生极大的工作压力。

产生压力的因素可能会有多种，变革中的主要压力因素是组织因素和个人因素两种。

1. 组织因素

组织中的结构变动和员工的工作变动是产生压力的主要因素。如矩阵结构要求员工具有两个上级，从而打破了组织的统一指挥原则，并要求员工具有更强的组织协调能力。同样，工作负担过于沉重或过于枯燥也会产生很大的压力，虽然从事具有挑战性工作的人可能更富有工作的激情，然而，一旦权责不统一或预期不明确，马上就会造成工作压力。另外，过于严厉的管制和规章制度、不负责任的上级、模糊不清的沟通渠道、不愉快的工作环境等都会产生很大的工作压力。

2. 个人因素

组织中的个人因素如家庭成员的去世、个人经济状况的困难、离异、伤病、配偶下岗、借债、法律纠纷等都是产生压力的主要因素。经验表明，员工的人格类型划分有助于组织对个人压力进行识别和调节。组织中往往将人区分为 A 型和 B 型两种人格。A 型人总觉得时间紧迫，富有竞争性，比较没有耐心，做事非常快，很难有空闲时间，因此承受的压力就比较大，也容易通过各种形式表现出来，身体也更容易得病。B 型人则刚好相反，轻松、悠闲、与世无争，性格比较开朗，因此压力也就较轻。

（二）消除组织变革压力的管理对策

并非所有的压力都是不良的，对于员工而言，如何对待因工作要求和组织结构的变革而产生压力是重要的，如何减轻和消除不适的压力则更为重要。

对于组织因素而言，必须从录用员工时就要确定员工潜力的大小，看其能否适应工作的要求。当员工能力不足时，就会产生很大的压力。另外，改善组织沟通也会使沟通不畅所产生的压力减至最小。组织应当建立规范的绩效考核方案，如采取目标管理方法，清楚地划分工作责任并提供清晰的考核标准和反馈路径，以减少各种不确定性。如果压力来自于枯燥的工作或过重的工作负荷，可以考虑重新设计工作内容或降低工作量。

对于个人因素而言，减轻个人的压力会存在两个问题：一是管理者很难直接控制和把握某些因素，如团队建设往往需要人们有更多的自觉意识，而这种意识又很难取得观念上的一致；二是必须考虑到组织文化和道德伦理等因素。员工如若是因缺乏计划和组织观念而产生的压力，组织可以提供帮助予以合理安排，如若是涉及个人隐私方面的问题，则一般很难插手。组织可通过建构强势文化使员工的目标和组织的目标尽可能趋于一致，同时也可以采用一些比较适宜的、能够有效减轻压力的放松技术，如深呼吸、改善营养平衡、做形体操等方法，引导员工减少压力。

随着外部不确定性因素的加大，变革中的压力成本有上升的趋势，如生产效率的不稳定、员工流动率的增加、大量的医疗保健支出等。所以，如何帮助员工克服压力、适应环境，仍然是管理者和组织应当深入探讨的一个重要问题。

工作任务

讨论：xx公司组织变革和组织文化的发展

知识链接

轻松扫一扫——知识点在线测试

本章小结

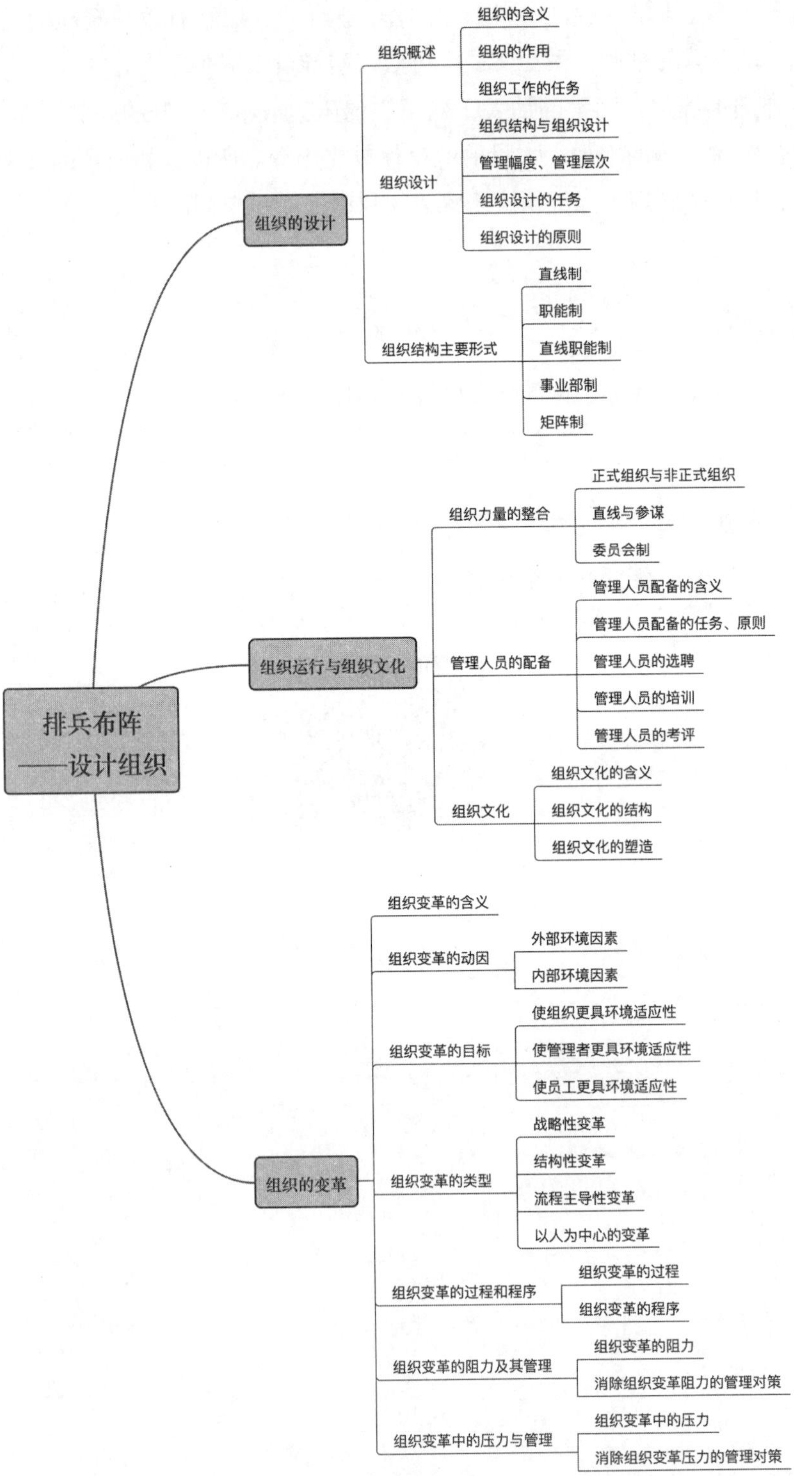
排兵布阵
——设计组织
组织的设计
组织概述
组织的含义
组织的作用
组织工作的任务
组织设计
组织结构与组织设计
管理幅度、管理层次
组织设计的任务
组织设计的原则
组织结构主要形式
直线制
职能制
直线职能制
事业部制
矩阵制
组织运行与组织文化
组织力量的整合
正式组织与非正式组织
直线与参谋
委员会制
管理人员的配备
管理人员配备的含义
管理人员配备的任务、原则
管理人员的选聘
管理人员的培训
管理人员的考评
组织文化
组织文化的含义
组织文化的结构
组织文化的塑造
组织的变革
组织变革的含义
组织变革的动因
外部环境因素
内部环境因素
组织变革的目标
使组织更具环境适应性
使管理者更具环境适应性
使员工更具环境适应性
组织变革的类型
战略性变革
结构性变革
流程主导性变革
以人为中心的变革
组织变革的过程和程序
组织变革的过程
组织变革的程序
组织变革的阻力及其管理
组织变革的阻力
消除组织变革阻力的管理对策
组织变革中的压力与管理
组织变革中的压力
消除组织变革压力的管理对策

技能训练

全班同学分小组选择不同企业进行走访调研，了解近年来该企业的发展状况，结合对市场的分析与调研，并尝试提出组织结构设计或者组织变革建议。

拓展实训

实训项目：企业组织结构设计

实训目的：使同学们结合实际，加深对组织结构的认识与理解。培养同学们运用理论观察和分析实际问题的能力。

实训内容：调查一家企业的相关管理部门人员，了解这家企业的部门设置、结构形式、管理幅度与管理层次，绘制该企业组织机构图并提出你的观点或改进建议。

1. 搜集资料：搜集调研企业目前发展情况资料和行业未来发展趋势等相关资料。

2. 任务分配：小组内成员进行任务分工，发挥每个成员的作用，详细列示分工计划表。

3 线上线下调研：走访企业，线上调研。

4. 小组研讨：小组成员讨论企业现有组织结构是否合理，存在的问题，是否有组织变革的需要，应怎样调整。

实训要求：

1. 每个小组根据所调查企业的情况，绘制出组织结构图一份，并说明该企业的组织结构属于什么类型，有何特点。

2. 以小组为单位，结合所调查企业的组织活动特点、领导能力、员工特点、行业环境等因素分析，评价该企业管理幅度与管理层次是否合理并提出改进建议，形成一份调查访问报告。

模块五
团队激励——协调领导

知识目标

- 了解领导的含义、作用及职能；
- 理解领导的理论及领导艺术；
- 掌握领导激励的原理及运用技巧；
- 掌握领导沟通的原理及运用方法。

能力目标

- 能结合管理情境运用领导艺术；
- 能运用领导理论分析领导的方式和效能；
- 能运用原理进行有效沟通和激励他人。

德育目标

- 树立决策科学、系统战略化领导思维和意识；
- 培养勇于承担责任和德才兼备的领导素养；
- 培养善于选人用人和团队协作创新精神。

第一节 领导理论

管理纵横

AK公司李琦总经理的领导风格

2001年，李琦从某大型国企基层管理岗位中离职。最初的两年，李琦在苏州做了短暂的职业调整，之后进入AK公司就不曾跳槽过。10年的时间他从一名基层业务员成长为AK公司的总经理，从2013年至今，他先后担任AK公司的副总经理和总经理职务，引导AK公司成为行业翘楚。

在他的领导下，AK公司从2007年，连续10年太阳能产销量、销售收入、市场占有率均居全国三甲前三。2015年以后，销售额每年均以10%的速度增长，净利润保持10%以上的增幅。李琦是一个直截了当的人，他处理问题从来都是就事论事，对事不对人。他也曾说过，“我们处理问题的根本目的是为了解决问题，而解决问题的最根本的原则就是要遵循效率效能原则，即只要有利于解决问题就必须立即做出判断，不能瞻前顾后。”这份自信与霸气，源自他的每一个决策，都是从公司利益出发，为了公司的发展经过充分论证后做出的决定。做事果断、不瞻前顾后是李琦的一贯作风，但也因此会招来一些质疑。

李琦在员工管理上非常的“强硬”，他不允许员工犯一些低级的错误，谁犯错被他知道后，就直接点名批评。有一次一名员工翘班，谎称见客户，被他发现后就直接处罚。李琦对于原则性问题十分的重视，后来，李琦又做出一项规定：“上班时间禁止玩电子游戏，被发现第一次罚款50，第二次罚款100，第三次直接开除”，当时有很多人认为只是说说而已，但没想到有一次李琦路过员工工作的地方，发现2名员工在打游戏，离下班还剩下5分钟。李琦毫不犹豫地按照规定执行。

案例启发

李琦在工作中十分重视制度化管理，采取强硬的措施与生俱来的领袖魅力特质加上后天的塑造形成了其独特的领导魅力，使命感、果断而正确的决策、制度化管理及足够影响他人的能力。

领导职能作为连接决策、计划、组织、控制等职能的纽带，其作用主要是通过领导者的领导行为和领导方式来激励他人完成既定目标。

一、领导与领导者内涵

（一）领导的内涵

任何一位从事管理工作的人都会发出“领导是做什么的？”“如何才能成为一名优秀的领导者？”这样的疑问。本书从管理学的定义认为，领导是指在一定的社会组织和群体内，领导者运用其法定权力和自身影响力指挥、带领、引导和鼓励部下为实现目标而努力的过程。这个定义包含三个要素：

领导者必须有下属或者追随者。没有部下的领导者谈不上领导者；

领导者具有影响追随者的能力或力量。这些能力或力量包括由组织赋予领导者的职位和权力，也包括领导者个人所具有的影响力。

领导的目的是通过影响部下来达到组织的目标。领导在带领、引导和鼓舞部下为实现组织目标努力的过程中，要具体发挥指挥、协调和激励三个方面的作用。

也就是说，领导是一个动态的艺术创造过程，该过程有三个要素，即领导者、被领导者和环境。领导行为是由这三个要素所组成的函数，即：

领导 $=f$（领导者，被领导者，环境）

（二）领导者的内涵

领导者是社会群体活动特别是领导活动三要素中的关键要素，他是领导活动过程中的指挥者和组织者。领导作为一个动态的艺术行为过程，是要由一定的人来实现的，致力于实现这一过程的人，必须具备相应的领导权力。

领导权力是指领导者遵循相关的法律法规，运用多种方法与手段，在实现特定目标的过程中，对被领导者做出一定行为与施行一定影响的能力。美国管理学者弗兰奇（French，J.R.P.）和雷文（Raven，B.H.）就将领导权力的类型划分为五种：法定权力、强制权力、奖励权力、专长权力（又称专家权力）、个人影响权力（又称参照权力、典范权力）。其中法定权力、强制权力、奖励权力属于职位权力；专长权力及个人影响权力属于非职位权力。职位权力是一种正式权力，它由组织正式授予领导者，并受组织制度保护。这种权力与特定的个人没有必然联系，它只同职位相联系。非职位权力不是由领导者在组织中的位置产生，它来源于领导者个人魅力，以组织成员发自内心的敬重与服从为基础，不随职位的消失而消失。

1. 法定权力

法定权力是指组织中职位赋予领导的权力，它是其他职位权力的基础。个人由于被任命担任组织中某一职位，因而获得相应的法定权力和权威地位。法定权力的覆盖面广，它会影响到人们对于职位权力的接受和认可，没有法定作为基础，其他职位权力往往都不能够证实。例如组织没有给你任命，虽然告诉你要负责这个部门，但是你的强制性权力和奖励性权力就会大打折扣，所谓名不正、言不顺，没有正式任命，就是这种意思。但拥有法定权的权威，并不等于就是有效的领导者，虽然我们通常把担任各级职位的官员都称为领导。其实这些负责人可能是有效的领导者，也可能不是。有些官员根本没有自愿的追随者，只是凭借手中的权力作威作福而已，这样的人并不是真正的领导者。

2. 强制权力

强制权力是指通过强制性的处罚或剥夺而影响他人的能力。例如批评、罚款、降职、降薪、撤职、除名、辞退、开除、起诉等，或者调离到偏远、劳苦、无权的岗位上去。这实际上是利用人们对惩罚和失去既得利益的恐慌心理而影响和改变他的态度和行为。应当注意，惩罚权虽然十分必要，见效也很快，但毕竟是一种消极性的权力，更不是万能的，因此务必慎用。如果使用不当，可能产生严重的消极后果。例如下属在合法范围内拥有消极怠工、抗议、上访、静坐、游行、示威、罢工等权力，员工可以利用这种合法权利来对领导者的不当行为进行惩罚，甚至引发不应有的暴力事件。

3. 奖励权力

奖励权力是指个人控制着对方所重视的资源而对其施加影响的能力。例如上级在其职权范围内可以决定或影响下级的薪水、晋升、提拔、奖金、表扬或分配有利可图的任务、职位，或给予下属所希望得到的其他物质资源或精神上的安抚、亲近、信任、友谊等，从而有效地影响他人的态度和行为。奖励权力是否有效，关键在于领导者要确切了解对方的真实需要。人们的需要是多方面的，也可能各不相同，不一定都是金钱或官位，所以必须采用适当方式针对性地雪中送炭才能取得良好效果。

4. 专长权力

专长权力又称专家权力，指的是因为人在某一领域所持有的专长而影响他人。一位医术精湛的医生在医院中具有巨大的影响力；一位资深的大牌教授、著名学者可能没有任何行政职位，但在教师和学生中具有巨大的影响力；企业中的一位财务专家、营销专家、工程师等都可能拥有某种专长权力，而在一定领域内发挥巨大的影响。任何领导者绝对不可能在所有领域内具有专长权，也不必要求一定是某一领域的专家。例如大学校长只要具有正确的办学理念，能充分尊重和依靠各领域的专家教授，能筹集到足够的办学经费就行，不一定非要“院士”不可。实践证明，许多管理者在本领域有专长权、有追随者、有无可争辩的权威地位，但面对组织错综复杂的局面往往一筹莫展。这样既耽误了组织发展机遇，又浪费专家的宝贵精力，荒芜了专长业务的长进，给组织和个人都带来无可挽回的损失。

5. 个人影响权

个人影响权又称参照权、典范权力，它是由于领导者拥有吸引别人的个性、品德、作风而引起人们的认同、赞赏、钦佩、羡慕而自愿地追随和服从他。例如无私工作、刚正不阿、主持正义、清正廉洁、思路敏捷、开拓创新、不畏艰险、有魄力、关心群众疾苦、保护下属利益、倾听不同意见、结交下层朋友等模范行为，都会引来大批追随者，形成巨大的模范权力。个人影响权的大小与职位高低无关，只取决于个人的行为。不过具有高职位的人，其模范行为会有一种放大的乘数效应。一些行为对普通人来说可能是很平常的事，但对某些高层领导者就会变成非常感人的模范行为，产生巨大的个人影响权。但是任何组织中，总是有许多没有任何职位的人，也往往会有巨大的个人影响权，成为非正式的群众领袖，他们对人们的影响力可能远远大于拥有正式职位的领导者。对组织有利的做法是后者应对前者有更多的尊重和争取更好的合作。

具备领导权力并不一定就具备领导影响力。领导的影响力与权威的关系可喻为根与叶的关系，根深叶茂，根浅叶少。职权是实际影响与指挥他人或集体的一种力量，往往是通过强制手段而产生影响作用的。如果滥用职权，即使有权也无“威”。所以说，有职权的领导未必都有权威。职权与权威两者相辅相成，相互促进。一般而言，领导的权威主要来自于领导者的个人素质。领导者的地位、技术、能力以及领导艺术是下属接受和信任领导权威的基础；领导者的态度、指示和建议正确与否，决定着下属接受和信任领导权威的基础；领导体制不顺，权责不清，素质不高，是影响领导权威的重要因素。也就是说，领导权威与其地位、才智、能力相称，领导者个人的德、能、智、资、绩与领导的职权有效结合起来，就会有力地提高权威。组织中的各级领导者只有正确地理解领导权力的来源，精心地营造和运用这些权力，才能成为真正有效的领导者。

（三）领导集体的构成

现代企业的生产经营活动异常复杂，如果单靠一个人的聪明才智，很难有效地组织和指挥企业的生产经营活动。因此组建一个领导班子，不仅能使每个成员各尽其才，做好自己的工作，而且要通过有效地组合发挥巨大的集体力量。领导班子的结构一般包括年龄结构、知识结构、能力结构、专业结构等。

1. 年龄结构

不同年龄的人具有不同的智力、不同的经验，因此，寻求领导班子成员的最佳年龄是非常重要的。领导班子应该是老、中、青三结合，向年轻化的趋势发展。现代社会处于高度发展之中，知识更新的速度越来越快。尽管随着年龄的增长，也会增加知识数量的积累，但吸收新知识的优势无疑属于中青年人，人的知识水平的提高与年龄的增长，没有必然的联系。现代生理科学和心理科学研究表明，一个人的年龄与智力有一定的定量关系。在智力诸因素中，中青年占有明显的优势。人的经验与年龄一般呈正向关系，年老的人经验往往比较丰富。因此，领导班子中老、中、青结合有利于发挥各自的优势。领导班子的年轻化，是现代社会的客观要求，是组织现代化大生产的需要。但年轻化绝不是青年化，不是说领导班子中成员的年龄越小越好，而是指一个领导集体中应有一个合理的老、中、青比例，有一个与管理层次相适应的平均年龄界限。在不同管理阶层中，对年龄的要求和对年轻化的程度应有所不同。

2. 知识结构

知识结构是指领导班子中不同成员的知识水平构成。领导班子成员都应具有较高的知识水平。没有较高的文化知识素养，就胜任不了管理现代化企业的要求。在现代企业中大量的先进科学技术被采用，在复杂多变的经营环境中，为了使企业获得生存，求得发展，企业领导人员必须具备广博的知识。随着我国社会经济的发展，职工的文化水准在不断提高，各类组织的各级领导都在向知识型转变。但是，盲目追求高学位的做法至少在行政、企业等非学术性组织中是绝对不可取的。

3. 能力结构

领导的效能不仅与领导者的知识有关，而且与他运用知识的能力有密切的关系。这种运用知识的能力对于管理好一个企业是非常重要的。能力是一个内容十分广泛的概念，它包括决策能力、判断能力、分析能力、指挥能力、组织能力、协调能力等。每个人的能力是不相同的，有的人善于思考分析问题，提出好的建议与意见，但不善于组织工作，有的人善于组织工作，但分析问题的能力较差等。因此，企业领导班子中应包括不同能力类型的人物，既要有思想家，又要有组织家，还要有实干家，这样才能形成最优的能力结构，在企业管理中充分发挥作用。

4. 专业结构

专业结构是指在领导班子中各位成员的配备应由各种专门的人才组成，形成一个合理的专业结构，从总体上强化这个班子的专业力量。在现代企业里，科学技术是提高生产经营成果的主要手段。因此，领导干部的专业化是搞好现代企业经营的客观要求。

以上所述的领导班子的结构仅是主要的方面。此外，还有其他一些结构如性格结构、党派结构、地区结构、种族结构、性别结构等也是需要注意的。按照这些要求形成的领导集体将是一个结构优化、富有效率的集体。

【领导权力从哪来？（视频）】

二、领导方式与领导理论

（一）领导方式

仅有良好的领导素质还不足以保证领导者的工作效率。要充分利用这些素质，进行有效的领导，领导者还必须选择恰当的领导方式。领导方式大体上有三种类型：专权型领导、民主型领导和放任型领导。

1. 专权型领导

专权型领导是指领导者个人决定一切，布置下属执行。这种领导者要求下属绝对服从，并认为决策是自己一个人的事情。

2. 民主型领导

民主型领导是指领导者发动下属讨论，共同商量，集思广益，然后决策，要求上下融洽，合作一致地工作。

3. 放任型领导

放任型领导是指领导者撒手不管，下属愿意怎样做就怎样做，完全自由。他的职责仅仅是为下属提供信息并与企业外部进行联系，以此有利于下属的工作。

领导方式的这三种基本类型各具特色，也各适用于不同的环境。领导者要根据所处的管理层次、所担负的工作的性质以及下属的特点，在不同时空处理不同问题时针对不同下属，选择合适的领导方式。

（二）领导理论

1. 领导特质理论

领导特质理论研究重点在领导者和被领导者，有效的领导者与无效的领导者在素质方面的差异，致力于找出领导过程中高度相似的特质。一般认为，有效的领导者具有以下共同特质：

（1）努力进取，渴望成功

领导者具有崇高的抱负和志向，并能为之付出全部精神，进行持之以恒的不懈努力，正是这种坚强的意志和毅力，使他们到达成功的顶峰。

（2）强烈的权力欲望

领导者具有强烈的领导欲望。遇事都勤于思考，常常会提出与众不同的见解，并总想用自己的见解和理论去影响他人。试图赢得他人的信任、尊重和对理想的认同。从而争取得到更多的追随者。

（3）正直诚信，言行一致

这是人类社会普遍推崇的价值观，只有具有这种特性的人才能取得他人的信任。尽管一些想成为领导者的人在这方面还有距离。但他们一定会不遗余力地完善自己，尽量给人们展示自己公正直率、诚实可信、言行一致的形象，因为只有这样人们才愿意追随他。

（4）充满自信

领导者不怕任何困难、挫折、勇于面对巨大的挑战。对自己追求的事业永远充满自信，并且善于把这种自信传递给他人，使群体产生一种勇往直前的力量。

（5）追求知识和信息

领导者对新事物充满敏感和兴趣，尽一切可能坚持不懈地去获取有关的知识和有用的信息，努力使自己拥有更多的专长权，在相关领域中使自己拥有更多的发言权，从而获得更多的追随者，或者使追随者更加理性和坚定。

2. 连续统一体理论

连续统一体理论是美国学者坦南鲍姆（R.Tannenbaum）和施密特（Warren H. Schmidt）提出的领导模式，其主要内容是：领导方式是多种多样的，从专权型到放任型，存在着多种过渡类型。一个好的领导方式取决于领导者和被领导者所处的环境、任务的性质、职权的关系和团体的动力等。所以，领导方式决策的基本变量是领导运用职权的程度与留给下属享有的自由度之间的比例。领导行为在连续统一体理论中被列为一个连续的图谱，从独断型到放任型，共分为七个等级，根据领导特点的不同有不同的领导方式，如图 5.1 所示。

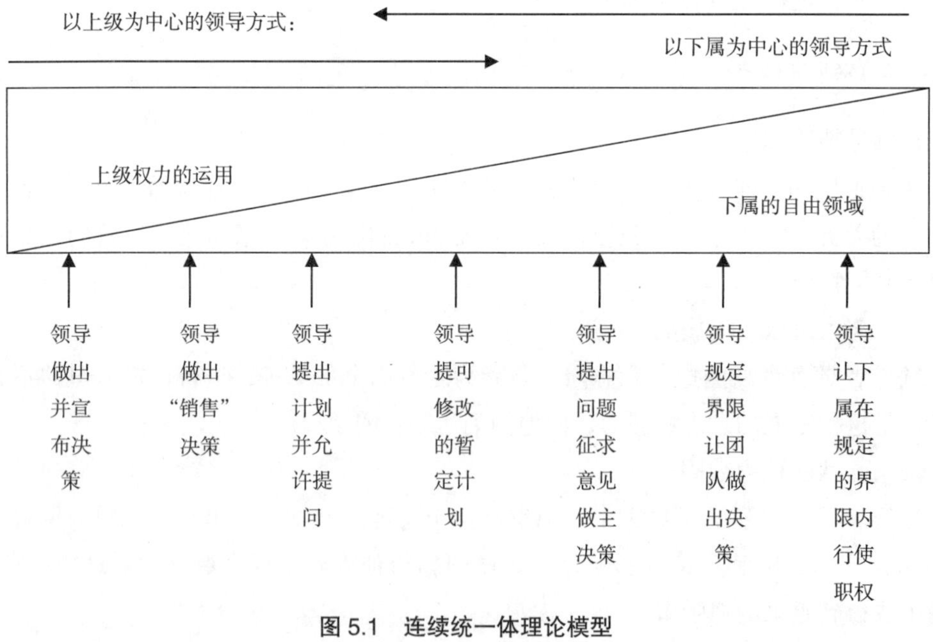

图 5.1　连续统一体理论模型

从连续统一体理论提供的频谱中选择领导方式，必须运用权变的观点，结合具体情况，审时度势，选择具体的领导方式。当需要果断指挥时，他善于指挥；当需要职工参与决策时，他亦能提供这种可能。

3. 管理方格论

管理方格理论是美国得克萨斯大学的布莱克（Robert R.Blake）和穆顿（Jane S.Mouton）提出的。这一理论用一张方格图来表示，在这张图上，横轴表示领导对生产的关心，即生产维度，纵轴表示领导者对人的关系，即关怀维度。在这种领导理论中，首先对领导绩效按照生产维度和关怀维度进行评估，给出等级分值。然后以此为基础，把分值标注在两个维度坐标界面，并在这两个维度坐标轴上分别划出9个等级，从而生成81种不同的领导类型，如图5.2所示。

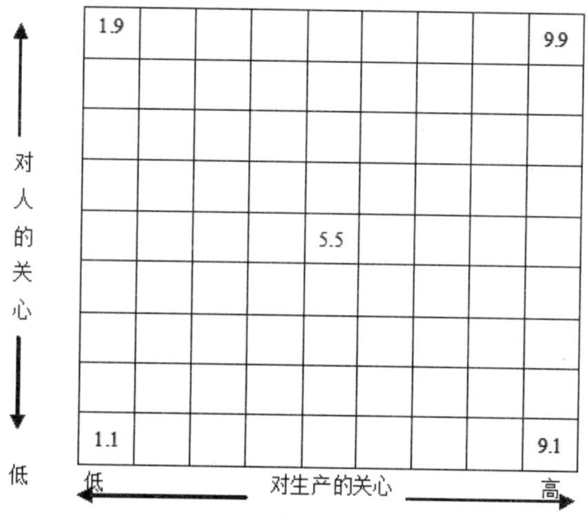

图 5.2　管理方格示意图

尽管在管理方格中存在81种类型，但布莱克和莫顿主要阐述了五种最具代表性的类型。

（1.9）型，又称为乡村俱乐部型管理，表示领导者只注重支持和关怀下属而不关心任务和效率；

（1.1）型，又称为贫乏型管理，表示领导者不愿努力工作，对工作绩效和对人员的关心都很少，很难维持组织成员的关系，也很难有良好的工作绩效；

（5.5）型，又称为中庸之道型管理，表示领导者维持足够的任务效率和令人满意的士气；

（9.1）型，又称为任务型管理，表示领导者只重视任务效果而不重视下属的发展和士气；

（9.9）型，又称为团队型管理，表示领导者通过协调和综合工作相关活动而提高任务效率与士气。

从这些发现中，布莱克和莫顿得出结论：(9.9）方式的管理者工作是最佳的领导方式。在这种领导方式下，职工都能运用智慧和创造力进行工作，关系和谐，出色地完成任务。显然，作为一个领导者，既要发扬民主，又要善于集中；既要关心企业任务的完成，又要关心职工的正当利益。只有这样，才能使领导工作卓有成效。

同步案例

这个老员工该不该处理？

作为四季沐歌集团副总裁、合伙人——徐国栋在工作中始终坚持将工作目标和员工关系管理协调统一起来，既通过严格执行制度来促进工作目标达成，又通过人性化管理，营造良好的员工关系。

9月6日上午，人力资源总监王云飞向徐总汇报，有一名老员工违反了工作制度，上班时间酗酒闹事，打伤部门主管，同时还经常迟到早退。按照公司管理规定，应当给予开除处理。但通过调查了解，这名老员工前不久，父亲刚刚去世，母亲积劳成疾，卧床不起，需要人照顾。妻子也经常因为照顾母亲的事情与他吵架，种种情况导致他痛苦难耐，经常借酒消愁，结果误了上班，还伤害了指责他的部门主管。左边是制度，右边是人情，王总监左右为难，不知如何处理。

徐总在听完情况后略微思索说道，制度是公司的最低标准，所有人必须遵守。但是如果我们所有事情都按照制度执行，我们这个企业就缺少了些人情味。我们要时刻谨记，我们都有“将枪口抬高一厘米的权利”。王总监豁然开朗，满心舒畅地离开了徐总的办公室。

王总监找到了这名老员工：“你家里的情况我很清楚，我已经向公司‘家基金’提出申请，为你捐助10万元，帮助你的母亲渡过难关。这是我市著名的脑科专家，会为你的母亲提供一对一的诊疗服务。同时，我已经把你的资料发给了我市刚刚引入的500强企业，他们的HR总监对你非常感兴趣，相信你在那里一定能更好地发展与成长。最后，根据公司规定，我们只能在这时和你说再见，也希望你能理解。”

不久后，在四季沐歌开放日上，这位老员工作为嘉宾，再一次回到四季沐歌的大家庭。如今，他已经是500强企业华北片区的总经理。会上，他感慨地说：感谢四季沐歌，他不仅培养了我专业的业务技能，也教会了我成为一名大写的“人”——勇于担责，不惧挑战，克己复礼，知行合一。

（资料来源：此案例资料经江苏四季沐歌有限公司授权共同开发）

想一想：

1. 你认为徐总的领导方式属于哪一种类型？

2. 开除这名员工对其自身的价值是什么？

3. 如果是你，还会有更有效的处理方式吗？

4. 权变理论

权变理论认为不存在一种“普适”的领导方式，领导工作强烈地受到领导者所处的客观环境的影响。换句话说，领导和领导者是某种既定环境的产物。环境主要指工作特性、组织特征、社会状况、文化影响、心理因素等等。工作是具有创造性还是简单重复，组织的规章制度是比较严密还是宽松，社会时尚是倾大胆人图艺术向于追随服从还是推崇个性等，都会对领导方式产生强烈的影响。

美国学者费雷德·菲德勒（Fred E.Fiedler）的领导权变理论是比较具有代表性的一种权变理论。该理论认为各种领导方式都可能在一定的环境内有效，这种环境是多种外部和内部因素的综合作用体。菲德勒将领导环境具体化为三个方面，即职位权力、任务结构和上下级关系。所谓职位权力是指领导者所处的职位具有的权威和权力的大小，或者说领导的法定权、强制权、奖励权的大小。权力越大，群体成员遵从指导的程度越高，领导环境也就越好。任务结构是指任务的明确程度和部下对这些任务的负责程度。这些任务越明确，并且部下责任心越强，则领导环境越好。上下级关系是指群众和下属乐于追随的程度。下级对上级越尊重，并且乐于追随，则上下级关系越好，领导环境也越好。反之，则越差。

为测量领导者风格，费德勒设计出一种问卷（Least-preferred co-worker questionnaire，LPC）。该问卷的主要内容是询问领导者对最难合作的同事的评价。如果领导者对这种同事的评价大多用敌意的词语，则该种领导趋向于工作任务型的领导方式（低 LPC 型）；如果评价大多用善意的词语，则该种领导趋向于人际关系型的领导方式（高 LPC 型）。如表 5.1 所示。

费德勒认为环境的好坏对领导的目标有重大影响。对低 LPC 型领导来说，他比较重视工作任务的完成。如果环境较差，他将首先保证完成任务；当环境较好时，任务能够确保完成，他的目标将是搞好人际关系。对高 LPC 型领导来说，他比较重视人际关系。如果环境较差，他将把人际关系放在首位；如果环境较好时，人际关系也比较融洽，他将追求完成工作任务。费德勒对 1200 个团体进行抽样调查，得出以下结论（见图 5.3）：领导环境决定领导方式。在环境较好的Ⅰ、Ⅱ、Ⅲ和环境较差的Ⅶ、Ⅷ情况下，采用低 LPC 领导方式，即工作任务型的领导方式比较有效。在环境中等的Ⅳ、Ⅴ和Ⅵ情况下，采用高 LPC 领导方式，即人际关系型的领导方式比较有效。

表 5.1　　　　费德勒的 LPC 问卷

快　乐——	8	7	6	5	4	3	2	1	——不快乐
友　善——	8	7	6	5	4	3	2	1	——不友善
拒　绝——	1	2	3	4	5	6	7	8	——接　纳
有　益——	8	7	6	5	4	3	2	1	——无　益
不热情——	1	2	3	4	5	6	7	8	——热　情
紧　张——	1	2	3	4	5	6	7	8	——轻　松
疏　远——	1	2	3	4	5	6	7	8	——亲　密
冷　漠——	1	2	3	4	5	6	7	8	——热　心
合　作——	8	7	6	5	4	3	2	1	——不合作
助　人——	8	7	6	5	4	3	2	1	——敌　意
无　聊——	1	2	3	4	5	6	7	8	——有　趣
好　争——	1	2	3	4	5	6	7	8	——融　洽
自　信——	8	7	6	5	4	3	2	1	——犹　豫
高　效——	8	7	6	5	4	3	2	1	——低　效
郁　闷——	1	2	3	4	5	6	7	8	——开　朗
开　放——	8	7	6	5	4	3	2	1	——防　备

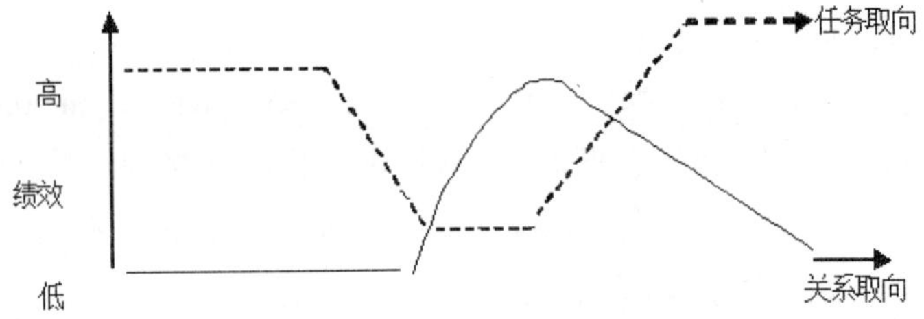

	好			中			差	
类型	Ⅰ	Ⅱ	Ⅲ	Ⅳ	Ⅴ	Ⅵ	Ⅶ	Ⅷ
上下级关系	好	好	好	好	差	差	差	差
任务结构	明确	明确	不明确	不明确	明确	明确	不明确	不明确
职位权力	强	弱	强	弱	强	弱	强	弱

图 5.3　费德勒的权变领导模型

三、领导艺术与运用

领导活动的环境复杂、多变，这要求领导者不仅要掌握科学的方法，而且要懂得正确、科学地运用领导艺术。所谓领导艺术指的便是领导者在履行领导职责的各种活动中表现出来的具有创造性的技能和技巧。

（一）授权的艺术

领导的事包括决策、用人、指挥、协调和激励。这些都是大事，是领导者应该做的，但不应都由最高领导人来做。作为领导，应该分清轻重缓急，主次先后。分别授权让每一级去管本级应管的事。领导者必须明白，凡是下属可以做的事，都应授权让他们去做，领导者只应做领导应干的事。

授权是指领导者将自己职权范围内的一定权力给予自己的直接下属，并加以协调、控制、激励、检查、督促、评价，使被授权的组织或个人在已明确的职权范围内，充分发挥各自的积极性、主动性和创造性。授权是现代领导活动的重要组成部分，也是作为领导者要掌握的领导艺术。领导者合理授权的艺术如下：

1. 正确认识授权

领导者在授权时，一定要正确认识有关授权的一系列问题，如授权与控权，授权与弃权，集权与分权，授权的程度等，以避免不授权和盲目授权。松下幸之助说过：一位称职的管理者应该“只做自己该做的事，不做部下该做的事”。

2. 因事择人，视能授权

领导者在授权时要从工作任务出发，以被授权者的品德好坏、才能大小、知识水平高低为依据。授权前，应对被授权者进行严密的考察，力求将权力和责任授给最合适的人。凡被授权者，都应当受过专门的训练，有资格、有能力完成所授予的工作。决不能不顾工作需要，或超越下属能力和水平所能承担的限度，把授权当成对下属的一种奖励，要防止大材小用，小才大用，有才不用和无才宠用。必须要知人善任，做到量才任职，视能授权，以充分发挥下属潜能。

（二）用人的艺术

用人的艺术是指领导者科学合理地使用人才，以做到人事相宜，相得益彰。

1. 知人善任

知人善任，包括知人与善任两个相互联系的层面。知人就是要了解人，善任就是要用好人；知人是善任的前提，善任是知人的目的；通过知人以达到善任，又在善任中进一步知人识人。能否真正做到知人善任，既是对一个单位领导者品行修养与领导能力的检验，也直接关系到一个组织事业的兴衰成败。欲知人必做到“五不”，即：不以好恶而取才；不以妒谤而毁才；不以卑微而轻才；不以恭顺而选才；不以小过而舍才。能善任要做到“五坚持”即：坚持德才兼备；坚持重用人才：坚持用人所长；坚持注重实绩；坚持明责授权。

2. 敢用强人

领导者若想使组织充满生机活力，必须选贤任能，雇请一流人才，而不能武大郎开店，害怕对方超过自己。用一流的人才才能造就一流的组织。敢用比自己强的能人不仅是一个肚量问题，也是一个信心与能力的问题。那些生怕下级比自己强，怕别人超过自己，并采取一切手段压制别人、抬高自己的人，永远不会成为有效的领导者。

3. 方圆并存

领导者用人需讲究方圆之术，刚柔相济。“方”指用人的原则性，包括用人的规范和范围；“圆”指用人的灵活性，包括用人的技巧和策略。前者是用人的内在要求，后者是用人的艺术形式。领导者用人的方圆艺术即原则性与灵活性的刚柔相济。过于求“方”，可能有“迂腐”之嫌，会导致下级敬而远之；过于求“圆”，则会有“圆滑”之嫌。领导者用人的方圆之术，首先是先圆后方，着眼于人际沟通，着力于调查研究，增进相互了解，逐步在领导活动中扩大用人权，由圆而方。其次是人方我圆，充分调动下属的积极性，领导适当介入，着重从旁观察、支持和制约，并不断地探索，不断地总结经验。再次是上圆下方，即领导者用人即要考虑上级的要求和意图，不能完全自行其是，也应坚持原则，排除各种制约因素，只要自己认准了，就应当坚持到底，而不应畏缩不前。

（三）时间的艺术

领导者科学运用自己的时间是提高工作效率的关键。根据有关研究，时间在领导工作中的分布是极不均匀的，占领导工作数量 80% 的重要工作，只需占用领导 20% 的工作时间，领导者应把有限的时间用在自己应该做的领导工作上。为了真正成为时间的主人，在时间管理上应注意：制定时间计划表，有计划地使用时间；集中分散时间，减少时间的浪费；充分利用现代工具，提高工作效率；善于利用科学的方法，合理运筹时间。具体步骤如下：

1. 列出未来一段时间内所有任务的清单。

2. 将这些任务排除优先顺序，可把各项活动按其重要性和紧迫性排序。首先要做最重要、最紧迫的事，不紧迫的事有时间再做，不重要的事情可授权他人去做。

3. 按工作时间安排开展工作，尽可能地按时完成，若不能按时完成，则要重新评价其重要性和紧迫性，修改工作表。

4. 遵守生物钟，掌握自己的效率周期，把最重要的事情放在效率最高的时段去做，把不太重要的事集中在生物钟低谷时一起处理，如处理信件、接待下属、回答问题等。

5. 根据帕金森定律（即只要还有时间，工作就会不断地扩展，直到用完所有的时间），不要给一项任务安排太多的时间。

6. 用较多的时间处理最重要的问题，因为解决了最重要的问题才会使工作有较大的起色，不要使自己整天忙于琐碎的日常事务中。

工作任务

以小组为单位，收集你身边的几种领导方式人物并说明各自特点。

第二节 领导激励

领导激励的实质，就是如何有效地调动下属的积极性、主动性和创造性。领导的激励功能就是要研究如何根据人的行为规律来提高部下的积极性。

一、激励的内涵

美国管理学家贝雷尔森（Bernard Berelson）和斯坦尼尔（Gray Steiner）给激励下了如下的定义："一切内心要争取的条件、希望、愿望、动力等都构成了对人的激励。……它是人类活动的一种内心状态。"心理学家一般认为，人的一切行动都是由某种动机引起的。动机是人类的一种精神状态，它对人的行动起激发、推动、加强的作用，因此被称之为激励。从管理的角度理解，激励就是管理者运用各种管理手段，刺激被管理者的需要，激发其动机，引导并促进被管理者产生有利于管理目标行为的过程。可以从三个方面来理解激励这一概念。

（一）激励是一个过程

人的行为都是在某种动机的推动下完成的。对人行为的激励，实质上就是通过利用能满足人需要的诱因条件，激发行为动机，从而推动人采取相应的行为，以实现目标，然后再根据人们新的需要设置诱因，如此循环往复。

（二）激励过程受内外因素的制约

各种管理措施，应与被激励者的需要、理想、价值观和责任感等内在的因素相吻合，才能产生较强的影响力，从而激发和强化工作动机，否则不会产生激励作用。

（三）激励具有时效性

每一种激励手段的作用都有一定的时间限度，超过时限就会失效。因此，激励不能一劳永逸，需要持续进行。

二、激励的模式

激励过程就是一个由需要开始到需要得到满足为止的连锁反应。当人产生需要而未得到满足时，会产生一种紧张不安的心理状态，当遇到能够满足需要的目标时，这种紧张不安的心理就转化为动机，并在动机的驱动下导致向目标努力的某种行为。行为的结果可能使需要得到满足，即目标达成，紧张不安的心理状态就会消除。但随后，又会产生新的需求，引起新的动机和行为；行为的结果也可能是遭受到挫折，追求的需要未得到满足，由此而产生消极的或积极的行为。这就是激励过程。这个过程如图 5.4 所示。

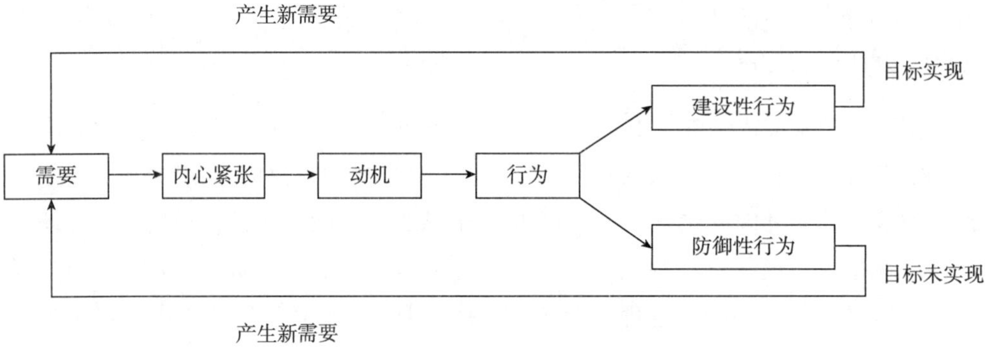

图 5.4　激励的过程模型

三、激励理论

根据激励模式，我们可以知道领导激励就是通过影响职工个人需要的实现来提高他们的积极性，引导他们在组织活动中的行为。因此，激励理论的研究大多围绕人的需要实现及其特点的识别、如何根据需要类型和特点的不同来影响他们的行为而展开。

（一）内容型激励理论

内容型激励理论是着重研究需要的内容和结构及其如何推动人们行为的理论。其中有代表性的理论有：需要层次理论、双因素理论等。

1. 需要层次理论

需要层次理论由美国心理学家亚伯拉罕・马斯洛于 1943 年在《人类激励理论》论文中提出。书中将人类需求像阶梯一样从低到高按层次分为五种，分别是：生理需求、安全需求、社交需求、尊重需求和自我实现需求。其中，生理需要指人类生存最基本的需要，如食物、水、住房、医药等。这是动力最强大的需要，如果这些需要得不到满足，人类就无法生存，也就谈不上其他的需要。安全的需要是指不受身体危害以及不受失业、财产、食物或居住损害的恐惧的需要，包括劳动安全、职业安全、生活稳定、劳动保险、老有所养、免于灾难、未来保障等。社交的需要包括友谊、爱情、归属、信任与接纳的需要。人们一般都愿意与他人进行社会交往，想和同事们保持良好的关系，希望给予和得到友爱，希望成为某个团体的成员等等。这一层次的需要得不到满足，可能会影响人的精神上的健康。尊重的需要包括自尊和受到别人尊重两方面，前者是对地位、成就、权威、面向世界的自信心、独立和自由的渴望，后者来自别人的尊重、赏识、注意或欣赏等名誉和声望的渴望。这一层次的需要一旦得到满足，必然信心倍增，否则就会产生自卑感。自我实现的需要是需要层次中最高层次的需要，指个人成长与发展，发挥自身潜能、实现理想的需要。也就是说人们希望完成与自己能力相称的工作，使自己的潜能能够充分发挥。该理论有两个基本论点：

（1）人是有需要的动物，其需要取决于它已经得到了什么，还缺少什么，只有尚未满足的需要能够影响行为。换言之，已经得到满足的需要不再能起到激励作用。

（2）人的需要都有轻重层次，某一层需要得到满足之后，另一层需要才出现。

马斯洛认为，在特定点时刻，人的一切需要如果都未能得到满足，那么满足最主要的需要就比满足其他需要更迫切。只有排在前面的那些需要得到了满足，才能产生更高一级的需要。而且只有当前面的需要得到充分满足后，后面的需要才能显出其激励作用。根据马斯洛的观点，五种需要的高低层次的排列如图 5.5 所示。

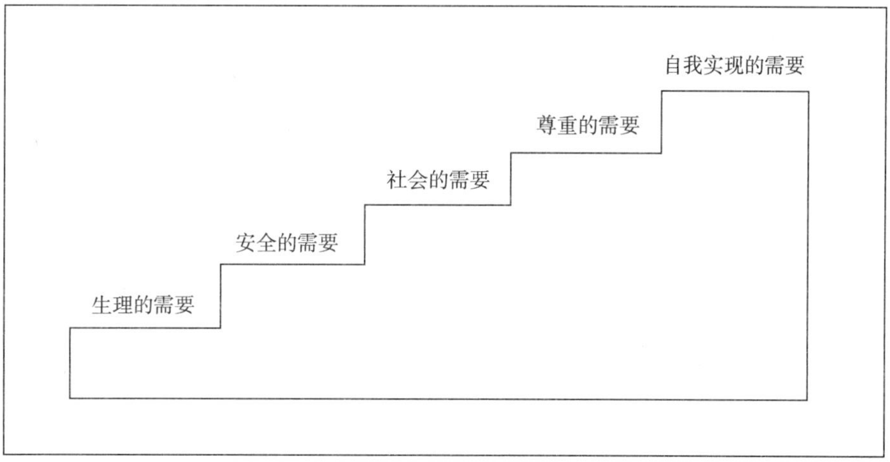

图 5.5　马斯洛的需求层次理论示意图

在管理实践中要正确认识被管理者需要的层次性。片面看待下属的需要是不正确的，应进行科学分析并区别对待。要结合本组织的特点，同被管理者的各层次需要联系起来，经过科学分析，找出被管理者需要及其差别。然后，有针对性地满足被管理者的需要，才能取得良好的激励效果。见表 5.2 所示。

表 5.2　　需要层次在企业中的应用

需要层次	激励因素（追求的目标）	应用
生理需要	工资和奖金、各种福利和工作环境	较高的薪金、舒适的工作环境、合理的工作时间、住房和福利设施、医疗保险等
安全需要	职业保障、意外事故的防止	雇佣保证、退休养老金制度、意外保险制度、安全生产制度、危险工种营养福利制度
社交需要	友谊、团体的接纳、组织的认同	建立和谐的工作团队、建立协商和对话制度、互助金制度、联谊小组、教育培养制度
尊重需要	名誉和地位、权力和责任	人事考核制度、晋升制度、表彰制度、责任制度、授权制度、选拔进修制度、参与制度
自我实现需要	能发挥个人特长的环境、具有挑战性的工作	决策参与制度、提案制度、破格晋升制度、目标管理、革新小组

2. 双因素理论

双因素理论是美国心理学家赫茨伯格于 1959 年提出来的，全名叫“激励—保健因素理论”。赫茨伯格通过在匹兹堡地区 11 个工商业机构对 200 多位工程师、会计师调查征询，他发现，受访人员举出的不满的项目，大都同他们的工作环境有关，而感到满意的因素，则一般都与工作本身有关。据此，他提出了双因素理论。

（1）双因素理论的基本内容。传统理论认为，满意的对立面是不满意，而据双因素理论，满意的对立面是没有满意，不满意的对立面是没有不满意。因此，影响职工工作积极性的因素可分为两类：保健因素和激励因素。见表 5.3 所示。

所谓保健因素，就是那些得不到就会造成职工不满的因素，这类因素的改善能够解除职工的不满，但不能使职工感到满意并激发起职工的积极性。它们主要是指公司政策、行为管理和监督方式、工作条件、人际关系、地位、安全和生活条件等。一般与工作环境和工作条件有关。

所谓激励因素，就是那些得到就会使职工感到满意的因素，唯有这类因素的改善才能让职工感到满意，给职工以较高的激励，调动积极性，提高劳动生产效率。它们主要是指工作富有成就感、工作成绩能得到认可、工作本身具有挑战性、负有较大的责任、在职业上能得到发展等等。一般与工作内容和工作本身有关。

表 5.3　　保健因素与激励因素

保健因素	激励因素
金钱	工作本身
监督	赏识
地位	进步
安全	成长的可能性
工作环境	责任
政策与行动、人际关系	成就

（2）在管理实践中的应用。善于区分管理实践中的存在的两类因素，对保健因素（例如工作条件、福利等）要给予基本的满足，以消除下级的不满；要学会正确识别与挑选激励因素，善于抓住激励因素，进行有针对性的激励。例如，调整工作的分工、加强宣传工作、增加工作的挑战性、实行工作丰富化等来增加员工对工作的兴趣，千方百计地使员工满意自己的工作，从而收到有效激励的效果。

但是，在不同国家，不同地区，不同时期，不同阶层，不同组织甚至是每一个人，最敏感的激励因素是各不相同的，有时差别还很大。因此，必须在分析上述因素的基础上，灵活地加以确定。例如，工资在发达国家的一些企业中，不是激励因素，但在我们国家的许多企业员工中仍是一个非常重要的激励因素。

（二）过程型激励理论

过程型激励理论是着重研究人们选择其所要进行的行为的过程。即研究人们的行为是怎样产生的，是怎样向一定方向发展的，如何能使这个行为保持下去，以及怎样结束行为的发展过程。它主要包括期望理论、公平理论等。

1. 期望理论

期望理论由美国学者维克托·弗鲁姆（Victor H.Vroom）于1964年在《工作与激励》中提出来的激励理论，他认为，人们采取某项行动的动力或激励力取决于其对行动结果的价值评价和预期达成该结果可能性的估计。换言之，激励力的大小取决于该行动所能达成目标并能导致某种结果的全部预期价值乘以他认为达成该目标并得到某种结果的期望概率。用公式可以表示为：

$$M=V \times E$$

其中：M——激励力量，是直接推动或使人们采取某一行动的内驱力。这是指调动一个人的积极性，激发出人的潜力的强度。

V——目标效价，指达成目标后对于满足个人需要其价值的大小，它反映个人对某工作成果或奖酬的审视与渴望程度；

E——期望值，这是指根据以往的经验进行的主观判断，达成目标并能导致某种结果的概率，是个人对某一行为导致特定成果的可能性或概率的估计与判断。

显然，只有当人们对某一行动成果的效价和期望值同时处于较高水平时，才有可能产生强大的激励力。弗鲁姆的期望理论辩证地提出了在进行激励时要处理好努力与绩效、绩效与奖励、奖励与满足个人需要三方面的关系，这些也是调动人们工作积极性的三个条件。

期望理论启示管理者不要泛泛地采用一般的激励措施，而应当采用多数组织成员认为效价最大的激励措施，而且在设置某一激励目标时应尽可能加大其效价的综合值，加大组织期望行为与非期望行为之间的效价差值。在激励过程中，还要适当控制期望概率和实际概率，加强期望心理的疏导。期望概率过大，容易产生挫折，期望概率过小，又会减少激励力量；而实际概率应使大多数人受益，最好实际概率大于平均的个人期望概率，并与效价相适应。

2. 公平理论

公平理论又称社会比较理论，它是美国行为科学家亚当斯（J.S.Adams）提出来的一种激励理论。该理论侧重于研究工资报酬分配的合理性、公平性及其对职工工作积极性的影响。公平理论的基本观点是；当一个人做出了成绩并取得了报酬以后，他不仅关心自己的所得报酬的绝对量，而且关心自己所得报酬的相对量。因此，他要进行种种比较来确定自己所获报酬是否合理，比较的结果将直接影响今后工作的积极性。

（1）横向比较。即他要将自己获得的“报酬”（包括金钱、工作安排以及获得的赏识等）与自己的“投入”（包括教育程度、所作努力、用于工作的时间、精力和其他无形损耗等）的比值与组织内其他人作社会比较，只有相等时他才认为公平，如下式所示：

$$Op / Ip = Oc / Ic$$

其中 Op 表示自己对所获报酬的感觉；Oc 表示自己对他人所获报酬的感觉；Ip 表示自己对个人所作投入的感觉；Ic 表示自己对他人所作投入的感觉。

但是，在现实中，还可能出现以下两种情况；

第一，前者小于后者，他可能要求增加自己的收入或减少自己今后的努力程度以便使左方增大，趋于相等；第二种办法是他可能要求组织减少比较对象的收入或让其今后增大努力程度以便使右方减少趋于相等。此外他还可能另外找人作为比较对象以便达到心理上的平衡。

第二，前者大于后者，他可能会在开始时积极主动地多做些工作，但是，久而久之他会重新估计自己的技术和工作情况，终于觉得他确实应当得到那么高的待遇，于是产量便又会回到过去的水平了。

（2）纵向比较。即把自己目前投入的努力与目前所获得报偿的比值，同自己过去投入的努力与过去所获报偿的比值进行比较。只有相等时他才认为公平。用公式表示：

$$Op / Ip = On / In$$

其中 Oh 表示自己对过去所获报酬的感觉；Ih 表示自己对个人过去投入的感觉。当出现这种情况时，人不会因此产生不公平的感觉，但也不会感觉自己多拿了报偿从而主动多做些工作。当上式为不等式时，人也会有不公平的感觉，这可能导致工作积极性下降。调查和实验的结果表明，不公平感的产生绝大多数是由于经过比较认为自己目前的报酬过低而产生的；但在少数情况下也会由于经过比较认为自己的报酬过高而产生。

公平理论提出的基本观点是客观存在的。公平理论要求我们：首先影响激励效果的不仅有报酬的绝对值，还有报酬的相对值。其次，激励时应力求公平，使公式在客观上成立，尽管有主观判断的误差，也不致造成严重的不公平感。再次，在激励过程中应注意对被激励者公平心理的引导，使其树立正确的公平观，一是要认识到绝对的公平是不存在的，二是不要盲目攀比，三是不要按酬付劳，按酬付劳是在公平问题上造成恶性循环的主要杀手。例如，为了避免职工产生不公平的感觉，企业往往采取各种手段，在企业中造成一种公平合理的气氛，使职工产生一种主观上的公平感。如有的企业采用保密工资的办法，使职工相互不了解彼此的收支情况，以免职工相互比较而产生不公平感。

（三）行为改造型激励理论

行为改造型激励理论主要研究如何改造和修正人的行为。主要有：强化理论、归因论等。

1. 强化理论

美国的心理学家和行为科学家斯金纳（B.F.Skinner）认为人或动物为了达到某种目的，会采取一定的行为作用于环境。当这种行为的后果对他有利时，这种行为就会在以后重复出现；不利时，这种行为就减弱或消失。人们可以用这种正强化或负强化的办法来影响行为的后果，从而修正其行为，这就是强化理论，也叫作操作条件反射理论。

所谓强化，从其最基本的形式来讲，指的是对一种行为的肯定或否定的后果（报酬或惩罚），它至少在一定程度上会决定这种行为在今后是否会重复发生。根据强化的性质和目的可把强化分为正强化和负强化。在管理上，正强化就是鼓励那些组织上需要的行为，从而加强这种行为；负强化就是限制那些与组织不相容的行为，从而削弱这种行为。正强化的方法包括奖金、对成绩的认可、表扬、改善工作条件和人际关系、提升、安排担任挑战性的工作、给予学习和成长的机会等；负强化的方法包括罚款、批评、处分、降级等。有时不给予奖励或少给奖励也是一种负强化。

在管理实践中应用强化理论，应注意以下问题：

（1）要依照强化对象的不同采用不同的强化措施。人们的年龄、性别、职业、学历、经历不同，需要就不同，强化方式也应不一样。如有的人更重视物质奖励，有的人更重视精神奖励，就应区分情况，采用不同的强化措施。

（2）及时反馈。一个人在实施了某种行为以后，如果没有及时反馈，领导者没有注意到这种行为，这种行为重复发生的可能性就会减小以至消失。所以，必须利用及时反馈作为一种强化手段。

（3）在运用强化手段时，应以正强化为主；同时，必要时也要对坏的行为给以惩罚，做到奖惩结合。

2. 归因理论

归因是对人的行为过程所进行的因果解释和推论。归因理论就是用来判断和解释他人或自己的行为结果的原因的一种动机理论。美国心理学家伯纳德·韦纳（B.Weiner，1974）对归因问题进行了大量研究，提出每个人在做完一件事情之后，进行原因分析时，往往从能力、努力、工作难度、运气等方面进行归因。这些原因从来源上分，有内在因素，有外在因素。从稳定性来分，有稳定的，有不稳定的。从控制性来分，有能够自我控制的，有的是不能控制的。如从内外因方面来看，努力和能力属于内因，而任务难度和机遇则属外部原因；从稳定性来看，能力和任务难度属于稳定因素，努力与机遇则属不稳定因素；从可控性来看，努力是可以控制的因素，而任务难度和机遇则超出个人控制范围。

韦纳的归因理论主要有三个论点：

（1）人的个性差异和成败经验等影响着他的归因。

（2）人对前次成就的归因将会影响到他对下一次成就行为的期望、情绪和努力程度等。

（3）个人的期望、情绪和努力程度对成就行为有很大的影响。

在管理实践中，我们对成功和失败的归因，会对以后的行为产生重大影响。一般把行为成败的原因归结为外部的或不可控的因素，会降低个体对后继行为的动力；而把行为结果成败的原因归结为内部的、可控的因素，会增强个体对后继行为的动力。例如，如果一个人把考试失败归因于缺乏能力，那么以后考试还会预期失败，这是因为能力是一个稳定性的因素；如果把考试失败归因于运气不佳，那么以后考试就不大可能预期失败，这是因为运气是一个不稳定性的因素。有成就需要的人会把成就归因于自己的努力，把失败归因于努力不够。不甘于失败，坚信再努力一下，便会取得成功。相信自己有能力应对，只要尽力而为，没有办不成的事。相反，成就需要不高的人认为努力与成就没有多大关系。他们把失败归因于其他因素，特别是归因于能力不足，成功则被看成是外界因素的结果，如任务难度不大、正好碰上运气等等。总之，只有将失败的原因归因于内外部的不稳定因素时，即努力的程度不够和运气不好时，才能使行为人进一步坚持原行为。

四、激励实务

激励理论能够有效指导激励实务，但具体到管理情境时，领导者都要充分考虑每个员工的需求、个性、期望、目标等个体变量，采用不用的方法，方能取得事半功倍的效果。常用的主要方法有四种：薪酬激励、工作激励、教育激励、精神激励。

（一）薪酬激励

薪酬激励属于物质激励的范畴，是指通过薪酬增减的手段，鼓励组织成员工作。薪酬主要包含工资、奖金、津贴、福利、股权、股票期权等形式的风险收入等。薪酬激励的形式有正激励和负激励，如提升薪酬水平，优化薪酬结构、发放形式等属于正激励。负激励，如扣减薪酬、罚款等。在运用薪酬激励时，应以正激励为主，但惩罚也不可缺少。奖励的目的在于"打气""加油"，使其工作更加努力，惩罚的目的在于"惩前毖后"，使员工不再犯类似错误，即产生"火炉效应"。即当你用手去触摸火炉时，立即会感到灼痛，迅速把手缩回，你及其他人都将由此得到教训，以后不能再犯类似错误。

薪酬激励的作用不仅取决于薪酬本身的设计和形式，更重要的是取决于薪酬发放的依据，即通过绩效考核将工作成果评价与薪酬挂钩，形成良性循环。正确评价工作成果必须首先正确评定评价指标体系。通过评价指标体系向有关员工传递明确的信息：组织要求你做哪些事，什么事做好了能得到奖励。企业常用的工作评价指标体系确定的方法有目标管理和关键绩效指标体系（KPI）法。为了使薪酬激励对工作形成良性循环，应该注意以下几方面问题：

1. 薪酬激励要有制度保障

制度是目标实现的保障。因此，薪酬激励效应的实现也需要依靠相应的制度来保障。例如，薪酬奖惩对应的绩效考核制度、薪酬发放标准规定等，这些制度均需要制定好并公之于众且保持相对稳定性，切记靠事后的"一种冲动""一时兴起"，想起来则奖一下，想不起来就作罢，要做到一切奖惩都要有章可循。

2. 薪酬激励要公平公正

薪酬激励必须公平、公正，但注意防止"平均主义"。美国心理学家亚当斯的公平理论告诉管理者必须对所有职工一视同仁，按统一标准奖罚，不偏不倚，更不能营私舞弊、弄虚作假，否则将会产生负面效应。此外，必须反对"平均主义"。平均分配的奖励等于无效激励。

3. 薪酬激励要合情理

任何奖惩都要符合情理。"制度"本身要"合情合理"，考核要"公平公正""一视同仁"之外，也要充分考虑具体情节，使结果能"合乎人情"。所谓"人情"，并非"私人交情"，而是"人之常情"。"合情"有利于被员工接受，能使奖惩起到更好的效果。管理者不要迷信"重奖重罚"的激励作用，"重奖重罚"很容易做过头而不合情理，走向"事与愿违"。同时，还要充分考虑人的心理知觉效应，如应把奖金与工薪分开发放，如果把奖金与工薪一起发，容易使员工把工作应得的和额外奖励混为一谈，员工不一定会有受奖的喜悦。

（二）工作激励

激励理论告诉我们，人们力求最大限度地将自己的潜能发挥出来，只有在工作中充分表现自己的才能，才会感到最大的满足。因此，为了更好地发挥职工工作积极性，管理者就要较多地考虑如何才能使工作本身变成更具有内在意义和更高的挑战，给职工一种自我实现感。因此，工作本身也具有激励力量。工作激励主要包括两个方面的内容：

1. 合理分配工作

合理分配工作，就是根据工作的要求和个人的特点，把工作与人有机地结合起来。首先要把工作的知识和能力要求同个人的自身条件结合起来。企业生产经营活动中有许多道不同的工序和工作，这些不同的工作对人的知识和能力的要求是不同的。同时，每个人的文化知识水平和工作能力也是有差异的。合理地分配工作就是根据工作的要求和个人的特点，把工作与人有机地结合起来。也就是说，要根据人的特长来安排工作。

2. 激发工作的热情

工作的分配要能激发职工内在的工作热情。分配适当的工作不仅要使工作的性质和内容符合职工的特点，照顾到职工的爱好，还要使工作的要求和目标富有一定的挑战性，能真正激起职工奋发向上的精神。例如：在企业人员配备过程中，将性格外向、喜欢交流沟通的员工分配在与“协调、沟通”相关的工作中，这样，既可以发挥职工的特长和爱好，又有利于激发职工内在的工作热情。

（三）教育激励

通过教育和培训，提高下属的自身素质，从而增强他们自我激励的能力，也是领导者常用的一种激励手段。职工的素质主要包括思想品德和业务技能两方面。

1. 思想品德培养

思想品德教育作为激励不可或缺的手段，主要通过引导和说服教育以形成员工乐于贡献的良好氛围，以精神内容的引导升华员工的各种工作行为，充实员工的思想和生活，给他们以强大的精神力量，使个人利益与组织利益保持一致。即使不能取得一致，员工也应以组织利益为重，顾全大局。思想品德教育的形式很丰富，如企业可以通过宣传、大讲堂、参观、观影、研讨交流、个别谈心、评优、竞赛等多种学习形式和活动，灌输正确的人生观、价值观、职业观、企业观，树立崇高的理想和抱负，从而激发员工在工作中的责任心、进取心，表现出高昂的工作热情。

2. 专业知识和技能提升

组织为员工创造各种学习、锻炼的机会也是一种有效的激励手段。培训意味着员工自身能力和知识的提高，自身人力资本的增值以及为员工将来更好地发展提供机会和条件。专业知识和技术能力的培训要根据职工岗位要求、个人特点、考核评价结果、组织发展要求等制定培训计划。如管理人员，既要注意理论学习，掌握现代化管理知识和方法，也要注重实践中的管理水平的提升，提高解决和处理问题的能力；对于生产工人，则要侧重作业方法和操作工艺的提升；对于营销服务人员则强调市场调研、推广、运营等方面的实务训练；工程技术人员的培新既要了解行业新动态、专业新技术，也要注重运用新技术创新研发能力的培养。

（四）精神激励

与薪酬激励相比，教育激励是在较高层次上调动职工的工作积极性，其激励深度大，维持时间也较长。应该说教育激励属于精神激励的一种特殊形式。除此之外，常见的还有四种方法。

1. 参与激励

现代人力资源管理的实践经验和研究表明，现代员工都有参与管理的要求和愿望，创造和提供一切机会让职工参与管理是调动他们积极性的有效方法。通过参与，形成职工对企业的归属感、认同感，可以进一步满足职工自尊和自我实现的需要。

2. 荣誉激励

荣誉是社会或组织对个体或群体的崇高评价。是满足人们自尊需要，激发人们奋力进取的更要手段。荣誉激励成本低廉，但效果很好。美国 IBM 公司有一个“百分之百俱乐部”，当公司员工完成他的年度任务，他就被批准为“百分之百俱乐部”成员，他和他的家人被邀请参加隆重的集会。结果，公司的雇员都将获得“百分之百俱乐部”会员资格作为第一目标，以获取那份光荣。这一激励措施有效地利用了员工的荣誉需求，取得了良好的激励效果。

3. 赏识激励

赏识是任何物质奖励都无法可比的。赏识激励是激励的最高层次，是领导激励优势的集中体现。社会心理学原理表明，社会的群体成员都有一种希望能得到领导的承认和赏识的心理。赏识激励能较好地满足这种精神需要。

4. 目标激励

组织目标是凝聚力的核心。它体现了职工工作的意义，能够在理想和信念的层次上激励全体职工。实施目标激励，首先组织应将自己的长远目标、中期目标和近期目标进行宣传，使职工更加了解组织，了解自己在目标实现过程中应起到的作用。其次，应注意把组织目标和个人目标结合起来，宣传两者的一致性，使大家了解到只有在完成组织目标的过程中，才能实现个人的目标。个人事业的发展、待遇的改善与组织事业的发展、效益的提高息息相关。这样，职工就会对组织产生强烈的感情和责任心，自觉地把工作搞好，自觉地关心组织的利益和发展前途。

同步案例

四季沐歌激励机制的探索与变革

四季沐歌成立于 2000 年，历经 20 年的创新发展，已成为集智能健康厨卫设备、清洁能源供热、建筑舒适系统为一体的综合性企业，产品由太阳能热水器横向延伸到空气能、电热水器、燃气热水器、壁挂炉、厨电、净水、五金卫浴、新风等领域，纵向延伸至热水工程、太阳能节能建筑及太阳墙、跨季节储热采暖、储能系统、能源中心投资运维等领域，形成了从单机到系统、从城市到乡村、从家庭到商用、从线下到线上的全方位、场景化采暖、热水系统解决方案，引领中国消费者迈入更绿色、更节能、更健康、更安全、更智能、更舒适的体验时代。

企业的发展离不开激励机制的保驾护航。在四季沐歌的发展历程中，其激励机制并非一成不变，而是随着企业的发展不断地升级迭代。在企业发展的 20 年中，其激励机制大体可以分成 5 个阶段，分别是无激励机制、股权激励、劳动绩效分红、合伙人机制与阿米巴经营机制。

2000 年 –2009 年，企业刚刚成立，管理比较粗放，没有形成鲜明的激励手段。2010 年 –2012 年，随着企业筹备上市，企业对公司高层管理干部进行了股权激励，赠予核心管理层上市公司的股权，以此达到激励效果。股权激励效果虽好，但是受众面较小，不可大规模复制，普通员工无感，不能充分激发全体员工的创造性。

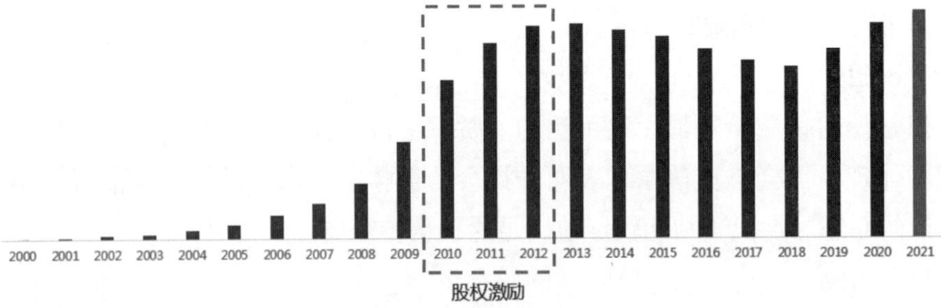

背景：2012年A股主板上市

对象：公司中高层管理干部

方式：随着公司2012年上市，赠予一定的股权

特点：实股，只是针对少数人，股权比例较少

2014 年，太阳能零售市场下滑趋势明显，多元化业务尚未成熟。为了止住下滑趋势，留住核心人才，公司提出了劳动绩效分红的激励方案。该方式其实是以费用节

省为主，辅助以业绩增长，业务人员在这样一正一负的环境下获得部分奖金，其核心目的是为了止损，而不是扩张，这也导致市场处于防守姿态。

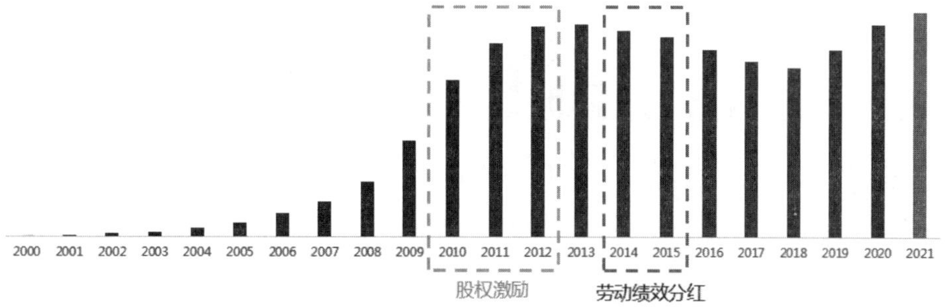

背景：2014年太阳能零售市场下滑趋势明显，多元化业务尚未成熟

对象：销售团队

方式：缩减销售费用，并根据销售增长情况设定绩效比例提取奖金

特点：以费用节省，辅之以业绩增长为导向，导致市场处于守势

2018 年，企业依然处于下滑阶段，核心人才开始流失。在此背景下，销售团队核心骨干通过出资入股成为合伙人，共享公司收益，共担公司风险，与企业共进退。此方法充分激发了团队的活力，在一定程度上促进了业务增长，但其本质上依然是对存量利益的分配。

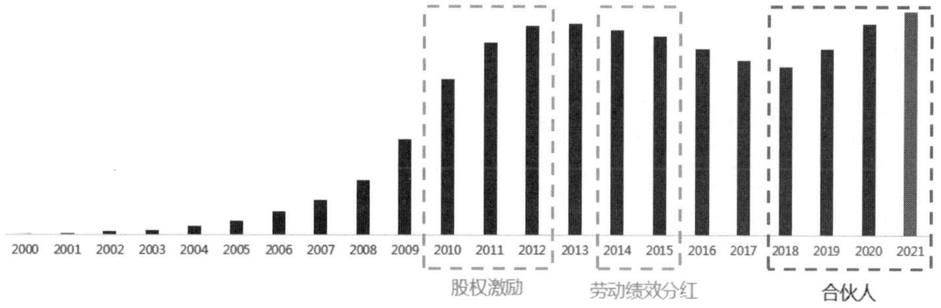

背景：2018年企业连续多年下滑，核心人才流失

对象：销售团队核心骨干

方式：通过出资入股成为合伙人，共享收益，共担风险

特点：分享存量利益，保留核心骨干

2019 年开始，企业处于增长态势，为了培养经营人才，打造干部队伍，公司顺势提出“分一算一奖”方式，让员工参与企业经营。以此增加员工对增量市场的渴望，导向增长。此方式增加了公司员工的主人翁意识，对业务拉动比较明显。但这对经营者自身的价值观与经营素养是一个极大挑战，在执行过程中需要不断反省与调整。

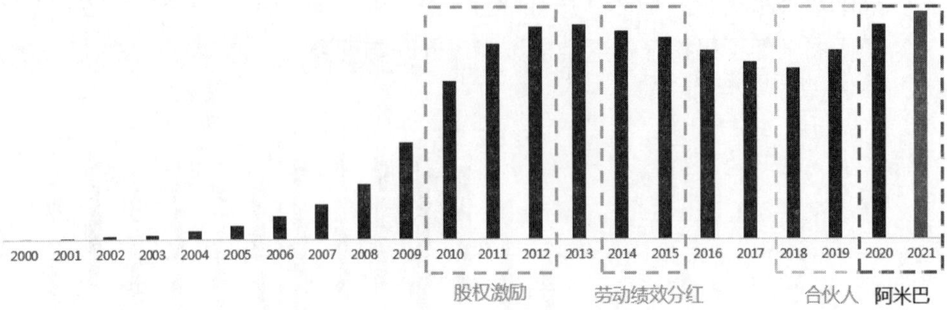

背景：企业业绩增长，培养经营意识，打造干部队伍
对象：全体人员
方式：通过“分-算-奖”方式，让员工参与企业经营
特点：增量分配，导向增长，注重经营意识的引导

时间段	激励机制	优势	劣势
2012 年以前	股权激励	实际股权、激励效果好	参与人数少 流程繁琐
2014–2015	劳动绩效分红	独立核算、自我管理	利益不共享 风险不共担
2018–2021	合伙人机制	风险共担、利益共享	存量分配 针对核心骨干
2020–2021	阿米巴经营	全员参与经营 提升经营意识	系统性特别强 操作比较复杂

没有绝对正确的激励机制，只有适合企业，适合发展阶段，对症下药的激励机制。四季沐歌一直在机制创新、机制变革的道路上不断前行，因此才能不断克服困难，走出低谷，再创新高。

（资料来源：此案例资料经江苏四季沐歌有限公司授权共同开发）

想一想：

1. 这种激励机制的变革历程在各个阶段发挥了其应有的作用，具体表现在哪里？
2. 未来这种激励机制发展的方向在哪里？企业的管理该如何调整？

工作任务

以小组为单位，罗列出教学过程中教师运用的激励方法及其效果。

第三节 领导沟通

管理者所做的每一件事情都包含着沟通，如做决策、定计划、设计组织架构等环节都离不开与组织内部上下级、同事已经组织外部合作伙伴和客户等主体的沟通，可以说，沟通贯穿于管理过程的始终。管理的真谛就是沟通。

一、沟通的基本原理

（一）沟通的内涵

沟通是将某一信息传递给客体或对象，以期客体或对象做出相应反应的过程。通过信息沟通，可以让管理者更好地了解和掌握内部情况，建立并改善组织内部的人际关系，影响并改变组织行为。沟通包括人际沟通和组织沟通两个方面。前者是人与人之间的信息沟通，目的是取得他人的理解与支持；后者是组织内部进行的信息传递活动，目的是加强分工协作。沟通无论是对于组织还是个人，都具有十分重要的意义。

1. 沟通是正确决策的前提和基础

沟通是领导者最重要的日常工作。没有沟通就不可能进行群体或组织的活动；领导者是根据汇总的信息做出决策的，而及时、有效、全面、真实的信息能够极大地改进管理者获取信息的数量、质量和速度。因此我们可以得出结论：高质量的信息可以提高管理者的决策能力。

2. 协调解决冲突，建立良好的人际关系

沟通的目的之一就是解决冲突。冲突广泛存在于组织中的各项活动中，影响和制约着组织和个体的行为倾向和行为方式，影响着组织目标的实现。通过沟通，使个体了解组织，了解形势，认识到只有实现了组织目标，个人目标才能全面实现，从而引导个体努力使自己的行为与组织目标相一致。

3. 提高组织效率，促进组织目标实现

沟通的首要作用就是把抽象的组织目标转化为组织中每个成员的具体行动目标，并使成员意识到实现目标的重要意义以及如何能有效地实现目标。也就是说，通过沟通能将决策者的意图完整地传达到执行者那里，进而确保领导者的决策得到及时地贯彻执行。同样，基层的一些好的想法和建议，也需要通过沟通传达给有关领导，取得领导的认可并得以实现。

4. 建立组织内外凝聚与联系的桥梁

就组织内部而言，管理人员时刻都在与员工进行沟通和联系，召开会议、委派任务、交换意见、调查问题等，如果管理人员很好地掌握了沟通技巧就能够促进各项管理职能的有效实施，从而激发员工积极性，增强组织内部凝聚力；就组织外部而言，沟通也把组织同外部环境联系在了一起，形成了一个与外部环境相互关联的开放系统。

（二）沟通的要素

沟通是信息从发送者传递到接受者的过程和行为。在这个过程中有四个参与要素：沟通主体、沟通客体、沟通信息、沟通渠道。

1. 沟通主体

沟通主体，又称为信息沟通的发送者。在一个沟通的过程中，总有一方是信息的主动发送者。

2. 沟通客体

沟通客体就是沟通的对象，又称为信息的接受者，即在信息沟通过程中处于被动地接受信息的一方。不过，在沟通的不断循环过程中，信息的发送者和信息的发出者的身份会不断改变，特别是在双向沟通中，无论是哪一方，都既要充当信息发送者，又要充当信息接受者。

3. 沟通信息

沟通信息就是沟通内容。在沟通的过程中，所传递的信息包含的内容是多种多样的，可分为：事实、情感、价值观、意见、观点、问题等。

4. 沟通渠道

沟通渠道是指沟通过程中沟通各方交流信息的各种通道，如人际沟通渠道、组织沟通渠道、大众沟通渠道等。不同的信息内容应当选用不同的沟通渠道，不同的沟通渠道需要不同的沟通媒介相配合，这样不仅沟通效果不同，而且不同的沟通媒介又对不同的沟通渠道进行定型。例如，人际沟通渠道是人与人面对面的交流，决定了只能使用人体器官媒介（如发射媒介——嘴，接收媒介——耳）和空气媒介。但是，信息一旦通过广播、电视传播，就又是大众沟通渠道了。人际沟通媒介可以随意进入各种沟通渠道，并与其间的特定媒介配合使用，而不会改变其渠道形态，但大众沟通媒介则完全不同。所以，媒介与渠道是相辅相成、相互依存的关系。

（三）沟通的过程

沟通是一个信息沟通的过程。沟通过程由沟通主体（信息发送者）开始，将传递的内容进行编码，形成信息，然后通过传递信息的渠道（媒介）发给沟通客体（信息接受者）。接受者在接受信息之前，必须先将其翻译成可以理解的形式，即译码。沟通的最后一个环节是反馈，即沟通客体把信息反馈给沟通主体，并对信息是否被理解进行检查，以纠正可能发生的某些偏差。整个过程受到噪音的影响，噪声是那些对信息的传送、接收或反馈造成干扰的因素，它会影响沟通的有效性。图 5.6 描述了沟通过程。

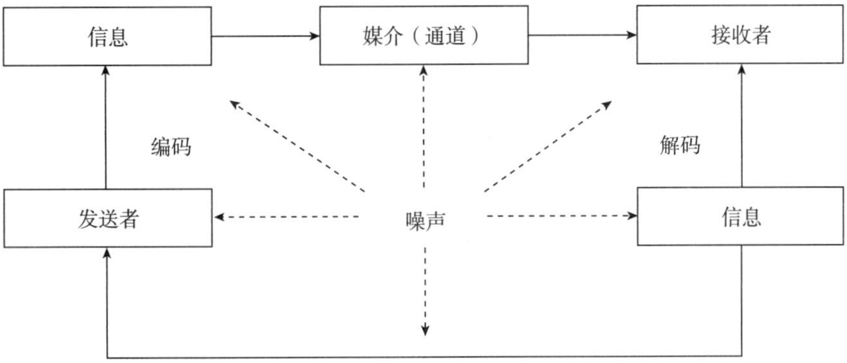

图 5.6 沟通的过程

（四）沟通的类型

组织沟通可以采用多种不同的方式传递信息，即沟通有很多种类型，它们各自的定义和优缺点如表 5.4 所示。

表 5.4 沟通的类型

分类标准	类型	描述 / 举例	优点	缺点
信息有无反馈	单向沟通	信息无反馈 / 演讲、报告、命令	时间短、速度快	准确性较低、沟通效果不易掌握
	双向沟通	信息有反馈 / 讨论、座谈	准确度高、易理解	耗时、速度慢
信息传递方式	口头沟通	采用口头语言沟通 / 会谈、讲座、报告、讨论、电话	速度快、反馈快、信息量大、简单	容易失真、不易保存、追溯难
	书面沟通	采用书面文书形式进行沟通 / 文件、报告、通知、合同、备忘录、信件、布告	易保存、可追溯、准确度高、信息传递广泛	费时、反馈难、影响信息理解
	非语言沟通	采用肢体、体态语言或者声、光信号进行沟通 / 手势、肢体动作、表情、眼神、语气，红绿灯、警铃、旗语、图形、服饰标志	语言与非语言沟通结合，提升信息传递效果	配合要求高、传递范围受限、主观色彩浓
	电子媒介沟通	通过电子设备沟通 / 传真、闭路电视、互联网、多媒体、电子邮件、传真、电话	速度快、信息容量大、远程传递、范围广、成本低	缺少直观印象、增加理解难度、信息易失真
信息传递媒介（渠道）	正式沟通	通过正式的组织系统和层级进行沟通 / 会议、工作报告、财务报表、考核结果	权威性高、约束性强、强制力高、效果好	沟通速度慢
	非正式沟通	通过个人接触进行的沟通 / 私人聚餐、打球、旅游等	内容广泛、方式灵活、沟通方便	信息易失真、难控制

沟通的类型根据不同的分类标准会有不同的分类结果，但现实中很难看到一种类型的沟通单独存在，基本都是几种或者多种形式的融合，如正式沟通中广泛运用电子媒介和书面、语言沟通形式。关键是要根据具体的沟通目的、沟通情境选择相适应的沟通类型，确保沟通效果。有的学者还提出了按照沟通是否有无中间媒介分为直接沟通和间接沟通；按照沟通的范围分为自我沟通、个体沟通、团队沟通、组织沟通等。

二、克服沟通障碍

由于沟通是组织实现目标必不可少的一项重要工具，但沟通中存在着来自外界干扰和内部沟通各要素可能存在能力不足、信息属性、任务负责程度等不确定性因素的影响，就会影响沟通效果的发挥，这就形成了沟通障碍。因此克服沟通障碍就成了组织管理者的一项重要任务，其改善措施应该包括：了解造成沟通障碍因素、把握有效沟通原则、掌握克服沟通障碍的方法等。

（一）沟通障碍因素

在管理过程中，信息传递要经过若干渠道，受各种因素的影响，因此经常产生沟通障碍。造成沟通障碍的主要因素有以下几项。

1. 地位因素

组织内部而言，当某人在组织管理层中地位较高时，便会产生地位影响。如在多数的企业管理中，最常见的地位差异表现在上下级沟通不到位。上级不能准确转达企业目标和信息，下级无法领会上级要求的工作重点，久而久之必然引发各种管理矛盾和冲突。就组织外部而言，在社会中也会因人的地位不同造成沟通障碍。因为每个人所处的阶层不同通常具有不同的意识、价值观念和道德标准，从而造成对问题理解的差异性。不同阶层的人因政治差别、宗教差别、职业差别等，对同一信息会有不同的甚至截然相反的认识。如不同党派的成员对同一政治事件往往也持有不同的看法；不同宗教或教派的信徒，其观点和信仰迥异；职业的不同常常造成沟通的鸿沟——“隔行如隔山”说的就是这个道理；甚至年龄也会造成沟通障碍，所谓“代沟”即为一例。

2. 个体因素

个体差异也会造成沟通障碍，如个人的性格、气质、态度、情绪、见解等的差别，使信息在沟通过程中受个人的主观心理因素的制约；如果双方在经验水平和知识结构、语言能力上差距过大，也会产生沟通的障碍；特别是在按层次传达同一条信息时，往往会受到个人的记忆、思维能力的影响，从而降低信息沟通的效率；个人对信息的态度不同，使有些员工和主管人员忽视对自己不重要的信息，而只重视和关心与他们物质利益有关的信息；主管人员和下级之间相互不信任。而相互不信任则会影响沟通的顺利进行；下级人员的畏惧感也会造成障碍；另外，人的社会心理，也是沟通的障碍。如需要和动机不同，会造成人们对同一信息的不同理解；又如怀有偏见和歧视的态度，也会造成沟通的障碍。

3. 文化因素

文化差异影响组织内外相互之间的人际交流。文化背景的不同对沟通带来的障碍是不言而喻的。如语言的不通带来的困难，社会风俗、规范的差异引起的误解等等，这在我们社会生活中是屡见不鲜的。当然，不同国家、地区之间文化差异的影响更大。如一般而言，在诸多国家，人们点头表示同意，而在印度和保加利亚，人们点头则表示不同意；中国和美国的文化传统和价值观差异也很大。

4. 环境因素

环境的嘈杂造成的噪音一定会影响沟通效果。如在机器轰鸣的车间说话、在行驶的列车中谈话、在田间地头开现场会等，都会受到外界的干扰。另外，沟通中涉及的组织机构过于庞大，中间层次太多，信息就容易失真。同时，沟通中信息发送者和接收者如果在空间距离太远、参与人数过多的环境下也会影响沟通效果。当然，地域环境的不同自然会产生文化因素方面的障碍。

（二）有效沟通原则

美国著名的公共关系专家特立普、森特在他们合著的被誉为“公关圣经”的著作《有效的公共关系》中提出了有效沟通的“7C 原则”，基本涵盖了沟通的主要环节，涉及传播学中控制分析、内容分析、媒介分析、受众分析、效果分析、反馈分析等主要内容，极具价值。这些有效沟通的基本原则，无论是对组织沟通还是人际沟通来说同样具有不可忽视的指导意义。

1. 可信赖性（Credibility），即建立对传播者的信赖。

2. 一致性（又译为情境架构）（Context），指传播须与环境（物质的、社会的、心理的、时间的环境等等）相协调。

3. 内容的可接受性（Content），指传播内容须与受众有关，必须能引起他们的兴趣，满足他们的需要。

4. 表达的明确性（Clarity），指信息的组织形式应该简洁明了，易于被公众接受。

5. 渠道的多样性（Channels），指应该有针对性地运用传播媒介以达到向目标公众传播信息的作用。

6. 持续性与连贯性（Continuity and consistency），就是说，沟通是一个没有终点的过程，要达到渗透的目的，必须对信息进行重复，但又须在重复中不断补充新的内容，这一过程应该持续地坚持下去。

7. 受众能力的差异性（Capability of audience），这是说沟通必须考虑沟通对象能力的差异（包括注意能力、理解能力、接受能力和行为能力），采取不同方法实施传播才能使传播易为受众理解和接受。

上述“7C 原则”是一种有效沟通基本的方法，起到了检查列表的作用，在沟通者发送信息之前，对照检查可以帮助你确认信息的有效性。这七个原则总结起来就是：清晰、简明、具体、正确、连贯、完整和礼貌。

（三）克服沟通障碍方法

1. 正确对待沟通

管理人员十分重视计划、组织、领导和控制，对沟通常有疏忽，认为信息的上传下达有组织系统就可以了，对非正式沟通的“小道消息”常常采取压制的态度。这表明组织管理层没有从根本上对沟通给予足够的重视。如管理者要创造一种信任和随和的组织氛围。上下级之间要培养公开、诚实与信任的氛围，以鼓励人们开诚布公地与他人沟通。管理者不仅要获得下属的信任，而且要得到上级和同僚们的信任，信任是诚心诚意争取来的。同时，还应该构建并鼓励使用多种沟通渠道。通过多种沟通渠道发送信息增加了信息被恰当接收的可能性，便于管理员工反映想法和反馈信息。

2. 掌握倾听技巧

要较好地“听”，也就是要积极倾听。首先，要理解对方想说什么。管理者在倾听时首先要弄明白的是对方表达信息的核心本质是什么，要正确理解对方的意图才能给予正确的反馈；其次，要站在对方的立场去倾听。如对方可能会有一些看法与组织的利益或管理者的观点相违背。这时不要急于与对方争论，而应该设身处地站在对方的角度，为对方着想，这样做可能会发现一些自己以前没有注意到的问题并找到解决问题的角度；再次，要听完后再发表意见。在倾听结束之前，不要轻易发表自己的意见。管理者在发表自己的意见时，要非常谨慎。特别是在涉及一些敏感的事件时，尤其要保持冷静，埋怨和牢骚决不能出自管理者之口。尤其是当你的言论代表着组织的观点时就必须对你说出的每一句话负责；最后，要做记录，并且兑现承诺。在倾听时，最好做一些记录，一方面表明你的重视，另一方面以备遗忘。同时，做出的承诺，要及时进行兑现，如果暂时无法兑现，要向对方说明原因并获得对方的理解。表 5.5 列出了一些倾听的要点。

表 5.5 倾听的要点

倾听中“要”做的事情	倾听中“不要”做的事情
表现出兴趣	随意打断对方
集中精力，认真听	急于争辩
该沉默时就要沉默，给对方表达的机会	从事与谈话无关的活动
选择安静的场合	过早做出预判和结论
“听”后要留用适当的讨论时间	听内容，不要受对方情绪影响
恰当运用非语言避免歧义	
可以针对没听清的地方提出疑问	
发现对方遗漏，直接询问	

3. 优化沟通系统表

（1）优化组织层级

从组织层级优化入手，根据员工管理水平和业务规模等要素条件，可采用缩短管理层级的方法来缩短信息传递链条，管理链条越短，信息传递越快、越准确。

（2）强化横向交流

一般说来，组织内部的沟通多以命令链式的垂直沟通为主，部门间、车间间、工作小组间的横向交流较少，而平行沟通却能加强横向的合作，且对组织间沟通尤为奏效。具体可以通过定期举行由各部门负责人参加的工作会议，相互汇报本部门的工作，提出对其他部门的要求等来强化横向合作。

（3）利用现代技术

管理者可以通过公众网站或者专门网站与有关个人或全体有关人员进行信息沟通。例如，目前许多市政府建立网上政务平台，为社会公众广泛参与公共事务的决策、管理和监督提供了畅通快捷的渠道。很多学校也建立了“校长在线”“教授在线”网上论坛、专家咨询、心理咨询等形式，使广大师生的知情权、参与权、表达权、监督权得到有效保障。

（4）组建议事机构

组织根据经营管理复杂程度、规模等要素，在适当时机组建管理委员会、职工代表大会、非管理工作组等集体议事机构，定期开展跨部门、跨职能、跨层级之间的沟通。例如，管理委员会可由管理人员和第一线的工人组成，定期相互讨论各种问题。职工代表大会也为广大职工提供了面对面沟通交流的机会，职工代表不仅就企业的发展提出建议和问题，也了解到企业发展的情况；非管理工作组是当企业发生重大问题，引起上下关注时，管理人员可以授命组成的集体议事机构。该工作组由一部分管理人员和一部分职工自愿参加，利用一定的时间，调查企业的问题，并向最高主管部门汇报。最高管理层也要定期公布他们的报告，就某些重大问题或“热点”问题在全企业范围内进行沟通。

【电视剧《在远方》路晓欧传授有效沟通三步骤（视频）】

思政微议

危机能考验一个公司的抗压能力，一个成熟的的企业与其他企业之间的差别在此展现。一个优秀的企业往往越是在危机的时刻，越能显示出这个公司的综合实力和整体素质。企业如此，人也如此。请从抗压能力的角度，谈谈自己的看法。

三、冲突与谈判

（一）冲突的起源

冲突是指由于某种差异而引起的抵触、争执或争斗的对立状态。人与人之间在利益、观点、掌握的信息或对事件的理解上都可能存在差异，有差异就可能引起冲突，而且不管这种冲突是否真实存在，只要一方感觉到了差异就会发生冲突。冲突的形式可以从最温和、最微妙的抵触到最激烈的罢工、骚乱和战争。

具体来讲，产生冲突的原因可以归纳为三类：

1. 沟通差异

文化和历史背景不同、语义困难、误解及沟通过程中噪音的干扰，都可能造成人们之间意见不一致。沟通不良是产生这种冲突的重要原因，但不是主要的原因。

2. 结构差异

管理中经常发生的冲突绝大多数是由组织结构的差异引起的。由于分工造成组织结构中垂直方向和水平方向各系统、各层次、各部门、各单位、各不同岗位的分化，组织愈庞大、愈复杂，组织分化愈细密，组织整合就愈困难。由于信息不对称和利益不一致，人们在计划目标、实施方法、绩效评估、资源分配、劳动报酬、奖惩等许多问题上都会产生不同看法，这种差异是由组织结构本身造成的。为了本单位的利益和荣誉，许多人都会理直气壮地与单位甚至上级组织发生冲突。不少管理者甚至把挑起这种冲突看作是自己的职责，或作为建立自己威望的手段。几乎每位管理者都会经常面临着与同事或下属之间的冲突。

3. 个体差异。每个人的社会背景、教育程度、阅历、修养，塑造了每个人各不相同的性格、价值观和作风。人们之间这种个体差异造成的合作和沟通的困难往往也容易导致某些冲突的发生。

由于沟通差异、结构差异和个体差异的客观存在，冲突也就不可避免地存在于一切组织中。从而，管理冲突的必要性也就凸显出来了。

（二）冲突管理

冲突管理包括两个方面：一是管理者要设法消除冲突产生的负面效应，因为这些冲突阻碍了组织实现目标，属于功能失调的冲突，它们对组织具有破坏性作用；二是要求管理者激发冲突，利用和扩大冲突对组织产生的正面效应，因为这些冲突支持组织的目标，属于建设性的、功能正常的冲突。冲突管理的主要方法包括：

1. 谨慎选择想处理的冲突

管理者可能面临许多冲突，其中，有些冲突非常琐碎，不值得花很多时间去处理；有些冲突虽然很重要，但不是自己力所能及的，不宜插手。有些冲突难度很大，要花很多时间和精力，未必有好的回报，不宜轻易介入。管理者应当选择那些员工关心、影响面大、对推进工作、打开局面、增强凝聚力、建设组织文化有意义、有价值的事件，亲自抓，一抓到底。对冲突事必躬亲的管理者并不是真正的优秀管理者。

2. 仔细研究冲突的根源

首先，仔细研究冲突双方的代表人物。究竟是哪些人卷入了冲突，冲突双方的观点是什么，差异在哪里，双方真正感兴趣的是什么，代表人物的人格特点、价值观、经历和资源因素如何；其次，深入了解冲突的根源。不仅了解公开的表层的冲突原因，还要深入了解深层的、没有说出来的原因。可能是多种原因交叉作用的结果，如果是这样，还要进一步分析各种原因作用的强度。

3. 选择适当的处理办法

通常的处理冲突办法有五种：回避、迁就、强制、妥协、合作。具体内容如下：

（1）当冲突无关紧要时，或当冲突双方情绪极为激动，需要时间恢复平静时，可采用回避策略。

（2）当维持和谐关系十分重要时，可采用迁就策略。

（3）当必须对重大事件或紧急事件进行迅速处理时，可采用强制策略，用行政命令方式牺牲某一方的利益处理后，再慢慢做安抚工作。

（4）当冲突双方势均力敌、争执不下需要采取权宜之计时，只好双方都做出一些让步，实现妥协。

（5）当事件十分重大，双方不可能妥协时，经过开诚布公的谈判，走向对双方均有利的合作或双赢的解决方式。

（三）谈判要点

解决冲突的最好办法就是谈判。谈判是双方或多方为实现某种目标就有关条件达成协议的过程。谈判不仅解决冲突，也是处理政治、经济、社会等活动的基本工具。管理者经常要面对各种问题和冲突的协调、磋商、谈判，应对各种谈判对手，为此，掌握谈判的要点很重要。

1. 理性分析谈判的事件

抛弃历史和感情上的纠葛，理性地判别信息、依据的真伪，分析事件的是非曲直，分析未来的得失。

2. 理解你的谈判对手

谈判对手的制约因素是什么？他的真实意图是什么？战略目标？谈判的底线和敏感点在哪里？

3. 抱着诚意开始谈谈

谈判态度不卑不亢，条件合情合理，提法易于接受，必要时，可以主动做出让步，当然，这种让步也应该是小幅度渐进式的让步。双方尽可能站在合作共赢的角度努力寻找到解决方案。

4. 坚定与灵活相结合

要坚定地守住自己谈判目标的基本线，不要被双方初次交换的报价、意见、方案、观点所困扰，要充分认识到这是谈判双方的一种试探，要对后续的谈判空间持有信心。当谈判双方陷入僵局时，应根据谈判情境及时采取搁置、暂停、转换话题、第三方介入等措施，尽可能地避免谈判破裂。

【腾讯撤诉，向老干妈当面致歉（视频）】

工作任务

讨论：以小组为单位讨论 xx 公司处理冲突与沟通障碍的方法

同步案例

究竟是谁该为错误买单？

李经理以前是某连锁集团的职业经理人，在该连锁集团工作了近十年，负责江浙地区的品牌推广和运营。最近李经理总感觉到事业发展遇到了“玻璃天花板”，经过深思熟虑，跳槽来到苏北的四季沐歌集团，负责网络营销事业部的工作。

但刚上任三个月，销售代表小李，被客户投诉贪污返利，经审计部调查，果真如此，返利单上还有吴经理的签名。这件事惹得总经理很是光火，于是他亲自到销售部质问此事。

“我不知道你是怎么当经理的，”张总对吴经理说，“你手下的销售代表，竟然胆敢贪污客户的返利，这么长时间了，你居然不知道？要等到客户投诉到我这里才知道，也不知道你是怎么做管理的。”

“我也知道了这件事，”吴经理辩解道，“按照流程，小李先把返利单报到我的助理那里，她审一下，整理好，给我签字，我的工作也多，可能没看清楚。”

“是没看清楚那么简单吗？你的工作比我多吗？”张总怀疑地看着吴经理。

吴经理无奈地说道：“是我工作的疏忽，回头我会和助理商量改进工作流程，并要求公司处理她，也请处理我。”

“处理助理能补回公司的损失吗？这件事应该负全责的是你！”张总对吴经理这种模糊的态度很气愤。

“是这样的，”吴经理继续辩解道，“张总，您也知道我刚来，销售部很多关系还没有理顺，我们都知道，这个助理很能干，在工作上是一把好手。但她和我的关系，我感觉总存在问题，没有理得很顺，甚至有时，我要顺着她的意思来签署一些文件。毕竟我是新来的，要有适应的阶段，我保证今后，这样的事情，一定不会发生了，你再给我一次机会吧。”

“本来我过来，是来了解一下事情的原因，并不是要处理你的，”张总说道，“不过现在得考虑一下你的能力问题了。”

想一想：

1. 企业如何应付突发的危机事件，将危机的损失降到最低？
2. 如何使企业在危机过后树立起更优秀的形象？

知识链接

轻松扫一扫——知识点在线测试

本章小结

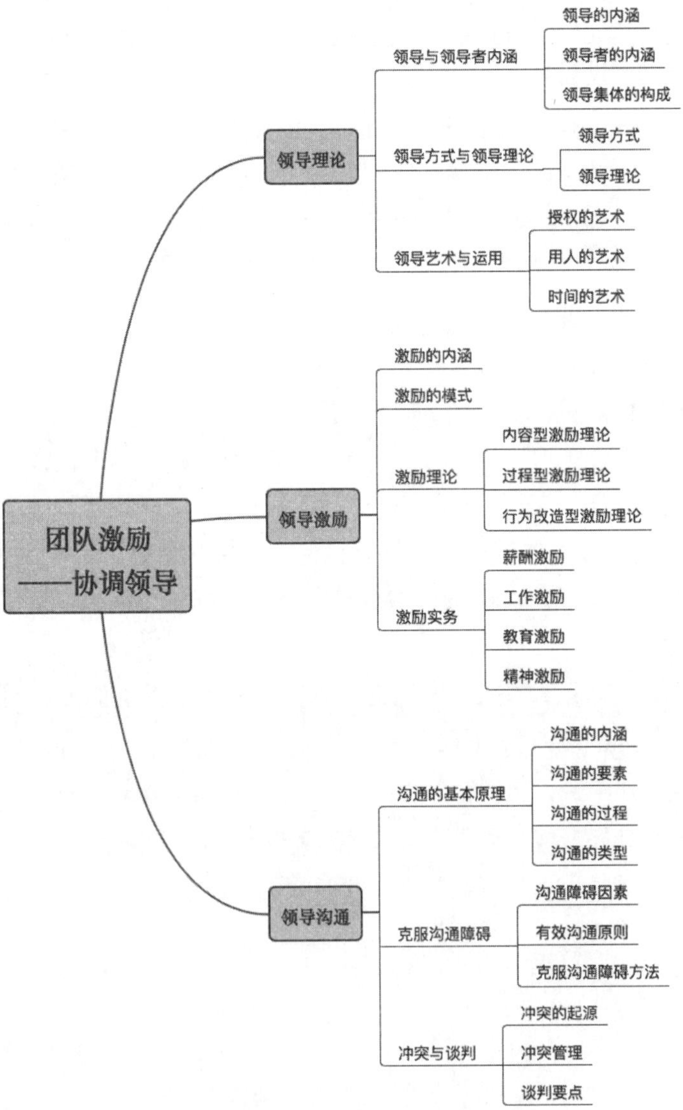

技能训练

访问本地一家企业，与其部门主管进行沟通交流，了解近年来该部门出现的员工管理问题和服务客户投诉事件，学习处理该类事件的方法和技巧。

拓展实训

实训项目： 员工激励与沟通实务。

实训目的： 通过员工激励与沟通实务训练，培养学生组织管理能力、应变能力、协调关系和决策的能力。

实训内容： 通过角色扮演，模拟员工激励和沟通过程的各个环节。

1. 情境设定：自行搜集或设定具体情境和案例。
2. 方案设计：制订解决方案。
3. 场景布置：包括总经理办公室、部门办公室、公司会议室等。
4. 小组讨论：领导团队应该如何分工合作？
5. 角色演练：领导激励和沟通模拟实战。
6. 总结归纳：总结模拟领导激励和沟通的过程及要点，对不足之处做反思。

实训要求：

1. 弄清问题的背景，企业内外部环境。
2. 讲清事件的影响，包括人财物、市场等方面。
3. 听取相关人意见。
4. 部署相应部门的工作。

模块六

目标达成——全程控制

知识目标

- 了解控制的含义、类型；
- 理解控制的原则和要求；
- 理解控制的内容与过程；
- 掌握主要的控制方法。

能力目标

- 能区分控制的不同类型；
- 能模拟运用控制过程；
- 能运用主要的控制方法。

德育目标

- 构建控制职能的思维逻辑，塑造现代组织管理的控制理念；
- 培养正确的控制职能的价值导向，提升大局观和系统观的控制素养；
- 在管理实践中增强控制意识，逐渐形成自我控制习惯的良好品质。

第一节 控制的基本原理

管理纵横

计划已经非常完美仍然需要控制吗?

2017 年 5 月 5 日，我国第一架全自主知识产权的大飞机 C919 在上海浦东国际机场首飞圆满成功，这标志着我国开始全面进入大飞机制造产业。首飞成功的背后是许多人在许多环节所付出的艰辛与努力。从 2007 年大型飞机研制正式立项，2015 年首架飞机在总装制造中心下线，再到今天试飞成功，历时 10 年的大飞机研制开发过程中，共规划了 102 项关键技术攻关，进行了 118 次首飞试验。

航空制造业的一个重要特点在于集成。C919 的部件来自五湖四海，对飞机的总装能力要求极高。但集成结果优异的前提是集成基础的符合要求。C919 在设计数字样机时就提出了明确要求，对于生产线上的流程、每个工位的时间、前后零部件的衔接等都有详细规定。这些事先的细致考虑为 C919 的成功试飞奠定了重要基础。在执行过程中，计划往往不能完全按照事先的预定组织实施，必须根据实际情况现场纠正。以 C919 运行的关键环节——725 处线缆的排线布管装配为例，这些线缆就像是人体中的“神经线”“血管”，稍有不慎就会导致“器官”故障，如显示器不亮、油门杆失控等。事先设计的图纸不能预见并解决所有问题，布线团队在现场作业中要承担一部分“设计功能”，提出修改反馈意见，设计师据此修改，出具更符合实际的图纸来。C919 总装过程中，构型设计管理团队负责飞机内部“芯子”管控，即把整机技术状态调整到最佳。每一次检查，团队成员手里都要提着厚厚一摞工艺规范材料逐一核对，时常需要评估以下问题：为什么不能实现？对首飞有什么影响？是否一定必须实现？再做及时反馈。

C919 大飞机研制从计划、执行到最后的试飞，经历了大量的细节检查、执行分析以及及时的结果反馈等工作。这一切都是以一个事先考虑周密的计划为基础的。但是也有人认为，“如果计划很完美，而且在一个全能的领导人的指导之下，由一个组织完美执行，那就没有控制的必要了”。

当组织中计划已经考虑得很细致的情况下，控制仍然是必要的吗?

（资料来源：周三多等，《管理学》，北京：高等教育出版社）

案例启发

控制是为了实现组织既定的目标，以计划为依据进行控制标准的制订，并根据实际活动的执行情况，找出偏差，不断调整的过程。无论计划制订得如何周密，由于各种各样的原因，人们在执行计划的活动中总是会或多或少地出现与计划不一致的现象，因此为了达成组织目标，要遵循一套科学的程序，从而才能保证组织目标的实现。

一、控制的含义

管理的本质从某种意义上讲就是控制，依据计划而进行的监督、检查和反馈的过程，控制是管理的基本职能之一。

对于控制的含义，国外学者众说纷纭，以下是几种代表性的学者观点：

亨利·法约尔最早指出的管理职能，其中之一就是控制，他指出："在一个企业中，控制就是核实所发生的每一件事是否符合所规定的计划、所发布的指示以及所确定的原则，其目的就是要指出计划实施过程中的缺点和错误，以便加以纠正和防止重犯。控制对每件事、每个人、每个行动都起作用。"

管理大师哈罗德·孔茨认为，控制就是按照计划标准衡量计划的完成情况和纠正计划执行中的偏差，以确保计划目标的实现。

谢默霍恩认为，控制是衡量工作绩效、对比成果与目标，并且必要时采取纠正措施的过程。美国德克萨斯州立大学企业管理教授亨利·西斯克指出："如果计划从来不需要修改，而且是在一个全能的领导人的指导之下，由一个完全均衡的组织完美无缺地来执行的，那就没有控制的必要了。"然而，这种理想的状态是不可能成为企业管理的现实的。无论计划制定得如何周密，由于各种各样的原因，人们在执行计划的活动中总是会或多或少地出现与计划不一致的现象。

美国数学家，控制论的创始人，诺伯特·维纳指出："为了改善某个或某些受控对象的功能或发展，需要获得并使用信息，以这种信息为基础而选出的、加于该对象上的作用就是控制。"

综合前人的研究，并吸取管理理论和实践发展的最新成果，我们对控制的含义作如下表述。

控制的含义，可以分为狭义和广义两种。狭义的控制是指，组织在动态的环境中，为了实现既定的目标，而进行的检查和纠偏活动或过程。广义的控制在上述基础上，还包括在必要时修改计划标准，使计划更适合于实际情况。

从管理学角度出发，控制通常是指检查、监督组织的各种活动，以保证其按计划进行，并纠正各种重要偏差的过程。简单地说，管理控制就是用于确保结果和计划相一致的过程。

二、控制的必要性

斯蒂芬·罗宾斯曾经描述控制的作用为:“尽管计划可以制定出来，组织结构可以调整得非常有效，员工的积极性也可调动起来，但是这些仍然不能保证所有的行动都按计划执行，不能保证管理者追求的目标一定能达到。”这其中的原因在于管理职能中的最后一环，控制职能是否能如期按照计划执行，如果没有控制工作，组织目标将很难实现。因此，控制职能显得尤为重要，管理控制也成为必然，主要是因为以下四方面原因。

(一)环境的变化

组织所面对的环境不是单一静态的、一成不变的，而是复杂动态的、变化多端的。影响组织的各种环境因素每时每刻都在发生变化，这些变化要求组织对原来制定的计划做出相应的调整，以适应环境的变化，适应组织的发展。例如，企业所面对的市场环境时常都发生着变化，企业为了适应市场经营的环境，就需要对经营过程的每个环节进行修正，企业通常通过监督、控制等方式完成，以适应企业环境的变化。

(二)管理权力的分散

随着组织的发展壮大，管理者在时间与精力方面的限制，必然会出现管理者委托自身之外的其他人代理部分管理职责，因此就产生了管理层次上的分权，基于同样的原因，在组织的各层次都不同程度地存在着分权行为。此时每个层次的管理者都必须定期或不定期地检查下属的工作，来保证授予他们的权力能得到正确的应用。在这种情况下，如果没有管理控制活动，一旦组织出现了管理权力滥用，是很难及时发现的。因此，任何组织的管理权限都要以一定的形式存在于各个管理部门和层次中，组织的分权程度越高，控制就显得越发重要。

(三)工作能力的差异

组织中计划的实现要求每个管理部门的工作能严格按照计划要求来协调地进行。由于组织中的成员是在不同时空进行工作，他们的认识能力不同，他们的工作能力有差异，为了保证能如期按质按量地完成组织的工作，因此就有必要对组织成员的工作进行控制。此外，在组织内部存在分权制度的前提下，不同层级的管理人员都或多或少地被授予了部分权力，即使是同样的权力落在不同人手中，其使用效果也是不一样的，因为每个人使用权力的能力不同，不同的权力落在同一个人手里的时候，由于适配的权力和责任范围发生了变化，管理者的心理就要接受各种各样的考验。如果此时管理人员不能正确行使自己的权力，则权力的使用水平会呈现忽上忽下的状态，进而给组织造成损失。因此，当管理人员的工作能力存在差异的时候，组织内部就需要有控制进行协调。

（四）计划编制的预先性

组织中的控制职能与计划职能相互联系又有所区别。计划是控制的前提，没有计划的控制毫无实际意义；控制是计划目标实现的保证，没有控制，计划难以有效实现。在组织的管理活动中，预先制定的计划或多或少会与实际情况不符，因此，控制活动是为了防止组织中各种误差积累的重要方式。

同步案例

家得福企业自掏腰包建立检测中心

家得福经营的海棠路农贸市场始建于 1986 年，1998 年企业投资 3600 万元进行扩建，占地面积 33000 平方米，资产 45.3 万元。主要经营海鲜干货、鲜活鱼虾、家具饰品等 30 余类，3000 多个品种，拥有固定摊位 900 余个，从业人员 2000 余人，日客流量 2 万余人次。农贸市场的产品批发业务辐射江苏、上海、浙江、安徽、河南、山东等周边省市，年成交额 20 亿元，带动了全市农副产品的生产加工业的发展。

在海棠路农贸市场经营的早期，消费者在农贸市场购买的食材并不容易找到农产品的源头，这种现象在当时都是比较普遍的，老百姓也不知道什么样的产品在成色、品相、味道等方面是合格的，什么是不合格的，为了保证市民的餐桌安全，打造安全放心的购物场所，企业总经理决定自掏腰包建立一个农产品的检测中心，为农贸市场和超市里的肉类、蔬菜、水发货等进行检测，为控制生鲜类的食品提供保证。当时很多管理者对总经理的决定提出了反对意见，原因是一般市场上的检测都是由政府官方出面来做，当时家得福已经在积极配合政府在做检测了，为什么企业还要自己建立一个检测中心呢？但是总经理坚持要做这样有意义的一件事情，企业投资了 50 余万元兴建了肉菜粮农产品检测中心，并拿出政府奖励纳税先进企业的 10 万元钱购置了一整套先进的检测仪器，每天抽检肉类、蔬菜、水发货等市民日常生活所需商品近百种，为市民的饮食安全提供了有力的保证。

几年以后，家得福所经营管理的农贸市场被评为省级样板标杆市场，省级放心消费先进单位。2007 年元旦，时任国务院总理温家宝亲临视察，指导工作。目前该农贸市场已经是苏北鲁南地区一流的农副产品和水产品的综合交易市场。

（资料来源：此案例资料经江苏家得福商贸集团有限公司授权共同开发）

想一想：

1. 当农贸市场普遍都没有检测设备和条件时，家得福为什么要自掏腰包建立农产品检测中心？

2. 为了使老百姓的菜篮子安全、卫生、放心，家得福做了哪些事情？请分组调研身边的农贸市场并提出你的建议。

思政微议

家得福企业自建农产品检测中心，体现了企业的担当，企业不单是盈利的组织，企业也必须承担一定的社会责任。家得福企业自建农产品检测中心是对企业负责，对员工负责，对社会负责，家得福做出了一个企业应有的贡献。一个优秀的企业不仅利用社会资源为自己盈利，更重要的是回馈社会，体现企业的社会责任。请同学们分组查找相关资料，谈谈我们身边的企业是如何体现社会责任的。请大家认真思考，我们作为社会的成员之一，我们应该怎么做？

三、控制的类型

按照不同的标准可以把控制分为不同的类型，下面对控制的类型分别进行阐述。

（一）按照控制信息所在的时间划分

按照控制信息在事物发展中所在的时间不同，控制可以划分为前馈控制、同期控制、反馈控制。

1. 前馈控制

前馈控制也称为预先控制或事前控制，它是最理想的控制类型，强调的是在实际问题发生之前就采取管理行动，避免该问题的出现。这种控制类型是为了避免错误且尽量减少今后可能发生的错误而采取的更正活动。

前馈控制以未来为导向，在工作之前对工作中可能产生的偏差进行预测和估计，采取防范措施，以便在实际偏差出现之前，管理者就能运用各种手段对可能产生的偏差进行纠偏。例如企业中为了防止资源在数量与质量上可能产生的偏差，通过人员的甄选、资金的预算、物料的管控等方面合理配置资源。

前馈控制的显著优点在于防患于未然，它是在工作开始之前进行的控制，避免事后控制无能为力的弊端；它是针对某项计划行动所依赖的条件进行的控制，不针对具体人员，不易与员工发生冲突，不会造成员工的心理冲突，易于被员工接受并付诸实施；前馈控制适用于一切领域中的所有工作，其适用范围很广。

但是，由于未来有许多不确定因素很难预测，及时、准确的信息难以保障，因此，要实行切实的前馈控制并不是一件很容易的事。前馈控制需要管理者获取大量准确信息，对控制过程充分了解，并及时掌握新情况新问题，从管理实践来看，很难做到，因此管理者仍然要借助其他控制方式完成组织目标。

前馈控制的方案应当是一个动态方案。首先，要将组织所可能获取的信息以及它们的影响因素详细分析，并制定出实施方案。其次，方案要有各种应急措施，同时还要做好充分的准备工作。

2. 同期控制

同期控制又称为现场控制或过程控制，是指在计划实施过程中，针对现场发现的偏差或潜在的偏差，即时提供改进措施以纠正偏差的一种方式。同期控制主要是管理人员采取的一种管理控制方法，管理人员通过深入现场亲自监督、检查、指导等方式控制下属人员的活动。此外，同期控制还表现为基层管理人员的日常自我工作，控制的对象就是自我的操作控制过程。

同期控制具有工作监督和技术指导的职能，可以防微杜渐，有助于提高员工的工作能力和自我控制能力。管理人员可以通过同期控制，按照预定的标准检查正在进行的工作，以保证组织目标的实现。管理人员还可以针对工作中出现的问题，根据自己的工作经验指导下属改进工作，或与下属共同商讨，采取纠正偏差的措施使组织成员顺利完成组织的工作任务。

同期控制受管理者的时间、精力和业务水平的限制，管理者不可能时时事事对管理工作都进行现场控制，只能在关键工作上使用这种控制方式。同期控制的应用范围较窄，一般而言，工作结果可以衡量的一般运用现场控制，例如企业的生产工作，而那些工作结果难以计量的，如行政管理工作，不容易进行现场控制。此外，同期控制容易在控制者与被控制者之间形成对立情绪，在控制过程中使控制者或被控制者受到伤害，从而影响被控制者的工作积极性与主动性，因此，在管理方式上仍须与其他控制方式一起使用。

3. 反馈控制

反馈控制又称为事后控制或成果控制，是指在工作结束完成后，管理者根据已发生的情况，分析工作的执行结果，将它与控制标准相比较，从中发现已经出现的偏差，在分析原因的基础上采取措施纠正偏差，以防止偏差继续发展或在以后的工作中再次发生。反馈控制的注意力主要集中在工作结果上，如企业对不合格产品追究当事人的责任，目的是防范再次出现的质量问题，学校对违纪学生进行处罚等均属于反馈控制。

反馈控制使得管理人员可以对计划标准进行测量、比较、分析和评价，发现问题，总结经验教训，了解工作失误的原因，消除偏差对后续活动过程的影响，为今后工作的正确开展提供帮助。反馈控制在周期性重复活动中，有利于管理人员采取有效和有力的措施改进工作，可避免下一次活动发生类似的问题。反馈控制总结前一阶段的工作，通过信息反馈及纠偏行动来保证组织系统的稳定性，为组织员工的奖惩提供依据，员工通过获得评价他们绩效的信息，调整自己未来的行为，进而达到提高工作绩效的目的。

反馈控制的缺点是反馈控制存在时间滞后性，即当管理者获取信息时，可能失误和损失已经发生，弥补措施只能在新的工作中产生效果。这就好比“亡羊补牢”一样，只能在今后的工作中加以改进。在实际工作中，尽管反馈控制存在这样的问题，但仍然是控制活动中管理人员选择运用最多的一种控制方法。

同步案例

四季沐歌办公室的清扫工具

在四季沐歌各部门办公室的门口角落处，配置着一套清扫工具，每周五大扫除的时候，员工要使用清扫工具打扫卫生。由于清扫工具放置在办公室门口附近，人来人往，清扫工具总被撞倒，散落一地。于是行政主管统一了清扫工具摆放标准：将工具固定在专用挂钩上，需要的时候将工具取下来，不需要的时候固定放在墙边。虽然解决了清扫工具总被撞倒的问题，但由于仍然在门口附近，还有人总磕碰到，甚至还有人被挂钩划伤皮肤。出于安全的考虑，行政主管将挂钩用胶布包裹起来，还贴了一张提示标语：小心磕碰。

过了一段时间，人力资源部部长发现即使有这个标语，磕碰的问题依然存在，鉴于清扫工具的使用频率并不高，建议行政主管给清扫工具安个固定的“家”，很快墙边的挂钩被清除干净，清扫工具被统一归置在卫生间的专属区域，需要打扫的时候再领取。

（资料来源：此案例资料经江苏四季沐歌有限公司授权共同开发）

想一想：

在清扫工具的使用控制过程中，不同层次的管理者是如何操作的？哪位管理者使用的是前馈控制，哪位管理者使用的是反馈控制？哪位管理者的控制效率最高？

（二）按照控制所使用的手段划分

根据管理控制所使用的手段不同，控制可以划分为直接控制和间接控制。

1. 直接控制

直接控制是指控制者与被控制对象直接接触，由控制者直接调节、干预被控制对象，从而纠正偏差的一种形式，相对于间接控制而言，其特点是直接性，即控制指令直接作用于被控制对象。

直接控制的关键是对施控人员的精心选择和有针对性的培养，一般而言，人的素质越高，偏差产生的可能性越小。因为工作能力强和综合素质高的人员在控制过程中将会不犯错误或少犯错误，控制效果较好。直接控制着眼于培养更好的主管人员，使他们能熟练地应用管理的概念、技术和原理，能以系统的观点来进行管理工作，防止出现因管理不善而造成的不良后果。因此，直接控制是通过提高管理人员的素质来进行控制工作的。

2. 间接控制

间接控制是指控制者与被控制对象不直接接触，而是借助中间工具作用于被控制对象的一种控制形式。常见的控制措施如评优、升降职务、税收、奖励惩罚等。间接控制是以合格的管理人员差错最少为指导思想，通过控制管理者的素质来控制组织活动。所谓合格的管理者，就是能正确地运用管理原理、方式、方法和技巧来进行工作，这样的管理者才能及时地察觉问题，采取合理的纠正措施，实施有效的控制。

间接控制的优点在于它能纠正管理人员由于缺乏知识、经验和判断力所造成的管理上的失误和偏差，并能帮助主管人员总结吸取经验教训，增加他们的知识，提高判断能力和管理水平。因此，间接控制主要是针对事件偏差而进行的控制。

间接控制并不是普遍有效的控制方法，因为它有一些假设前提条件，如每个员工的工作成效是可以计量并比较的，人们对工作任务负有清晰的个人责任，如充分保证分析问题出现的偏差和追究责任所需的时间、费用，如有关责任单位和责任人将会采取纠正措施等。鉴于实际工作中条件的复杂性，因此，我们常常采用其他控制方法辅助完成间接控制。

（三）按照控制有无信息反馈划分

按照有无信息反馈，控制可以划分为开环控制与闭环控制。

1. 开环控制

开环控制是指无反馈信息的系统控制方式，即控制的程序对系统的干扰影响和控制系统的未来行为都是预先认定的，不考虑实施程序中出现的外界干扰，这种控制方式缺乏适应力和应变性。例如，交通信号灯的控制、生产流水线的控制等属于开环控制。

2. 闭环控制

闭环控制是指带有反馈信息的系统控制方式。即控制程序考虑到系统被控量的信息反馈过程，并根据结果反馈，对实施程序中出现的各种干扰影响，采取措施及时纠正偏差，从而起到良好的调控作用。组织管理中的绝大多数控制属于闭环控制。

（四）按照控制来源划分

根据实施控制的来源不同，控制可以划分为正式组织控制、群体控制与自我控制。

1. 正式组织控制

正式组织控制是指管理人员主要依靠组织的管理规章、制度、政策等进行活动的控制，是对管理人员设计和建立起来的一些正式机构或规定来进行控制。正式组织控制衡量的主要标准是看其是否符合组织的规章、政策等要求。例如，组织可以通过规划指导组织成员的活动，通过预算来控制消费，通过审计来检查各部门或个人是否按照规定进行活动，并提出改进措施。

2. 群体控制

群体控制是指组织内成员的行为依靠共同的价值、规范、传统、仪式、信念以及组织文化等来调节控制。群体控制基于群体成员的价值理念和行为准则，它是由非正式组织发展和维持的。非正式组织有自己的一套行为规范。尽管这些规范并没有明文规定，但非正式组织中的成员都十分清楚这些规范的内容，都知道如果自己遵循这些规范，就会得到奖励。这种奖励可能是其他成员的认可，也可能是强化了自己在非正式组织的地位。如果违反这些行为规范就可能遭到惩罚，这种惩罚可能是遭受排挤、讽刺，甚至是被驱逐出该组织。因此，群体控制在某种程度上左右着组织成员的行为，处理妥当，有利于达成组织目标；如果处理不好，将会给组织带来损失，需要管理者对群体控制的发挥进行正确的引导。

3. 自我控制

自我控制是指个人对自身心理与行为的主动掌握，是个体自觉地选择目标，在没有外界监督的情况下，适当地控制、调节自己的行为，抑制冲动、抵制诱惑、延迟满足，坚持不懈地保证目标实现的一种综合能力。自我控制是个人有意识地去按某一行为规范进行的控制活动。自我控制能力取决于个人本身的素质，具有良好修养的人一般自我控制能力较强，具有较高层次需求的人比具有较低层次需求的人有较强的自我控制能力；顾全大局的人比仅看重自己局部利益的人有较强的自我控制能力。

在组织中，正式组织控制、群体控制与自我控制有时候是一致的，但是有时候又是相互抵触的，受到组织文化的影响，需要管理者在使用中正确引导。

四、有效控制的原则与要求

（一）客观性

在组织中，控制的标准、方法与过程应尽可能建立在客观、科学的基础上，管理人员作为控制过程的主体，不能仅凭个人的主观经验或直觉去判断，而应该采取科学的态度，建立客观的、标准的计量方法，采用科学的方法进行控制。客观性原则要求管理人员需要从组织目标的角度来观察问题和解决问题，必须谨慎适当地去分析所获得的信息，避免个人偏见与成见。

（二）适时性

有效的控制，要求能对组织活动中产生的偏差尽可能早地发现并及时采取措施加以纠正，避免偏差进一步扩大，或防止偏差对组织产生不利影响。适时性原则要求组织建立高效率的控制系统，能够迅速、准确和及时提供信息并做出管理上的反应采取纠偏措施。追求控制效率是控制活动的核心，是为了保证控制活动取得良好的结果，如果反应过于迟缓，修正措施将毫无意义，甚至带来预想不到的后果。

（三）适度性

任何组织都需要控制，但是控制系统的大小各异，无论管理者应用怎样的控制方式与手段，都需要与组织工作适合，因此，控制的适度性原则，要确定控制系统在范围、程度以及频度的各自效果和共同效果。控制过多会扼杀组织成员的积极性、主动性与创造性，控制不足则会导致组织的涣散和低效率。因此，管理者在控制力度、频度及范围上要考虑组织的整体利益、控制对象的性质、管理的层次、管理幅度、组织成员的素质等多种因素，实施与实际工作相适合的控制方法。

（四）经济性

任何控制都需要耗费一定的成本，组织衡量工作业绩、搜集信息分析偏差产生的原因，以及纠偏而采取的措施都需要支付一定的费用。同时，控制偏差，组织能够优化管理活动，提高工作效率，也会带来一定的收益。只有当组织因控制带来的收益高于付出的成本时才是经济的。控制的经济性，就是要把控制所需的费用与控制所产生的效果进行经济上的比较，只有控制带来的效益超出所需成本时，才是值得的，花费少而控制效率高的系统才是有效的控制系统。

（五）弹性

未来的不可预测性是客观存在的，组织在计划执行中因各种因素的影响，难免会出现与期望有偏差的现象，所以要允许控制在以计划为中轴的上下之间有个浮动的幅度，这样，控制才能适用和有效，这就是控制的弹性原则。为了达到有效的控制，不因计划未可预见的因素的改变而失败，在控制中就需要有替代方案，弹性控制原则要求组织在制定计划时，要考虑组织的目标、组织的控制标准等因素，制定弹性的计划和弹性的衡量标准。

五、控制的内容

一般而言，控制的内容主要包括对人员、财务、作业、信息和组织绩效等方面的控制。

（一）对人员的控制

组织目标的实现是由组织成员来完成的，为了使员工按照管理者所制定的计划去实现组织的目标任务，就必须对人员进行有效的控制。对人员进行控制最常用的方法之一就是根据员工的工作表现，进行奖励或惩罚，对员工存在的问题进行指导、帮助和解决。

（二）对财务的控制

组织内的财务资源是组织内重要的资源之一，需要组织进行合理的财务控制。例如，利润是企业追求的主要目标之一，为了实现企业的利润目标，企业需要对自身的财务报表进行审核，以保证有一定的资金支付各种费用，使得企业的各项资本都得到充分有效地利用。

（三）对作业的控制

作业控制就是对企业从生产要素投入最终产品和服务产出的转换过程进行控制。常见的作业控制包括，监督生产活动以保证其按计划进行；评价购买能力，以尽可能低的价格提供所需要的一定质量和数量的原材料；监督企业的产品或服务的质量，以保证满足预定的标准；保证所有的设备得到良好的维护等等。

（四）对信息的控制

在现代社会，知识和信息是最重要的资源。准确、及时、适量、经济的信息，会大大提高企业的效率。因此，在组织中对信息的控制显得尤为重要。

（五）对绩效的控制

在组织中，目标的实现往往通过组织的绩效体现出来，组织的绩效是管理者尤其是组织的高层管理者控制的对象。例如，企业的绩效不仅仅是企业的管理层所关注的，消费者、政府部门、供应商、投资者等也十分关注企业的绩效。要有效实施对绩效的控制，关键在于科学的衡量和评价。

六、控制的过程

不同的组织在管理过程中针对不同的控制对象使用的控制方法各有不同，但是控制的基本过程都是相同的，包括确立标准、衡量绩效和纠正偏差三个阶段，这构成了完整的管理控制过程。（如图 6.1 所示）

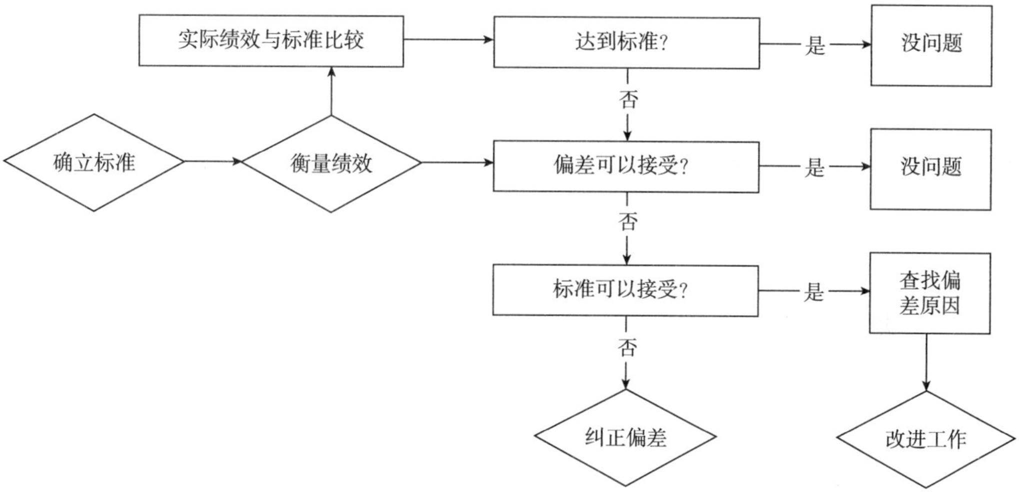

图 6.1　完整的管理控制过程

（一）确立标准

标准是衡量工作及其结果的规范。确立标准是进行控制的基础，没有标准就无法评价组织活动开展得好与坏，控制也就流于形式。所以控制标准的制定是控制有效实施的关键，控制标准是反映或者衡量组织预期稳定状态的水平或者尺度。要制订控制标准，必须找准控制的对象，抓住控制的关键点，并采用恰当且科学的方法。

1. 确定控制对象

控制工作的初始动机就是要确保组织有效地取得预期的活动结果。为了保证组织目标的实现，需要把组织的计划进行细分，使得组织各项活动以及各个环节都设定标准。根据不同的控制对象来确定不同的标准，因此，组织进行控制首先要明确控制对象是什么，管理者需要详细分析并确立组织活动要实现的目标，建立组织各层次人员的目标体系，制定考核目标完成情况的绩效考核指标，以期达到组织需要的状况和水平。

2. 选择控制关键点

在组织的发展过程中，控制的关键点是指事关组织发展的要害环节，是能够影响整个工作运作过程的重要事项。准确选取关键点对组织发挥控制职能起着至关重要的作用。控制关键点是组织在重大损失出现之前显示出差异的事项，是组织在时间或空间上能够反映组织某一方面的绩效水平，控制关键点在不同部门、不同的业务领域性质可能完全不同。

组织的管理者需要根据组织的规模、组织所从事的业务领域，选出合理的控制关键点，为组织提供所需要的信息，从而保证组织的计划得以贯穿执行。美国通用电器公司在分析影响和反映企业经营绩效的众多因素的基础上，选择了八个方面作为控制的关键点，即企业获利能力、市场地位、生产率、产品领导地位、人员发展、员工态度、公共责任、短期目标与长期目标的平衡。

3. 制定控制标准

由于控制工作贯穿组织的各项活动中，因此，控制标准就有很多种。常见的控制标准有定量和定性两大类。控制工作中常用的定量标准主要有实物标准、价值标准和时间标准。定性标准主要体现在产品和服务质量提高、顾客满意度、组织形象等方面。一般而言，一个好的控制标准体系，在内容上一般包括数量标准、质量标准、时间标准、成本和效益标准等，在文字上要求尽可能简明化、具体化、数字化、客观化，在操作中容易测定、便于考核、便于执行。

需要说明的是，控制标准在实际使用过程中还要根据环境的变化进行调整，在控制过程中发现偏差有可能来自不合理的标准时，此时管理者要修改标准，而并非单纯地想办法提高工作绩效。在管理控制过程中，管理者不要轻易降低标准，因为这样做常常会降低组织的绩效。

4. 制定标准的方法

制定标准的方法通常有三种：统计分析法、工程测量法与经验判断法。

（1）统计分析法。这种方法即根据工商企业历史数据记录或对比同类企业的水平，用统计学的方法确定标准。这种方法常用于拟定与工商企业经营活动和经济效益有关的标准。常见的统计标准有统计平均值、极大或极小值和指数等。这种方法简单易行，但是要考虑到组织所处的环境，否则容易导致组织制定的标准低于竞争者的水平或同行业的平均水平，进而造成组织工作效率低下，降低组织的竞争能力。

（2）工程测量法。这种方法以准确的技术参数和实测的数据为基础制订标准，这种方法主要用于定额标准的制订。工程测量法是通过对组织实际的工作情况进行客观定量的分析来进行的。例如，通过观察、测量，分析正常情况下机器设备被使用的最大产出量，来确定机器的产出标准；通过对构成作业的各项动作和要素在客观描述和分析的基础上，经过消除、改进和合并而确定的标准作业方法等。

（3）经验判断法。当管理所面临的活动复杂多变时，依靠历史统计资料或现实的测量都很难确定合理的标准，或者一项全新的工作没有资料可以依据，在这些情况下，标准的制定需要依靠经验丰富的管理者来做出判断，并制定相应的标准。在使用这种方法时，管理人员的主观期望和个人价值系统将起决定性作用，因此应尽量克服主观性，充分综合各方面管理人员的知识和经验，进而确立标准。这种方法一般是作为另外两种方法的补充。标准的制订是全部控制工作的第一步，一个周密完善的标准体系是整个控制工作的质量保证。

【标准的类型】

（二）衡量绩效

组织在确定了控制标准后，需要将实际绩效与预先选定的标准进行对比，以衡量控制工作的成效。

1. 确定适宜的衡量方式

（1）选择切实可行的衡量手段。在衡量实际工作绩效时，衡量的方法有多种，每种方法都各有千秋，管理者需要具体问题具体分析，并适时综合运用。常用的衡量方式有个人观察、统计报告、口头汇报、书面报告、抽样检查等。

①个人观察提供了关于实际工作的最直接的第一手资料。通过观察得到的信息不同于阅读报告得到的信息，尤其是走动管理，可以获得面部表情、语调以及懈怠等常被其他来源忽略的信息。个人观察的这些信息未经过第二手而直接反映给管理者，避免了可能出现的遗漏、忽略和信息的失真。特别是在对基层工作人员工作绩效的控制时，个人观察是一种非常有效，同时也是无法替代的衡量方法。但是个人观察的方法也有许多局限性：第一，这种方法费时费力，需要耗费管理者大量的劳动；第二，仅凭简单的观察往往难以考察更深层次的工作内容；第三，由于观察的时间占工作总时间的比例有限，往往不能全面了解各个方面的工作情况；第四，工作在被观察时和未被观察时往往不一样，管理者有可能得到的只是假象。

②统计报告为管理者提供了越来越多的衡量实际工作情况所需的信息，包括计算机输出的文字、图形、图表、各种数据等。统计报告将在实际工作中采集到的数据以一定的统计方法进行加工处理后而得到的报告。特别是计算机应用技术越来越发达的今天，统计报告对衡量工作有着很重要的意义。但尽管如此，统计报告的应用价值还是要受两个因素的制约：一是其真实性，即统计报告所采集的原始数据是否正确，使用的统计方法是否恰当，管理者往往难以判断；二是其全面性，即统计报告中是否全部包括了涉及工作衡量的重要方面，是否遗漏或掩盖了其中一些关键点，管理者也难以肯定。

③口头汇报是一种可以通过语言语调和词汇本身来传达信息的一种形式，常用的有各种会议、一对一的谈话或电话交谈等。口头汇报的优缺点与个人观察的方法相似，是一种快捷的、有反馈的信息获得形式，但容易受报告人的主观影响。这种方式收集的信息在过去往往不便于存档和重复使用，但随着最近几年在技术上的进步，口头汇报很容易被录制下来，并可以像书面文字一样永久保存和重复使用。

④书面报告和统计报告一样信息取得相对来得缓慢，与统计报告相比书面报告显得要随意一些。与口头汇报相比书面报告显得要正式一些，常常比口头汇报的形式更精确和全面。此外，书面报告比较综合、简洁，易于分类存档和查找，其质量也更容易控制。

⑤抽样检查。这种方法是从所有的调查对象中选取部分能描述总体特征的对象作为样本，通过样本反映的情况来推断所有调查对象的状况。在工作量比较大而工作质量又比较平均的情况下，管理者可以通过抽样检查来衡量工作，即随机抽取一部分工作进行深入细致的检查，以此来推测全部工作的质量。这种方法最典型的应用是产品质量检验，在产品数量极大或者产品检验具有破坏性时，这是最佳可以选择的衡量方法。此外，对一些日常事务性工作的检查来说，这种方法也非常有效。

（2）确定适宜的衡量频度。组织为了实现有效的控制，要求管理者确定适宜的衡量频度，恰当的考核频度是指间隔多长时间衡量一次实际工作的绩效。适宜地衡量频度取决于被控制活动的性质、控制活动的要求，衡量频度不仅体现在控制目标的数量，且体现在对同一标准的测量次数或频度上。对控制对象或要素的衡量频度过高的话，不仅会增加组织的控制费用，同时也可能导致相关组织成员的不满，影响他们的工作态度，产生抵触情绪，而对组织目标的实现产生负面影响；但衡量和检查的次数过少，衡量频度过慢，虽然组织检查的费用降低，则有可能造成许多重大的偏差不能被及时发现，不能及时采取措施，可能给组织带来损失，从而影响组织目标和计划的完成。比如产品质量的控制则以小时或日为单位进行，而对新产品开发的控制则可能需要以月为单位。

（3）选择适宜的衡量主体。组织是一个复杂的结构，管理人员往往将控制过程分层进行。不同的控制主体其控制方法和控制效果也不同。控制的主体可以是员工个人，也可以是同一层级的其他人员，亦可以是上级管理人员。在管理控制中，若控制的主体是员工个人，这是调动员工自身积极性、主动性的控制；若控制的主体是同一层级的其他人员，这是一种带有指导性的监督控制；若控制的主体是上级管理人员，这是一种强加的、非自主的控制。

（4）确定衡量的客体。衡量的客体是衡量绩效工作的前提，它是管理者落实实际衡量工作的起点。组织的管理者要衡量什么环节的哪一项工作取决于它的重要程度，管理者需要对组织绩效的重要特征进行衡量。在管理实践中，管理者侧重于易衡量的项目，而忽视那些不易衡量、较不明显，其实相当重要的项目，在工作中应设法避免这种情况，衡量客体的选择要客观。

2. 建立有效的信息反馈系统

衡量实际工作情况的目的是为管理者提供有用的信息，为纠正偏差提供依据。组织活动的控制工作由负有控制责任的管理人员监督执行。管理人员必须及时掌握实际工作与预期的工作绩效之间的偏差，才能迅速采取有力措施，最大限度地避免组织的损失。由于工作的复杂性，并不是所有衡量绩效的工作都直接由负责纠偏的主管人员和部门进行，控制工作的开展有时候需要借助专职检测人员来协助完成，因此，组织需要建立一个有序的偏差信息传递系统，以保证有效的信息反馈。组织的信息反馈系统不仅可以把信息传递给上级管理人员，使之与预定标准进行比较，找出差异的原因所在，及时解决问题，同时也可以传递给被控制的下级员工，使之能够自我检查，及时改正。

3. 检验控制标准的客观性和有效性

检验控制标准的客观性和有效性，是要分析对控制标准执行情况的测量能否取得符合控制需要的信息。在为控制对象确定标准的过程中，人们可能只考虑了一些次要的非本质因素，或只重视了一些表面的因素，因此，利用预先确定的标准去检查人们的工作，有时候并不能达到有效控制的目的。衡量过程中的检验工作就是要辨别并剔除那些不能为有效控制提供必需的信息以及容易产生误导作用的不适宜标准，以便根据控制对象的本质特征制定出科学的控制标准。

组织对于衡量控制工作的成效是以预定的标准为依据来进行的。如果实际工作与标准之间存在偏差，这就出现了一个问题：偏差是在执行中出现的问题，还是标准本身存在问题呢？ 如果是第一种情况导致的，那就及时采取纠偏措施，尽量减少组织的损失。如果是第二种情况导致的，就需要修正和更新标准，以免误导组织的工作。因此，利用预先制定的标准去检验各部门、各阶段和每个人工作的过程，同时也是对标准的客观性和有效性进行检验的过程。

（三）纠正偏差

纠正偏差是在衡量工作绩效的基础上，针对被控制对象出现的偏离程度，及时采取措施予以纠正，使其恢复到正常状态上来的过程。

1. 将实际工作绩效与控制标准进行对照

分析组织实际工作的绩效，并与组织的控制标准进行比较，结果无非有两种可能，一种是存在偏差，另一种是不存在偏差。一般来说，管理工作的实际成效与控制标准不可能完全一致，两者之间总会有一定的偏差，实际上并非与标准不符合的结果都被归结为偏差，因此，人们往往规定一个可以浮动的范围。一般情况下，只要工作结果在这个范围之内就不认为是出现了偏差。

在管理实际工作中，有的控制偏差是可以量化的，有的则是定性化的。由此使得一些管理偏差的界定其实只是管理者内心对事物结果有个预先确定的可接受范围，这个范围一般来说只可意会不可言传，一旦组织的实际工作绩效在管理者内心产生的影响超过了这个范围，则被界定为存在偏差，需要采取进一步的措施去纠正偏差。

2. 分析偏差的性质

偏差可分为正偏差和负偏差，正偏差是实际绩效比标准完成得还好，负偏差是实际绩效没有达到标准的要求。负偏差固然引人注目需要纠正，但是，出现正偏差时也不一定就没有问题，也必须引起注意并正确处理。如，对企业而言，由于正偏差，生产超过了计划，造成库存大量积压、资金周转不灵，也会危及企业经营目标的实现。

3. 分析偏差的原因

实际工作与标准产生偏差的具体原因不同，偏差的种类也不同。如组织成员工作不负责、不认真，或不能胜任、能力有限等导致的偏差与国家政策法规的变化、国际政治变化、市场出现了新的强大竞争对手、某个大客户或大供应商突然破产等导致的偏差有极大的差异。因此，在分析偏差的原因时，要分析组织内部的具体工作状况，也要检查外部的工作环境，分析偏差的程度对组织的影响，找出导致偏差的本质原因。尤其是注意正偏差，因为正偏差的产生有可能是某些特殊事件作用的结果，不能忽视隐藏在背后的原因。

4. 纠正偏差的措施

纠正偏差深入分析了偏差产生的原因后，管理者就需要根据具体的情况采取适当可行的措施。一般而言，组织的管理者纠正偏差的主要措施有以下几种：

（1）不采取行动。当工作绩效与控制标准之间不存在偏差或偏差在允许的范围内时，企业管理者往往不会采取任何行动。小范围的偏差有时候可以通过组织的自我适应控制来调整。还有一种比较常见的情况是，通过成本收益分析，管理者会发现，如果采取纠偏行动，发生的费用可能会超过偏差带来的损失。此时，最好的解决方法也就是不采取任何行动。

（2）重新修订控制标准。在某些情况下，偏差还有可能来自不切实际的标准，因为标准定得过高或过低，即使其他因素都发挥正常也难以避免与标准的偏差。这种情况的发生可能是由于当初计划工作的失误，也可能是因为计划的某些重要条件发生了改变等。发现标准不切实际，管理者可以修订标准，组织的管理者可以采取的方法通常有提高标准和降低标准两种。如果标准脱离实际，并由此导致多数员工、多数部门无法实现控制目标时，管理部门就需要想办法适当地降低标准；相反，如果企业的实际工作绩效已经远远超过了标准，则应在充分肯定工作成效的基础上，适当地提高标准。

在管理控制的实际工作中，标准的修订是不可避免的，这是因为，在组织管理中，一些不确定因素的影响在多数情况下是难以预测的。同时，管理环境的变化会导致管理目标和标准的变化。从某种意义上说，管理控制是一个不断制定标准、实施标准、修订和完善标准的过程。值得注意的是，在修订标准时，应该从实际情况出发，强调标准的客观性和有效性，避免管理人员主观因素所产生的消极影响。

改进工作绩效。如果偏差是由于工作产生的，且偏差已超出了允许的范围，则需要采取纠偏措施，以改进工作绩效。改进工作绩效采取的方式涉及各方面的管理工作，通常包括改进生产技术、改进流程、改进管理方式、调整组织结构、改进激励措施、重新配置人力物力资源、调整培训计划等。

同步案例

四季沐歌公司H省上市周年庆购物狂欢节的考核

2000年，经历了反复研究、试验，第一台四季沐歌牌太阳能终于诞生了。这款太阳能自上市后，一度卖到脱销，四季沐歌品牌也因此红遍大江南北。在此之后，公司逐渐成长并不断扩大业务领域，于2012年5月21日在沪市A股主板上市。2020年，为了庆祝公司成立20周年，在H省开展了声势浩大的“521购物狂欢节”的活动。

H省“521购物狂欢节”的主题是“三退两换·轰动中原”，即3个月无理由退货，2年只换不修。本次活动的时间是从2020年4月10日—2020年5月21日，其中，4月10日召开业务经理动员会（地点：浙江余姚），4月16日召开总代理启动会（地点：洛阳基地），4月25日召开经销商线上启动会，购物狂欢节活动时间为4月25日—5月21日。本次活动的参与者为H省所有云商、云店、零售商，本次活动由全省统一行动，统一物料，统一终端店面，统一宣传，统一服装，本次活动由公司聘请第三方全程考核，具体考核方案如下。

（一）红黑考核榜单

根据公司在H省的经营状况，将H省的经销商分为三类，分别是超重量级战区19家，重量级战区26家，轻量级战区20家，考核结果按照红黑榜进行公示，具体指标如下：

红黑考核榜单

红榜奖励明细

考核对象	考核范围	考核标准	评比名次	奖励金额	评比次数	备注
经销商	当日之星	截至当天 22：00，销售单数排名前 10 的门店	1–10 名	50 元 / 店	26 次	公示奖项
	轻量级战区	活动期间各战区销售单数完成率排名前 3 名	第一名	800 元	4 次	公示奖项 锦旗奖励
			第二名	500 元		
			第三名	200 元		
	重量级战区		第一名	900 元		
			第二名	600 元		
			第三名	300 元		
	超重量级战区		第一名	1000 元		
			第二名	700 元		
			第三名	400 元		
	最终销售额	活动期间各战区最终销售额排名前 15 名	第一名	2000 元	1 次	公示奖项 锦旗奖励
			第二名	1200 元		
			第三名	800 元		
			第四名	500 元		
			第五名	300 元		

黑榜处罚明细

考核对象	处罚明细	考核标准	备注
经销商	黑榜公示	活动期间未完成基础目标	
	黑榜公示 +100 元处罚	倒数第一名	
	黑榜公示 +80 元处罚	倒数第二名	
	黑榜公示 +50 元处罚	倒数第三名	
	黑榜公示 +100 元处罚	挂“0”门店	

（二）PK 机制

1. PK 金：经销商对赌 PK 金：500 元；各门店对赌 PK 金：200 元。

2. PK 规则：对赌 PK 金发放标准，完成阶段任务，退还对赌金；未完成阶段任务，对赌金奖励给完成任务的区域，若都未完成阶段任务，扣除对赌金（单个门店完成 1.5 万回款，即可退还对赌金）。

3. 基于公平公正的原则，根据经营业务情况，将等量体的经销商分为 30 小组进行。

4. PK 金由各业务经理收取并交第三方考核公司，活动结束后由第三方考核公司发放 PK 金。

（三）制度保障

1. 打卡制度：每日 9：00 之前，18：00 之后，进行水印照片打卡。

2. 推广制度：每天至少 2 次朋友圈分享（公司规划海报、文案、视频）。

3. 报单制度：成交客户需要在群内报单：战报 + 单据照片 + 客户合影 + 后台录单。

4. 会议制度：每日 21：00 进行业务经理钉钉视频会议；经销商进行阶段视频会议。

5. 汇报制度：业务经理及第三方考核公司每日向公司市场部提交工作日志。

6. 打分制度：关于门店布置、参与度、互动性、展销等，由第三方考核公司监督，打分标准为终端布置 2 分、展销 2 分、参与度 2 分、回款 4 分，共计 10 分。

经过为期一个多月的活动，促使四季沐歌公司 H 省提高了约 30% 的销售额，使得 H 省提前完成了公司上半年的考核指标，为全年的考核奠定了良好的基础。

（资料来源：此案例资料经江苏四季沐歌有限公司授权共同开发）

想一想：

四季沐歌公司 H 省上市周年庆购物狂欢节考核的控制类型有哪些？我们身边的组织可以学习和借鉴该公司哪些控制手段？请举例说明。

工作任务

以小组为单位，收集你身边不同组织的控制案例并说明该案例处于控制过程的哪个阶段。

第二节　控制的方法

一、预算控制法

（一）预算控制的概念

预算是一种以货币和数量表示的计划，是关于为完成组织目标和计划所需资金的来源和用途的书面说明。预算以货币作为计量单位把计划活动数字化，通过预算为各部门或各项活动规定了在资金、劳动、材料、能源等方面的支出额度。

预算控制就是根据预算规定的收入与支出标准来检查和监督各个部门的活动，以保证各种活动或各个部门在完成既定目标、实现利润的过程中对资源充分利用，从而使费用支出受到严格有效的约束。预算控制是组织管理中最基本、最为广泛运用的一种控制方法。

（二）预算控制的种类

1. 收支预算。收支预算又称营业预算，是指组织在预算期内以货币单位表示的收入和经营费用支出的计划预算。它综合反映了组织在预算期内生产经营的财务情况，从财务角度计划和预测未来活动的成果以及为此而付出的费用，并作为组织经营活动最终成果的重要依据。收支预算主要包括销售预算、生产预算、直接材料采购预算、直接人工预算、制造费用预算、单位生产成本预算、管理费用预算等。

2. 实物量预算。实物量预算又称为非货币预算。它是用实物单位表示的预算，以作为货币支出预算的补充。因为产品价格在不同的时期会发生波动，以货币量表示组织收支状况会受到影响，从而导致预算数与实物产出计划的时间不一致，所以，用实物单位作为货币单位的补充可以有效避免价格波动给组织带来的困扰。常用的实物量有原材料数量、直接工时数、场地面积、产品数量等。

3. 投资预算又称资本支出预算，是指组织为更新或扩大规模，投资于厂房、机器、设备等其他有关设施，增加固定资产的各项支出预算。它概括了组织在何时进行投资、投资多少、融资渠道如何、何时可获得收益、每年的现金流量为多少、投资回报率等问题。投资预算涉及金额大，回报时间长，因此投资预算总是和组织的发展战略以及长远规划相一致的。

4. 现金预算。现金预算是指组织对未来生产与销售活动中现金的流入与流出进行预测，通常由财务部门编制。现金预算只能包括那些实际包含在现金流程中的项目，例如，赊销所得的应收款在客户实际支付以前不能作为现金收入，赊购所得的原材料在未向供应商付款以前也不能列作现金支出。因此，现金预算并不需要反映企业资产负债情况，而是要反映企业在未来活动中的实际现金流量和流程。通过现金预算可以帮助企业发现资金的闲置或不足，从而指导企业及时利用暂时过剩的现金，或及早筹齐维持运营的短缺资金。通常现金预算的编制期都较短，在我国最常见的是按季和按月进行编制。

5. 资产负债预算。资产负债预算是对企业会计年度末期的财务状况进行预测。它通过将各部门和各项目的分预算汇总在一起，表明如果企业的各种业务活动达到预先规定的标准，在财务期末企业资产与负债会呈现何种状况。资产负债预算是根据汇总分预算做出的，所以，不需要提出新的计划或决策，但通过对分预算的分析，可以发现某些分预算中存在的问题，从而有助于及时采取措施调整。此外，将本期预算与上期实际发生的资产情况进行对比，还可以及时发现对组织不利的变化，起到事前控制的作用。

6. 总预算。总预算是以组织目标和计划为依据进行编制的。总预算由组织中各种预算综合而成的，是一种对预算期的最后一天（通常是会计年度的结尾时）的财务状况的预算。

7. 弹性预算。弹性预算是指预算指标有一定的调整余地，执行人可灵活执行的预算。这种预算的控制力度稍弱，但有较强的环境适应性，能较好地适应控制的要求。在编制弹性预算时，应根据具体情况研究各种费用的变动程度，以确定各种换算系数，这样更有利于控制预算的合理性、准确性，减少预算变动的频繁程度。

8. 零基预算。零基预算是在每个预算年度开始时，将所有还在进行的管理活动都看作重新开始。根据组织目标，重新审查每项活动对实现组织目标的意义与效果，并在费用—效益分析的基础上，重新排出各项管理活动的优先次序，资金和资源分配均按此次序进行。其基本思想是在编制预算时，必须对每项费用都予以重新核查，要以目前的需求和发展趋势作为核查基准。零基预算对费用一视同仁，能促使各方面合理使用资金，而且可大幅度压缩开支，提高效益。需要说明的是，零基预算工作量很大，成本较高，而且在费用估计时有一定的主观性。

二、非预算控制法

非预算控制，是指并不利用预算进行控制的控制手段，其中常用的方法有：比率分析、审计控制、统计分析、报告与视察、人事控制、网络分析技术等。

（一）比率分析

一般来说，仅从组织管理工作成效的绝对数量总量的度量中是很难得到准确的结论的。因此，在对组织经营活动状况做出是否有成效的判断之前，必须首先分析所获得数据之间的内在关系，相互对照才能说明一些问题，这种方法就是比率分析。企业经营活动状况分析常用的比率可以分为两大类，即财务比率和经营比率。如表6.1所示。

表6.1　　企业经营活动状况分析常用比率表

财务比率	偿债能力和获利能力等财务状况	流动比率、负债比率、销售利润率、资金利润率等
经营比率	经营效率高低和各种资源的充分利用情况	库存周转率、固定资产周转率、销售收入与销售费用的比率等

（二）审计控制

审计是对反映组织资金运动过程及其结果的会计记录及财务报表进行审核、鉴定，以判断其真实性和可靠性，从而为控制和决策提供依据。审计是一种常用的控制方法，主要有：财务审计、业务审计、管理审计、经营审计等。

1. 财务审计是以财务活动为中心内容，以检查并核实账目、凭证、财物、债务以及结算关系等客观事物为手段，以判断财务报表中所列出的综合的会计事项是否正确无误，报表本身是否可以信赖为目的的控制方法。通过这种审计还可以判明财务活动是否符合财经政策和法令。财务审计一般分为外部财务审计和内部财务审计。

外部财务审计是由非本组织成员的外部专门审计机构和审计人员，如国家审计部门、公共审计师事务所对本组织的财务程序和财务往来进行有目的的综合检查审核。内部财务审计是由本组织系统内部的财务人员所负责开展的财务审计活动。内部财务审计的目的也和外部财务审计的目的相同，即保证组织系统的财务报表能准确、真实地反映组织的财务状况。

2. 业务审计是内部财务审计的扩展，其审计的范围包括财务、生产、市场、人事等方面。这种审计可以由本组织聘请外部独立的咨询机构和专家进行。

3. 管理审计的目的是要明确组织的优势和劣势，全面改善组织的管理工作。管理审计是业务审计的进一步发展，是对组织各项职能以及战略目标所进行的全面审计，审计范围包括审计结构、计划方法、预算和资源分配、管理决策、科研与开发、市场、内部控制、管理信息系统等。

4. 经营审计是对组织经营计划的实施过程，即经营控制过程的审计。它是经营决策、经营战略和经营计划等的必然延续和补充，可验证、补充或纠正经营计划审计的结论，并可为经营结果、效益的审计提供依据。经营审计的目的在于保证组织实际的经营活动及其成果同预期的目标相一致。经营审计的主要内容有制度方面的审计、经营业务方面的审计、财务方面的审计等。

（三）统计分析

管理人员通过对过去的资料或未来的预测进行统计分析，从中发现规律，对比自己企业的经营状况，进行有效控制，这种控制方法被称为统计分析。该方法的优点是简单明了，例如用曲线、图表画出趋势图或历史资料使人一目了然，但缺点是可比性比较差，已经发生的未必一定会再发生，对未来的预测准确性不高。

（四）报告与视察

1. 报告

报告是指管理者搜集阅读关于组织系统运行信息的各种分析报告了解情况，以控制系统正常运行的一种控制手段。主要目的是提供一种必要的、可用于纠正措施依据的信息。实践中人们常采用专题报告来揭示非例行工作的情况。

完善的控制报告应体现有效控制的特性。这种报告应当是客观的、公正的、适时的、经济的，包括需要的资料，如实反映组织当前的情况和发展趋势，突出有重要价值的关键问题，遵循组织的宗旨、目标和方针，提出改善和纠正的措施。

2. 视察

视察是管理者亲自到工作现场，对组织活动进行直接的巡视、查看、了解组织系统运行状况，衡量工作业绩，发现偏差，立即纠正。这种方法适用于从组织中一些关键领域获取控制信息，它是管理人员进行控制、判断和调整措施的一种手段。亲自视察作为获得信息的手段是耗费时间的，而且从个人接触中所获得的第一手信息的价值，还要受到观察者的感知技能和理解能力的限制。尽管如此，亲自视察有利于拉近管理者与被管理者之间的距离，有利于管理者获得来自第一线的信息，因此，它是其他控制方法所不能替代的。

（五）人事控制

组织的控制工作从根本上说是对人的控制，其他几方面的控制也要靠人去实现和推行。从本质上讲，人事方面的控制主要集中在对组织内人力资源的管理上，主要有两大方面的控制，人事比率控制和人事管理控制。

1. 人事比率控制主要是分析组织内部各种人员的比率，如管理人员与被管理人员的比率，后勤服务人员与生产工人的比率，正式职工与临时工的比率，以及人员流动率和旷工缺勤率等是否维持在合理的水平上，以便采取调查和控制措施。

2. 人事管理控制主要是对管理人员和被管理人员在工作中的成绩、能力和态度做出客观公正的考核、评价和分析鉴定，这既有利于激励原来表现好的员工继续保持和发扬下去，也有利于原来表现差的员工向着好的方向转化和发展。

（六）网络分析技术

网络分析技术作为一种控制方法有效地对项目所使用的人力、物力、财力资源进行平衡，能够控制项目的时间，能够在实施出现偏差时找出原因和关键因素，并能从总体上进行调整，以保证按质按量达成目标。

三、生产控制法

企业的生产经营活动是一个动态的过程：企业首先获得原材料、零部件、劳动力等投入，经过企业系统的转换和经营，生产出有形的产品或无形的劳务。在这个过程中，涉及生产过程中各种生产要素、各个生产环节及各项专业管理。生产控制法主要有：库存控制、质量控制、成本控制、生产进度控制、设备控制等。

（一）库存控制

库存控制是指应当使各种库存物资的种类、数量、存储时间维持在合理的水平上。其主要功能在于，既保障企业生产经营活动的正常进行，又通过规定合理的库存水平和采取有效的控制方式，使库存数量、成本和占用资金维持在最低限度。降低库存，从某种程度上来说，减少库存就减少了周转资金的积压，减少了企业贷款的费用，并且节省出来的周转资金可以用来购买先进的生产设备。

常见的库存控制方法有 ABC 分类法、经济批量法、定期补充法等。

1.ABC 分类法是根据企业不同库存物资的重要程度，对企业所有库存物资进行分析、计算，把物资分为 A、B、C 三类，然后对不同类别的物资实施不同的管理。一般来说，在企业中库存几千种物资并不少见，对这些物资都进行严格的控制显然是不可能，也是不必要的。对组织而言，大多数库存中的大约 20% 的物品占年度库存总价值的 80%，这类物资通常称为 A 类；另外 20% 的物资占了价值的 15%，通常称为 B 类；其余的物资只占 5% 的价值，通常称为 C 类。一般来讲，对 A 类物资要进行最严格的控制，因为 A 类物资的数量非常少，却占用了大量的投资金额；B 类进行一般的控制；C 类进行最少的控制，因为这类物资占用的资金很少，可以通过简单设置订货点的方式进行控制。

2. 经济批量法是企业在保证满足均衡生产需要的条件下，通过费用计算和确定最低的合理生产批量的数学方法。当企业在一定期间内总需求量或订购量为一定时，如果每次订购的量越大，则所需订购的次数越少，其结果是订购费用较低，但存储费用较高；如果每次订购的量越小，则所需订购的次数越多，其结果是存储费用较低但订购费用较高。而经济批量模型就是在订购费用和存储费用之间取得平衡，使总费用低，由此计算出订购的数量。

3. 定期补充法采用固定的订货时间间隔，如每周、每月或每 90 天发出一次订货，每次订货的数量为将现有库存量补充到期望水平库存量所需订购的数量。定期补充法由于不需要随时检查库存，不同的物资可以同时订货，因此，简化了管理，也节省了订货费用，但订货数量的变化可能会给供应商带来不便。

（二）质量控制

质量有广义和狭义之分，狭义的质量指产品的质量，而广义的质量除了产品质量还包括工作质量。常见的质量控制的方法是全面质量管理。

从 20 世纪 50 年代开始的全面质量管理是以保证产品质量和工作质量为中心，企业全体员工参与的质量管理体系，它具有多指标、全过程、多环节和综合性的特征。

全面质量管理的对象是全面的，不仅要管理好产品质量，而且要管理好产品赖以形成的工作质量，产品的质量不仅应符合企业确定的标准，而更重要也是最关键的是要符合消费者的标准。全面质量管理的过程和范围是全面的，实行过程的质量管理，要把形成产品质量的全过程都管理起来，全面质量管理的重点不是单纯的事后检验，而是事先控制不合格的产品生产及产品设计。全面质量管理的参加人员是全面的，它要求企业各业务部门、各环节的全体员工都要参加质量管理，要求企业内所有人员都重视质量，关心质量，切实做好各项质量责任范围内的本职工作。全面质量管理的方法是全面的，在质量分析和质量控制时必须以数据为科学依据，全面综合运用各种质量管理方法，并将这些方法与改善组织管理、改进生产技术和提高人员素质结合起来。

全面质量管理的基本方法为一个过程，四个阶段，八个步骤。具体方法为，企业管理是一个过程，企业的每项生产经营活动，都有一个产生、形成、实施和验证的过程。四个阶段为：“计划（Plan）——执行（Do）——检查（Check）——处理（Act）”四阶段的循环方式，简称 PDCA 循环。八个步骤为：（1）分析现状，找出存在的质量问题；（2）分析产生质量问题的各种原因或影响因素；（3）找出影响质量的主要因素；（4）针对影响质量的主要因素，提出计划；（5）执行计划，落实阶段；（6）检查计划的实施情况；（7）总结经验，巩固成绩，工作结果标准化；（8）提出尚未解决的问题，转入下一个循环。

在管理工作中，PDCA 是按照程序化进行的，必须按照 PDCA 的顺序转动，不可逆转；其次 PDCA 的循环适用于整个企业及企业的各个部门、各个环节、各个人，大环套小环，小环保大环，推动大循环；PDCA 循环是高效化，每循环一次，就可以解决一些质量问题，质量管理水平就得到新的提高，不断循环，质量管理水平逐步上升。

【海底捞的产品质量控制】

（三）成本控制

成本控制贯穿生产的全过程，成本控制包括生产过程前的控制和生产过程中的控制。生产过程前的成本控制，主要是在产品设计和研制的过程中，对产品的设计、工艺、装备、材料选用等进行技术经济分析和价值分析，以及对各类消耗定额的审核，以求用最低的成本生产出符合质量要求的产品。生产过程中的成本控制，主要是对日常生产费用的控制，其中包括：材料费、各类库存品占用费、人工费和各类间接费用等。实际上，成本控制是从价值量上对其他各项控制活动的综合反映，因此，成本控制必须与其他各控制活动结合进行。

（四）生产进度控制

生产进度控制即对生产量和生产期限的控制，其主要目的是保证完成生产进度计划所规定的生产量和交货期限。这是生产控制的基本方面，而库存控制、成本控制等都对生产进度产生不同程度的影响。在某种程度上，生产系统运行过程的各个方面问题都会反映到生产作业进度上。因此，在实际运行管理过程中，企业的生产计划与控制部门通过对生产作业进度的控制，协调和沟通各专业管理部门（如产品设计、工艺设计、人事、维修、质量管理等部门）和生产部门之间的工作，基本可以实现整个生产系统运行控制的协调与统一。

（五）设备控制

设备控制主要是对机器设备、生产设施等制造系统硬件的控制，其目的是尽量减少并及时排除物资系统的各种故障，使系统硬件的可靠性保持在一个相当高的水平。如果设备、生产设施不能保持良好的正常运转状态，就会妨碍生产任务的完成，造成停工损失，增加生产成本。因此，选择恰当的控制方式，加强日常设备维护保养，设计合理的维修程序是非常重要的。

四、其他控制法

（一）平衡计分卡控制

1992 年卡普兰（Kaplan）和诺顿（Norton）的文章《平衡计分卡：企业绩效的驱动》一经发表，便得到了广泛推崇和应用。平衡计分卡作为一种综合控制方法，打破了传统的只注重财务指标衡量业绩的管理控制方法。在信息社会里，传统的控制业绩管理的方法并不全面，组织必须通过在客户、供应商、员工、组织流程、技术和革新等方面的投资，获得持续发展的动力。正是基于这样的认识，平衡计分卡控制方法认为，组织应从四个角度审视并控制自身业绩，分别为：财务、客户、内部流程、学习与成长。

平衡计分卡控制方法在应用时要注意以下几个方面：

1. 财务指标和非财务指标的平衡，企业考核的一般是财务指标，而对非财务指标（客户、内部流程、学习与成长）的考核很少，即使有对非财务指标的考核，也只是定性的说明，缺乏量化的考核，缺乏系统性和全面性。

2. 企业的长期目标和短期目标的平衡。平衡计分卡是一套战略执行的管理系统，如果以系统的观点来看平衡计分卡的实施过程，则战略是输入，财务是输出。

3. 结果性指标与动因性指标之间的平衡。平衡计分卡以有效完成战略为动因，以可衡量的指标为目标管理的结果，寻求结果性指标与动因性指标之间的平衡。

4. 企业组织内部群体与外部群体的平衡。平衡计分卡中，股东与客户为外部群体，员工和内部业务流程是内部群体，平衡计分卡可以发挥在有效执行战略的过程中平衡这些群体间利益的重要性。

5. 领先指标与滞后指标之间的平衡。财务、客户、内部流程、学习与成长这四个方面包含了领先指标和滞后指标。财务指标就是一个滞后指标，它只能反映公司上一年度发生的情况，不能告诉企业如何改善业绩和可持续发展。而对于后三项领先指标的关注，使企业达到了领先指标和滞后指标之间的平衡。

成功的平衡计分卡控制制度是把企业的战略和一整套财务和非财务性评估手段联系在一起。平衡计分卡可以阐明战略并在企业内部达成共识，在整个组织中传播战略，把部门和个人的目标与战略相联系，把战略目标与战术安排衔接起来，对战略进行定期和有序的总结，利用反馈信息改进战略。

（二）标杆控制

标杆控制是以在某一项指标或某一方面实践上竞争力最强的企业或行业中的领先企业或组织内某部门作为基准，将本企业的产品、服务管理措施或相关实践的实际状况与这些基准进行定量化的评价、比较，在此基础上制定、实施改进的策略和方法，并持续不断反复进行的一种管理方法。标杆控制的心理学基础在于人的成就动机导向，认为任何个人与组织都应设定既富有挑战性又具有可行性的目标，只有这样，个人和组织才有发展的动力。

标杆控制的实施需要历经一系列的步骤。

1. 确定标杆控制的项目。标杆控制的项目一般是对企业竞争力影响最重要的因素，同时也是企业的薄弱环节。如一个企业的生产成本高于竞争对手，那么它可以选择成本管理作为标杆管理的项目；一个企业的新产品研制速度低于竞争对手，那么它就可以选择研发能力作为对象。一般来说，项目应在对自己状况进行比较深入、细致研究的基础上确定。

2. 确定标杆控制的对象和对比点。这个对象应当是在同组织、同行业、同部门业绩最佳、效率最高的少数有代表性的对象。标杆控制的对比点应当在标杆控制项目范围内决定，通常为业绩的作业流程、管理实践或关键要素，在此基础上确立测量指标作为控制的依据。

3. 组成工作小组，确定工作计划。企业层次标杆控制活动的组成人员通常由决定竞争力因素的核心部门的能够识别专业流程优劣的人士参加。

4. 资料收集和调查。首先收集相关项目、相关调查对象和调查内容方面已有的研究报告、调查报告或相关信息，在研究这些已有资料的基础上，拟订实地调查提纲和调查问卷。在实地调查之前，要在内部对调查问卷和实地调查方法进行检验，确定调查问卷和方法的有效性。在实地调查过程中，需要重点关注造成差异的方面。

5. 分析比较，找出差距，确定最佳纠偏做法。在对调查所取得的资料进行分类、整理，并进行必要的进一步调查的基础上，进行调查对象之间以及调查数据与自己企业的实际情况的比较研究，确定出各个调查对象所存在的差异，明确差距形成的原因和过程，并确定出最佳做法。

6. 明确改进方向，制定实施方案。在明确最佳做法的基础上，找出弥补自己和最佳实践之间差距的具体途径或改进机会，设计具体的实施方案，并进行实施方案的经济效益分析。实施方案要明确实施重点和难点，预测可能出现的困难和偏差，确定对实施情况的检查和考核标准。

7. 沟通与修正方案。利用各种途径，将拟订的方案、所要达到的目标前景同全体成员进行反复交流与沟通，征询意见，争取全体成员的理解和支持，并根据成员建议，修正和完善方案，以统一成员思想，使全体成员在方案实施过程中目标一致、行动一致。

8. 实施与监督。将方案付诸实施，并将实施情况不断和最佳做法进行比较，监督偏差的出现并采取有效的校正措施，以努力达到最佳实践水平，努力超过标杆对象。

9. 总结经验。在完成了首次标杆控制活动之后，必须对实施效果进行合理的评判，并及时总结经验，对新的情况、新的发现进行进一步的分析。

10. 进行再标杆循环。针对环境的新变化或新的管理需求，锚定下一次标杆的项目对象。

通过设立挑战和赶超对象，并以最关键或最薄弱的因素作为改进内容，标杆控制以此全面提升企业的竞争力。在标杆管理的控制指标中，不仅要求采用财务指标，还要求采用一些非财务指标。

与其他控制方法一样，标杆控制也存在着不足。一是标杆管理和控制容易导致企业竞争战略趋同。标杆控制方法鼓励企业相互学习和模仿，因此在奉行标杆控制的行业中，可能所有的企业都企图通过采取类似行动来改进绩效，在竞争的某个关键方面超过竞争对手。模仿可能使得企业之间相对效率差距日益缩小，这会导致各个企业在战略上趋向一致。各个企业的产品、质量、服务甚至供应销售渠道大同小异，在企业运作效率上升的同时，利润率却在下降。二是标杆控制容易使企业陷入“落后—标杆—又落后—再标杆”的“标杆管理陷阱”之中。如果标杆控制活动不能使企业跨越与领先企业之间的“技术鸿沟”，单纯为赶超先进而继续推行标杆控制，反而会使企业陷入繁杂的“标杆管理陷阱”。如 IBM 和通用电气公司在复印机刚刚问世时，曾标杆于复印机领先者施乐公司，结果陷入了无休止的追赶游戏之中，最终不得不退出复印机行业。

同步案例

标杆控制的典范

起源于 20 世纪 70 年代末 80 年代初的标杆控制管理，帮助许多公司取得了成功。最早推行标杆控制管理方法的美国施乐公司是一个典型例子。1976 年以后，一直保持着世界复印机市场垄断地位的施乐公司遇到了来自国内外竞争者的挑战，市场份额从 82% 下降到 35%，特别是日本竞争者的挑战，如佳能、NEC 等公司，这些公司以施乐的成本价销售产品仍能够获利，而且产品开发周期、开发人员分别比施乐短或少 50%。面对竞争威胁，施乐公司最先发起向日本企业学习的运动，开展了广泛、深入的标杆控制管理。施乐开展标杆控制，将比恩公司的仓库管理模式作为标杆，改善物流配送部，以美国快运为标杆，优化了自身订单处理和应收程序，以西屋公司和美国医院为标杆，优化了自身条形码处理和自动化库存。

通过全方位的集中分析比较，施乐弄清了这些公司的运作机制，找出了与佳能等主要对手的差距，全面调整了经营战略和战术，改进了业务流程，终于把失去的市场份额重新夺了回来。

（资料来源：周三多等，《管理学——原理与方法》，上海：复旦大学出版社，http: //www.doc88.com/p-3562317098679.html ）

想一想：

施乐公司面对竞争对手的威胁是如何运用标杆管理的？如何使标杆管理的企业产品质量更优秀？

（三）市场控制

1. 市场控制的含义

市场控制是指在企业内部管理的过程中，借用市场机制与市场价值体系进行评估与控制的方式。在企业内部的管理中，将市场机制引进来，直接使用市场竞争中的一些指标对企业内部部门或个人进行评价；模拟市场交易机制，使企业内各部门之间提供产品或服务的过程转换为以市场价格为媒介的市场交易行为。

2. 市场控制的层次结构

在企业内部，建立从公司最高层到事业单位（部门）层次，再到管理者与被管理者个人层次的分级控制体系。

（1）公司层

现代大公司大多进行多元化经营，设置独立面向不同市场面的事业部，公司高层不可能进行传统意义上的控制，通常采用盈利率、市场占有率等市场指标进行控制与评价。这既有利于激励事业部的独立经营，又保证了公司高层的有效控制。

（2）事业单位层

为了有效控制事业单位内部各职能部门的高效运行，可以模拟市场交易机制的运行，对内部各部门之间提供的产品或服务，参照市场价格制订内部转移价格（或称内部结算价格）。

（3）个人层

个人层次上的市场控制，通过人才市场的价格与同绩效挂钩的奖酬体系衡量员工价值来加以控制的方式。具体表现为以下几种：首先，通过招聘薪金衡量员工价值。不同水平的管理者和不同技能的员工，其在招聘过程中的薪金水平会有明显的不同。这就会通过薪金来控制聘用人才的质量，进而激励原有企业员工素质的提高。其次，建立与绩效挂钩的奖酬体系。通过这一体系，将员工的工作数量与质量同奖酬紧密挂钩，就会有效地控制员工的工作状况与效果。最后，加强董事会对经营者的控制。经营者对企业绩效具有至关重要的作用，因此，董事会对经营者的激励与控制也就显得极为重要。其对经营者的市场控制主要表现为：一是通过职业经理人市场，挑选与淘汰经营者；二是建立与绩效紧密挂钩的奖酬体系来加以控制。一般有两种典型的激励方法：短期激励，即经营者的奖金与短期利润目标直接挂钩；长期激励，即经营者奖酬的相当部分取决于他所管理的公司的长期绩效，通常是股票期权。

同步案例

四季沐歌集团完善“前端考核后端”考核的通知

各部门：

一、考核总则：

本着“后端服务前端、前端考核后端”的原则，结合四季沐歌集团年度战略与经营思想，公司明确下列考核关系：

1. 销售系统考核生产制造系统、支持保障系统、清洁采暖设计院；

2. 生产制造系统考核支持保障系统；

3. 清洁采暖设计院考核支持保障系统。

根据以上考核关系，公司制定了以下考核内容：

序号	考核类型	考核方式	执行情况
1	量化指标	月度绩效考核	3 月 22 日前生效
2	非量化指标	“内部客户满意度”月度评价	已执行
3	重大事件	双向考核	文件正在编制中

本次针对量化指标考核类型，对各部门月度绩效考核内容做如下调整要求。

二、被考核人员范围

1. 一级部门长；

2. 被考核部门指定的其他人员。

三、考核程序

（一）提报考核指标及考核标准：

由销售系统、生产制造系统、清洁采暖设计院各一级部门提出需要考核的部门和考核标准，包括考核权重（占被考核人员绩效总分的 20%–50%）、月度重点指标项、计算方法或评价依据。3 月 11 日 17：00 前，由考核部门长及分管领导签字后提交至人力资源部汇总。

（二）考核标准确定及考核模板生效：

1. 人力资源部将汇总后的考核标准，按被考核部门归类，与战略运营部门会商后，共同确定绩效考核模板，并报总裁批准实施。

2. 被考核部门根据最终考核标准，于 3 月 18 日 17：00 前，修改并提交线上月度绩效考核模板，部门长及分管领导于 3 月 22 日 18：00 前，完成审核、批准，确保线上考核模板全部处于生效状态。

四、特别说明

为了使考核公平公正，考核部门与被考核部门必须有量化指标关系，考核部门加、减绩效分要有明确的依据或见证性资料，不可主观评价。

此通知自 03 月 05 日起执行。

（资料来源：此案例资料经江苏四季沐歌有限公司授权共同开发）

想一想：

四季沐歌公司为什么要实施“后端服务前端、前端考核后端”的考核？这个考核制度体现了控制职能的哪些方面？

思政微议

为了在激烈的市场竞争中立足，企业需要从产品质量、服务、技术等方面进行全方位的改革与创新。四季沐歌公司为了提升公司的产品质量，扩大公司的知名度与美誉度建立了“后端服务前端、前端考核后端”的制度，公司本着对客户负责，对员工负责，对企业负责的态度，狠抓产品质量，为创立民族品牌贡献自己的力量。请各位同学分组调研身边的民族品牌的典型案例，谈谈自己的看法。

（四）社群控制

1. 社群控制的含义

社群控制是指以一定文化为基础，一定的社会群体依靠共同价值和群体规范引导与约束其成员的一种社会控制方式。

2. 社群控制的基本要求

（1）社群控制的基础是组织文化。

社群控制借助于组织文化实现对组织及其成员的巨大的导向与规范作用。组织文化是组织全体成员共同创造并共同信奉的信念与价值观。组织文化对组织及其成员具有巨大的导向与规范作用。而且，这种导向与规范作用是内在的，远比传统控制的外在作用的力度要大得多，持续的时间要长得多。这就使得建立在组织文化基础上的社群控制具有其他控制所不具备的优势。不同组织的文化有强有弱，进而对组织的控制产生不同的影响。

（2）社群控制的必要条件是授权。

实行社群控制，就必须充分信任员工，对员工进行授权赋能，给予员工必要的决策权，相信他们会从组织的利益出发处理问题。在价值指导的框架中，激励员工培养和运用判断能力，自主地、负责地、灵活地处理工作。

（3）建立自我指导型团队。

在社群控制的体系下，取代传统的控制手段（如监督、检查、干预）则是自我指导型的团队。在组织内，重建激励机制，强化责任感和团队精神，实行建立在相互尊重、高度自觉基础上的自我控制。

（4）实行实时控制。

社群控制，由于是一种充分授权与高度自觉的控制，每个成员都能独立自主地、随时处理各类问题，因此，完全可以实行真正的实时控制，而不必再进行事后控制。社群控制对于解决紧急而复杂的经营管理问题，具有得天独厚的优势。

同步案例

四季沐歌的客户服务

“售后服务在销售过程中是口碑的‘脊梁’，是企业创造价值的重要组成部分，是让消费者获得满足感的重要来源。”这是四季沐歌集团服务总监常挂在嘴边的一句话。

今年夏天，一名客户网购了一台四季沐歌太阳能热水器，为了节省安装费用，自行对产品进行安装使用。结果，导致太阳能热水器的管口漏水，原因却一直找不到，只能自己干着急。客服在售后回访时了解到他的情况，立即上报公司。主管领导当即表示：即便是客户自行安装不规范，我们也不能不管不问，因为售后服务在销售过程中是口碑的“脊梁”，我们不能让客户心寒。

售后服务经理马不停蹄地赶到住在乡镇的客户家里，来不及消除疲惫，直接爬上房顶进行检修工作。经过仔细的检测、修复、调试，客户家的太阳能热水器漏水情况彻底解决。

服务本质是对产品质量在消费环节中的保障或者说是对品质的延展。随着技术进步、产品换代和消费升级，企业对产品的售后服务能力也必然要提升。

四季沐歌集团一直秉持一、二、三、四、五、六系列的服务规范和标准。

一个最终目标：让用户感动。

两条理念：带走用户的烦恼，留下我们的关怀。

三全要求：全天候即24小时热线咨询，24小时报修解急，48小时维修到位，365天服务不间歇；全方位即全面提供从产品的售前咨询、勘查，到售中的设计、安装、调试，以及售后的巡检、维修、保养服务；全专业即专业级服务队伍，专业的服务工具，100%专业服务，确保服务质量。

四个不漏：一个不漏地记录用户信息并建立电脑档案；一个不漏地记录用户反映

的问题并反馈到相关部门；一个不漏地解决用户存在的问题并直至用户满意；一个不漏地回访复审用户反映的问题并不定期跟踪。

五个不准：不准喝用户的水；不准抽用户的烟；不准吃用户的饭；不准收用户的礼品；不准用用户的卫生间。

六类免费：免费设计即免费上门，根据建筑特点和用户需求进行设计；免费送货即用户定购产品后，根据用户指定的时间免费送货上门；免费安装即专业人员免费上门安装，并教会用户使用方法；免费保养即全国 10000 多个服务网点，定期对用户巡检保养；免费咨询即 400 免费服务热线 24 小时为用户提供咨询服务。

四季沐歌集团不断从服务端做出积极的创新，迄今为止，已经多次蝉联“全国售后服务十佳单位”的殊荣，其服务质量得到广大消费者的普遍认可！

（资料来源：此案例资料经江苏四季沐歌有限公司授权共同开发）

想一想：

四季沐歌的客户服务采取了哪些控制方法来提升业绩？

分组调研我们身边的组织，在管理实践中，如何应用案例中的控制方法？

工作任务

以小组为单位，调查你身边的一个组织，了解该组织常用的管理控制方法，并谈谈你对该组织控制方法的改进建议。

知识链接

轻松扫一扫——知识点在线测试

本章小结

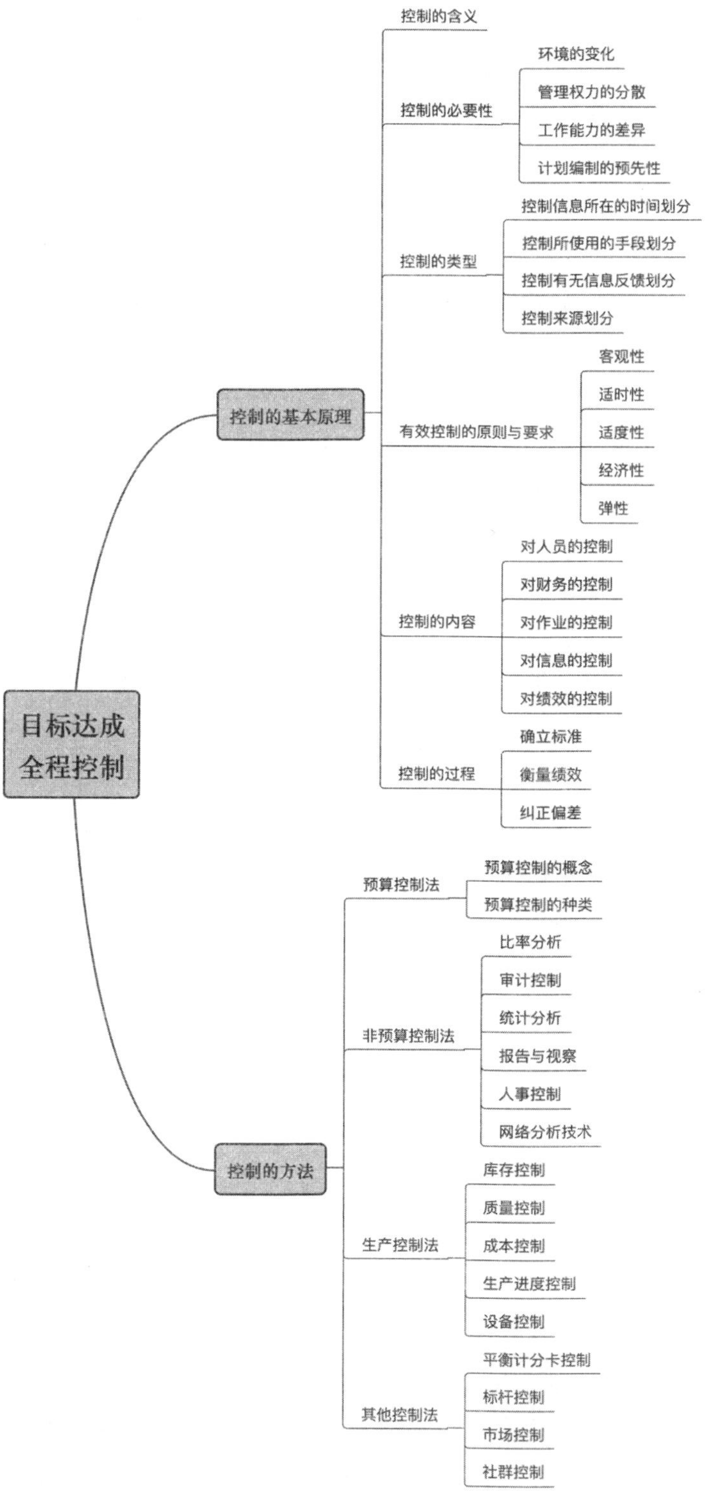
目标达成
全程控制
控制的基本原理
控制的含义
控制的必要性
环境的变化
管理权力的分散
工作能力的差异
计划编制的预先性
控制的类型
控制信息所在的时间划分
控制所使用的手段划分
控制有无信息反馈划分
控制来源划分
有效控制的原则与要求
客观性
适时性
适度性
经济性
弹性
控制的内容
对人员的控制
对财务的控制
对作业的控制
对信息的控制
对绩效的控制
控制的过程
确立标准
衡量绩效
纠正偏差
控制的方法
预算控制法
预算控制的概念
预算控制的种类
非预算控制法
比率分析
审计控制
统计分析
报告与视察
人事控制
网络分析技术
生产控制法
库存控制
质量控制
成本控制
生产进度控制
设备控制
其他控制法
平衡计分卡控制
标杆控制
市场控制
社群控制

技能训练

分组拜访本地一家企业，与部门主管进行交流沟通，了解近年来该部门在疫情防控期间是如何实施控制职能的，学习实践中控制职能应用的方法和技巧。

拓展实训

实训项目： 控制职能的实践。

实训目的： 通过对控制职能的实践训练，综合锻炼学生自我管理、自我控制的能力，培养学生分析、归纳、协作和决策能力。

实训内容： 通过情境创设，角色扮演，模拟控制职能的实践环节。

1. 情境设定：公司周年庆活动的实施与控制。
2. 方案设计：制订公司周年庆活动的实施与控制方案。
3. 场景布置：包括总经理办公室、公司会议室、庆典活动组委会等。
4. 小组讨论：公司周年庆活动的实施与控制应该如何分工合作。
5. 角色演练：控制职能的模拟实战。
6. 总结归纳：总结模拟控制职能实践过程及要点，对不足之处做反思。

实训要求

1. 以小组为单位，总结庆典活动的过程。
2. 控制职能在庆典活动的不同阶段是如何实施的。
3. 听取相关人员（不同组同学、老师、企业负责人等）的意见。
4. 完善本次庆典活动的总结，包括活动的时间、地点、内容等，为后续类似的活动提供经验和借鉴。

模块七
维持变革——创新发展

知识目标

- 了解创新的含义及作用；
- 理解技术创新、技术创新战略的含义与选择；
- 掌握创新的五大职能；
- 掌握创新的过程和创新组织；
- 掌握不同时期的企业制度创新、企业组织结构创新、企业文化创新。

能力目标

- 能结合企业情境分析并选择适合的技术创新的战略；
- 能对企业现有制度进行分析并提出适合的创新制度；
- 能分析不同企业文化的功能及其特点。

德育目标

- 树立符合现代社会的创新观念和意识；
- 培养自主思考、与时俱进的创新精神；
- 培养大胆尝试，实践探究和团队协作创新精神。

第一节 创新的基本原理

管理纵横

四季沐歌的“无边界创新整合”

四季沐歌是太阳能光热行业中的一个“神话”，品牌自2000年诞生后，企业在太阳能热水器这一行业领域不断深耕，不到10年时间，便一跃成为家用太阳能热水器的行业销售冠军，也因其良好的销售业绩，其母公司日出东方在2012年成功上市。

就在摘得行业销售冠军桂冠之后，四季沐歌清醒地意识到，自己亟须进行一场突围。数据显示，在太阳能热水器这一领域，当时有2000多家企业在进行激烈竞争，尽管四季沐歌是其中少数具有规模化生产和自主研发能力的企业之一，但也身处利润微薄的红海。要想保持高速增长，只有主动创新，突破自身业务的边界，才能继续前进。面对更为广阔的市场，需求各异的服务对象以及层出不穷的清洁能源技术，四季沐歌需要快速、准确地选择最优解来实施产业链布局，并赢得竞争。为此，总裁李骏带领管理层在反复进行战略论证后，提出以“无边界创新整合”为指导思想的一系列方法论，并决定开始从之前在单一行业上发力，转型为难度更高的多元化发展。具体做法是，立足其专业家用太阳能热水器，并以此为出发点，向一横、一纵两个方向开始“无边界创新整合”：一横主攻2C业务，以大热水消费升级为引领，进行多元化延伸，从只销售热水器转型为用户提供集成化定制化，一站式健康厨卫配套，全屋热水，采暖定制及舒适家居精装解决方案与服务；一纵是指在清洁能源领域这一垂直领域寻找、整合和开发新技术，开拓2B和2G的业务，开启商用、工业、建筑领域节能减排绿色发展，清洁能源利用及建筑舒适系统技术升级等新业务，为客户提供从节能咨询设计到施工安装、运维等一系列清洁能源综合服务。

2013年，四季沐歌热泵投产，2014年进军厨电，2015年发力净水，2016年布局光伏，2017年开启太阳墙建设，2018年投产太阳能平板工厂，2019年在邯郸建造了燃气热水器，壁挂炉生产基地，2020年，在西藏拉萨落成投产大型太阳能集热器工厂，让太阳能采暖迈上新台阶。在不断整合创新与拓展业务边界后，四季沐歌用实践检验了其“一横一纵”战略的正确性。不到十年，其业务在全球160多个国家，交付使用超过10000个清洁能源热水热能项目，成功扩展了品牌内涵。2020年，四季沐歌成功入围中国房地产开发企业500强首选供应商10强（太阳能系统类），并连续八年蝉联太阳能系统类榜单首位。这意味着四季沐歌除去满足家庭消费市场之外，具备了承建大型太阳能采暖项目的能力，在自己位于河南洛阳的工厂、河北大学、西藏火车站等一系列标杆项目中提供了太阳能跨季节蓄热采暖服务。这些案例足以证明，四季沐歌从单一行业转型为“一横一纵”的大热水战略的成功。

（此案例经江苏四季沐歌有限公司授权共同开发）

案例启发

管理的四大职能：决策、组织、领导、控制，从某种意义上说，可以在静态环境中保证企业的经营管理系统按照设定的方向正常运行，但在动态的社会经济系统中科学技术日新月异，新产品和新需求也对企业要求越来越高，仅仅维持管理是不够的，只有不断进行管理创新，才能让企业立于不败之地。正如经济学家约瑟夫·熊彼特所言：“企业家精神的真谛就是创新，创新是一种管理职能。”在本案例中，四季沐歌在发现家用太阳能热水器行业已成红海后，如果没有在总裁李骏的领导下，及时调整方向，进行管理决策的修正与战略的转型，很可能面临衰退，这关乎企业的生死存亡。

一、创新内涵及其作用

（一）创新的内涵

1912 年，经济学家约瑟夫·熊彼特在其 1912 年发表的著作《经济发展理论》中，首次提出了“创新”的概念。熊彼特所说的“创新”是一种从内部改变经济的循环流转过程的变革性力量，本质是“建立一种新的生产函数”，即实现生产要素和生产条件的一种新组合，包括以下 5 种情况：

1. 生产一种新的产品，或者开发一种产品的新属性；
2. 采用一种新的生产方法，新方法既可以是出现在制造环节的新工艺，也可以是出现在其他商务环节的新方式；
3. 开辟一个新的市场；
4. 控制原材料或配件的一种新的供应来源，不管这种来源以前是否存在；
5. 实现任何一种产业的新的组织，比如造成一种垄断地位，或者打破一种垄断地位。

综上所述，创新是指以特定的方式综合各种思想或在各种思想之间建立起特定的联系这样一种能力，能激发创造力的组织，可以不断地开发出做事的新方式以及解决问题的新办法。简而言之，创新就是运用知识或相关信息创造和引进某种有用的新事物的过程，通过创造性思想及将这种思想转换为有用的产品、服务以及作业方法，以获得更高的社会和经济效果的过程或行为。

从经济学的观点看，人类始终面临有限资源与不断增长的需求之间的矛盾，需要做出抉择来恰当配置和充分利用稀缺资源以满足人们的需要，组织在动态的社会经济环境中生存，必须不断调整系统活动的内容和目标，以适应环境变化的要求，这就是管理的创新职能。

（二）维持与创新的关系

在特定的时空条件下，对某一社会经济系统的管理工作可概述为：设计系统、运行与监控系统并使之符合预定的规则，对系统进行调整，使系统不断呈现新的优化状态。由此可概括出，管理的核心内容包括两大模块：维持与创新。

维持可以保证系统活动顺利进行。系统中大部分管理人员，特别是中层和基层的管理人员要花大部分精力从事的工作。管理的维持职能是指严格地按预定的规划来监控和修正系统的运行，没有维持，社会经济系统的目标就难以实现，计划就无法落实，各成员的工作就有可能偏离计划的要求，系统的各个要素就可能相互脱离，各自为政，各行其是，从而整个系统就会呈现出一种混乱的状况。所以，维持对于系统生命的延续是至关重要的。

21 世纪以来，外部环境的动态性特征日益显著。技术的飞速发展，特别是移动网络、大数据、物联网、社交网络和云计算等信息技术的发展，社会沟通与交往的复杂程度，都对管理活动提出了新的挑战。系统内的环境、成员和技术都发生了颠覆性变化。在这种动态的复杂环境中，管理活动只停留于维持阶段是不够的，它必须主动适应变化，不断对组织活动进行调整和创造。任何社会系统都是由众多要素构成的，系统内部各种要素在不断地发生变化，同时，系统也在与外部不断发生物质、信息、能量的交换。因此，系统是动态的、开放的非平衡系统。由于上述特性，系统需及时根据内外变化的要求，进行局部或全局的调整，便是管理的创新职能。

系统作为社会的一部分，其存在需以社会的接受为前提，而社会之所以接受，是因为系统在社会中存在的价值。系统向社会提供贡献，与此同时，系统必须先以一定的方式从社会中获取某些资源。按照社会向系统所投入的资源与系统向社会提供社会所需的贡献（有效产出），系统提供的有效产出越多，越被社会所需要，能对社会提供的有效产出越多，系统的生命周期就越长。按照生命周期理论，任何系统都会有衰退期。为了延长系统的生命周期，就必须提高系统的活力。由于社会不断发展变化，社会向系统投入的资源也随之而变化，社会所需资源也在不断改变，系统如果不能适应这些变化，以新的方式向社会提供社会所需的贡献，就会进入衰退期甚至消亡。系统如何通过局部或全局的调整，改进事物、方法、元素、路径、环境，并能向社会提供其所需的新贡献，是创新的主要内涵。

综上所述，维持与创新对管理都十分重要，管理的有效性在于实现维持与创新的最优组合，实现两者之间的平衡。过度维持只注重短期利益，会忽视市场的竞争和技术的变化，导致组织反应能力下降，组织的僵化，最终影响组织的长期战略布局。而过度创新需要大量的人力、物力、财力，并且在短期内无法从创新收益中获得补偿；过度创新的组织会导致员工有朝令夕改的感受，导致组织规章制度的权威性减弱，结构体系紊乱，专业化程度降低；过度创新还可能导致组织凝聚力下降，严重时甚至导致组织瓦解。

作为管理的两大核心内容：维持与创新，两者对系统的生存和发展都很重要。两者相辅相成，彼此不可或缺。科学的管理需根据组织的结构维度和关联维度来确定维持和创新的组合。创新是在维持的基础上发展，维持则是创新的逻辑延续；维持是为了实现创新的成果，创新为更高层次的维持提供框架和依托；任何的管理工作，都应围绕着系统运转的维持和创新而展开，卓越的管理是实现维持与创新最优组合的管理。创新与维持在逻辑上表现为相互连接、互为延续的链条：组织的管理总是从维持到创新、再到维持和再到创新并循环反复的过程。

（三）创新的作用

创新对企业的作用，可以概括为以下三点：

1. 创新是管理的重要职能

管理在动态环境中生存的社会经济系统，仅有维持是不够的，还必须不断调整系统活动的内容和目标，以适应环境变化的要求，这就是管理的创新职能。正如经济学家约瑟夫·熊彼特所言，企业家精神的真谛就是创新，创新是一种管理职能。创新作为管理的一项基本职能，首先是一种思想以及在这种思想指导下的实践活动。近年来，科学技术迅速发展，社会活动空前活跃，市场需求瞬息万变，每位管理者每天都会遇到新情况、新问题。如果管理者因循守旧、墨守成规，就无法应付新形势的挑战，也就无法完成肩负的任务。因此创新是管理的重要职能，也是企业家必备素质。

2. 创新是经济增长和社会发展的根本源泉

经济增长是经济学和其他社会科学研究中的一个长期话题，其中技术创新与进步在经济增长中的作用也很早就为经济学家们所关注。很多经济学家、哲学家，如亚当·斯密、李嘉图、马克思、马尔萨斯等，都把技术发明和创新看作是对扩大市场最有活力的贡献。二战以来的经济增长理论，如新古典经济学增长模型、新增长理论和演化经济学，也强调通过对产品和工艺的引进、传播、吸收和不断改进而形成的技术创新所起到的关键作用，尽管这些理论对技术进步如何发挥作用所持的观点并不相同。事实上，经济的增长和社会的发展的确离不开创新，经济的增长和社会的发展从根本上说是创新的结果、创新的产物。熊彼特在《经济发展理论》中提出，经济增长的过程是经济从一个均衡状态向另一个均衡状态的移动过程，虽然经济外的其他因素如战争、自然灾害等也能打破旧的均衡，但是从经济本身的角度来说，只有创新才是打破旧的均衡并达成新的均衡的力量，也就是说创新导致了经济增长。从这些论述和主张中可见，创新是经济增长和社会发展的不竭动力和源泉。

3. 创新是企业获得竞争优势的关键

企业存在于社会环境中，无时无刻不受环境所影响。当今社会千变万化，消费者的需求偏好在变，竞争结构与态势在变，市场营销环境在变，企业的组织管理技术在变，唯一不变的就是变化。因此，管理不仅需要维持，更需要变革创新。创新是企业获得竞争优势的关键，唯有持续创新，企业才有望获得持久的竞争优势。例如，企业通过技术创新降低了产品的生产成本，令企业获取了低成本的价格优势外，还可增强企业新产品的市场开拓力与控制力，提高产品的质量水平，延长产品市场生命周期，占领技术与市场先机，更有利于企业的长远发展。

过去，生产力与资源匮乏，在卖方市场为主导的情况下，企业可以依靠增加资本、劳动力的粗放型经营来获取市场份额。然而，随着社会的发展进步与外部环境的变化，消费者需求的多样化选择及低碳环境保护概念的出现，竞争环境的激烈程度增强，市场态势由卖方市场向买方市场的转变，企业必须转型为依靠技术创新的集约型企业，这是受资源短缺经济条件下的内在经济规律支配作用的必然结果。市场经济的竞争机制是优胜劣汰，而创新是企业获得竞争优势，不被市场淘汰的关键。

二、创新职能的基本内容

系统的创新职能覆盖范围广，本书主要介绍企业管理方面知识，因此本节我们主要以企业为例来介绍创新的职能。在企业中，创新主要有目标创新、技术创新、制度创新、组织机构和结构创新、环境创新五大职能。如图 7.1 所示。

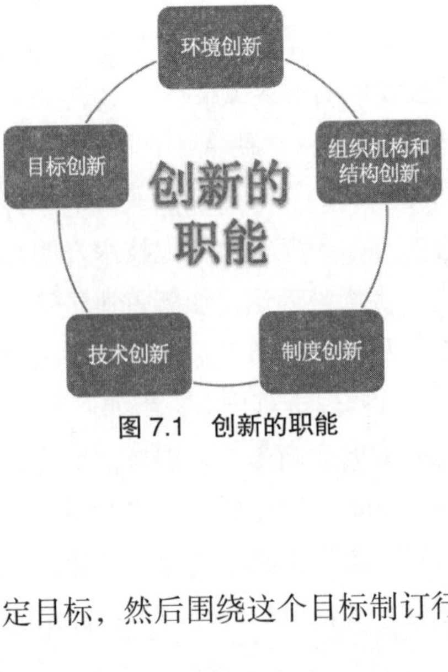

图 7.1 创新的职能

（一）目标创新

企业发展首先需要确定目标，然后围绕这个目标制订行动计划。如果没有明确的目标，行动就失去了方向和指引，行动就会偏离目标的方向或者不足以支撑目标的实现。但是，由于外部环境条件的变化，目标可能具有一定的问题，如较模糊或过于理想化，甚至有可能错误。因此企业需要不断通过目标创新来校正企业发展的正确性。正确的目标是企业成功的前提，而如何树立正确的目标就是创新的职能之一，即目标创新的问题。

目标创新就是企业在创新思想的指导下，适时地根据市场环境和消费需求的特点及变化趋势对企业各个时期的经营目标进行整合调整的创新活动。企业是在一定的经济环境中从事经营活动的，特定的环境要求企业按照环境需求提供特定的产品。一旦环境发生变化，企业的战略目标、生产方向及企业在生产过程中与其他社会经济组织的关系都必须做出相应的调整。目标创新就是探求组织新的目标和目标实现的新的路径。目标创新能够调整现存的行业模式，既为客户创造价值，又能让企业立于不败之地。

（二）技术创新

技术创新是企业创新的核心，在经济学很多领域，技术创新被视为等同于企业创新的名词。技术水平是反映企业经营实力的一个重要标志，企业要在激烈的市场竞争中处于主动地位，就必须顺应甚至引导社会技术进步的方面，不断地进行技术创新。技术创新管理是指在一定的技术条件下，为了使各种资源的利用更加合理，企业整个系统运行更加和谐高效，生产能力得到更充分有效的发挥而进行的发展战略、管理体制、组织结构、运作方式以及具体的管理方法与技术以及文化氛围等方面的管理。

技术创新管理可以根据创新管理对象、创新管理程度、创新管理来源等角度来进行分类。按创新管理的对象的不同，技术创新管理可分为产品创新管理和工艺过程创新管理。产品创新管理是指在产品技术变化基础上进行的技术创新管理，按照产品技术变化量的大小，产品创新管理又可细分为全新（重大）的产品创新管理和渐进（改进）的产品创新管理；工艺过程创新指企业通过研究和运用新的生产技术、操作程序、方式方法和规则体系等，提高企业的生产技术水平、产品质量和生产效率的活动。根据技术创新管理过程中技术变化强度的不同，可将技术创新管理分为渐进性创新管理和根本性创新管理两类。渐进性创新管理是指对现有技术进行局部性改进所引起的渐进性的技术创新管理；根本性创新管理是指在技术上有重大突破的技术创新管理。根据技术创新管理的来源不同，可将技术创新管理分为自主型技术创新管理、模仿型技术创新管理和引进型技术创新管理三类。

自主型技术创新管理是指依靠自我技术力量，进行研究、开发新技术并实现其工程化和商业化生产的技术创新管理，进行自主技术创新的企业一般具有高素质创新型人才和雄厚的资本；而资本较薄弱的企业可以采用模仿型技术创新的方法，模仿型技术创新管理指通过模仿已有技术成果的核心技术，并根据自我实际情况做进一步改进完善的技术创新管理；引进型技术创新是指企业通过逆向工程等手段，对引进的技术和产品的消化、吸收、再创新的过程。

（三）制度创新

制度创新是创新的前提，只有具有完善的企业制度创新机制，才能保证技术创新和管理创新的有效进行。制度是企业运行的主要原则，企业制度主要包括企业产权制度与企业经营管理制度。

1. 企业产权制度是指企业的财产制度，是企业制度的核心，它决定了企业财产的组织形式和经营机制，它规定着企业最重要的生产要素的所有者对企业的权力、利益和责任。企业产权制度的发展经历了三种形态，即业主制产权制度、合伙制产权制度和公司制产权制度，其中最早的就是业主制产权制度。企业活动实际上是不同要素所有者的合作过程，这种合作能利用所有投入者的优势，但是会因度量各要素投入者投入的要素（特别是人力）对联合产出的效率产生问题。如果不能有效地度量，并根据度量结果发给相应的报酬，就会使要素的投入者，特别是人力要素的投入者有懈怠的机会。为了防止这一问题，企业内部需要有效的监督管理机构和机制。然而又会产生如何监督监管机构的问题，对应的解决方案就是使监督管理者成为企业财产的所有者，实现所有权与经营权的统一，这就是业主制企业的产权结构。这种制度虽然产权较为明晰，但投资者需要承担无限责任，而且会受到个人资金与投资能力的约束。为了扩大经营规模，降低经营风险，业主制企业需对外扩张，集多个业主的财产和经营管理于一体，创办合伙制企业。合伙制产权制度是由于业主制企业的扩张而形成，但与业主制产权制度没有本质区别。在激烈的市场竞争中，企业的经营风险大，广大投资者也希望有一种降低风险的保护制度。于是，向社会公众或其他法人发行股票募集资本，设立公司制企业就应运而生。特别是有限责任公司和股份有限公司这两种公司制企业形式，由于其筹资能力强，有规范的法人财产制度，经营风险分散，且投资者仅承担有限责任，管理机构完善，因而成为国际上普遍采用的公司制企业形式。

【华为的企业产权制度创新】

2. 企业经营管理制度是有关经营权的归属及其行使权利、条件、范围、限制等方面的原则规定。它表明企业的经营方式，经营主体，组织企业生产资料的占有权、使用权和处置权的行使权，谁来确定企业的生产方向、生产内容、生产形式，谁来保证企业生产资料的完整性及其增值，谁来向企业生产资料的所有者负责以及负何种责任。企业经营管理制度的创新是不断寻求材料、设备、人员及资金等各种要素的最有效利用的方式。

（四）组织机构和结构创新

企业的正常运行，除了符合企业及其环境特点的运行制度，还要求必须有与之相应的组织形式。因此，企业制度创新必然要求组织形式的变革和发展。从组织理论的角度来考虑，企业系统是由不同的成员担任的不同职务和岗位的结合体。这个结合体可以从结构和机构这两个不同层次去考察。所谓机构是指企业在构建组织时，根据一定的标准，将那些类似的或为实现同一目标有密切关系的职务或岗位归并到一起，形成不同的管理部门。它主要涉及管理劳动的横向分工的问题，即把对企业生产经营业务的管理活动分成不同部门的任务；而结构则与各管理部门之间，特别是与不同层次的管理部门之间的关系有关，它主要涉及管理劳动的纵向分工问题，即所谓的集权和分权（管理权力的集中或分散）问题。不同的机构设置，要求不同的结构形式；组织机构完全相同，但机构之间的关系不一样，也会形成不同的结构形式。由于机构设置和结构的形成要受到企业活动的内容、特点、规模、环境等因素的影响，因此，不同的企业，有不同的组织形式，同一企业，在不同的时期，随着经营活动的变化，也要求组织的机构和结构不断调整。组织机构和结构创新的目的在于更合理地组织管理人员的努力，提高管理劳动的效率。

（五）环境创新

企业创新的动力源除了来自企业内部的动力外，还有来自外部环境的动力。环境是企业经营的土壤，同时也制约着企业的经营。企业的发展在受制于环境的同时，也同时对环境产生影响。环境创新不是指企业为适应外界变化而调整内部结构或活动，而是指通过企业积极的创新活动去改造环境，去引导环境朝着有利于企业经营的方向变化。例如，通过华为公司 5G 技术的创新，影响了全社会 IOT 领域方向的进步等。就企业来说，环境创新的主要内容是市场创新。市场创新是指在市场经济条件下作为市场主体的企业创新者，通过引入并实现各种新市场要素的商品化和市场化，以开辟新的市场，促进企业生存与发展的新市场研究、开发、组织与管理等活动。

三、创新的过程和创新型组织

（一）创新的过程

要有效地组织系统的创新活动，就必须研究和揭示创新的规律。然而关于创新是否有规律可循这一问题，仍存有争议。美国3M公司的一位常务副总裁认为，创新是一个杂乱无章的过程。创新是对旧事物的否定，是对新事物的探索。对旧事物的否定，创新必定要突破原先的制度，尝试创造新的章程，在最终成果取得之前，可能要经历无数次反复，无数次失败，因此，它看上去必然是杂乱的。但这种“杂乱无章性”是相对于旧制度、旧秩序而言的，是相对于个别创新而言的。就创新的总体来说，它们必然依循一定的步骤、程序和规律。

本书总结众多成功企业的经验，认为创新过程包括：寻找机会、提出构思、迅速行动、努力坚持这样四个阶段。如图7.2所示。

图7.2 创新的过程

1. 寻找机会

创新是要突破原有的秩序，之所以要突破，是因为其内部存在着或出现了某种不协调的现象。这些不协调对系统的发展提供了有利的机会或造成了某种不利的威胁。创新活动正是从发现和利用旧秩序内部的这些不协调现象开始的，并以此寻找合适的契机。

旧秩序中的不协调既可存在于系统的内部，也可产生于对系统有影响的外部。

（1）就系统的外部来说，有可能成为创新契机的变化主要有：

①技术的变化，从而可能影响企业资源的获取，生产设备和产品的技术水平。

②人口的变化，从而可能影响劳动市场的供给和产品销售市场的需求。

③宏观经济环境的变化。迅速增长的经济背景可能给企业带来不断扩大的市场，而整个国民经济的萧条则可能降低企业产品需求者的购买能力。

④文化与价值观念的转变，从而可能改变消费者的消费偏好或劳动者对工作及其报酬的态度。

（2）就系统内部来说，引发创新的不协调现象主要有：

①生产经营中的瓶颈，可能影响了劳动生产率的提高或劳动积极性的发挥，因而始终困扰着企业的管理人员。

②企业意外的成功和失败，派生产品的销售额与其利润贡献出人预料地超过了企

业的主营产品；经过精心整顿改进后的主营产品，虽获得了更加合理的结构、更加完善的性能、更加优异的质量，但其销量却并不如其预期。诸如此类的出乎企业预料的成功和失败，往往可以把企业从原先的思维模式中驱赶出来，从而可以成为企业创新的一个重要源泉。

2. 提出构想

回溯现象后，接下来就要进行根因分析了。根据产生的不协调现象，分析和预测不协调的未来变化趋势，估计它们可能给组织带来的积极或消极后果；并在此基础上，努力利用机会或将威胁转换为机会，采用头脑风暴、德尔菲法、畅谈会等方法提出多种解决问题、消除不协调、使系统在更高层次实现平衡的创新构想。

3. 迅速行动

创新成功的秘密主要在于迅速行动。提出的构想可能还不完善，甚至可能很不完善，但这种并非十全十美的构想必须立即付诸行动才有意义。“没有行动的思想会自生自灭”，这句话对于创新思想的实践成功尤为重要。创新的构想只有在不断尝试中才能逐渐完善，企业只有迅速地行动才能有效利用“信息不对称”提供的机会。

4. 努力坚持

在实践检验理论的过程中，必须要经过尝试才能成熟，而尝试是有风险的，不可能一击即中。创新的过程是不断尝试、不断失败、不断提高的过程。因此，在找到并确定正确的行动方向后，必须在创新中坚持下去，创新者必须有足够的自信心，有较强的忍耐力，能正确应对尝试过程中出现的失败。艰难困苦，玉汝于成，创新过程中出现的失败能考验一个公司的抗压能力，这也正是一个成熟的企业必须具备的品质。

思政微议

任何企业的创新之路都不会一帆风顺，因此，在创新路上，只有具备坚持不懈的品质才能取得最终的胜利。坚持不懈不仅是企业创新所需的品质，更是每个人走向成功的必备素养。创新者在开始行动以后，为取得最终的成功，必须坚定不移地继续下去，决不能半途而废，否则便会前功尽弃。请以小组为单位，举一个坚持不懈并创新成功的例子 / 故事并谈谈自己的看法。（例如，1969 年 1 月开始，屠呦呦领导课题组从系统收集整理历代医籍、本草、民间方药入手，在收集 2000 余方药基础上，编写了 640 种药物为主的《抗疟单验方集》，对其中的 200 多种中药开展实验研究，历经 380 多次失败。最终，研制出了青蒿素，该药品可以有效降低疟疾患者的死亡率。2015 年 10 月她因此获得诺贝尔奖，成为首获科学类诺贝尔奖的中国人。）

（二）创新型组织

只有优秀的创新型组织，才能让创新的过程得以落地执行。彼得·德鲁克在谈到创新型组织时说：创新型组织就是把创新精神制度化而创造出一种创新的习惯。所谓创新型组织，是指组织的创新能力和创新意识较强，能够源源不断进行技术创新、组织创新、管理创新等一系列创新活动。系统的管理者不仅要根据创新的规律和特点的要求，对自己的工作进行创新，而且更主要的是组织下属的创新。而对组织下属的创新，不仅是去计划和安排某个成员在某个时间去从事某种创新活动，更要为部属的创新提供条件、创造环境，有效地组织系统内部的创新。创新的组织离不开以下五个条件：1. 管理人员正确地理解和扮演“管理者”的角色；2. 创造促进创新的组织氛围；3. 制定有弹性的计划；4. 正确地对待失败；5. 建立合理的奖酬制度。

同步案例

稻盛和夫的阿米巴经营模式

阿米巴经营模式由日本经营之圣、人生之师稻盛和夫先生，融合中国儒学精神、阳明心学、禅宗智慧、西方商业伦理与日本经营思想而创立。稻盛和夫先生白手起家，凭借经营哲学及其阿米巴经营模式创建了两家世界 500 强企业（京瓷 KYOCERA 与第二电电 KDDI），并于 78 岁高龄不带团队、不领薪金只身拯救了破产重组的第三家世界 500 强 -- 日航。在稻盛和夫的领导下，京瓷公司经历了 4 次全球性的经济危机都屹立不倒，并且还得到了持续发展。在 20 世纪 90 年代末期，亚洲金融风暴过后，日本很多大公司都出现问题，原本名不见经传的京瓷公司成为东京证券交易所市值最高的公司。专家学者们纷纷开始研究京瓷公司，后来发现京瓷的经营方式与“阿米巴虫”的群体行为方式非常类似，于是得名“阿米巴经营”。阿米巴经营模式的本质就是“量化分权”，推行时应该遵循基本的规律，由上到下，由大到小，分层逐步推进。在阿米巴经营中，把公司组织划分为被称作“阿米巴”的小集体。各个阿米巴的领导者以自己为核心，自行制定所在阿米巴的计划，并依靠阿米巴全体成员的智慧和努力来完成目标。通过这种做法，企业的每一位员工都成为主角，主动参与经营，从而实现“全员参与经营”。

（此案例根据《稻盛和夫阿米巴经营》改编）

想一想：

阿米巴经营模式的优势有哪些？其经营模式体现了创新组织的哪些特点？

工作任务

各团队查找当代企业有代表性的创新案例，发掘他们的创新管理思想，分析其具体在哪些职能进行了创新并在班级演讲。

第二节 企业技术创新

一、技术创新的内涵

现代技术创新理论是在熊彼特创新理论的基础上衍生和发展起来的。在此后的技术创新研究热潮中，国内外专家、学者以及相关研究机构对技术创新的概念有着不同的理解和认识。曼斯费尔德认为，产品创新是从企业对新产品的构思开始，以新产品的销售和交货为终结的探索性活动。厄特巴克在他 1974 年发表的《产业创新与技术扩散》中认为，与发明或技术样品相区别，创新就是技术的实际采用或首次应用。弗里曼认为，技术创新在经济学上的意义只是包括新产品、新过程、新系统和新装备等形式在内的技术向商业化实现的首次转化。清华大学傅家骥教授认为，技术创新是企业家抓住市场的潜在盈利机会，以获取商业利益为目标，重新组织生产条件和要素，建立起效能更强、效率更高和费用更低的生产经营系统，从而推动新产品、新的生产（工艺）方法、开辟新的市场、获得新的原材料或半成品供给来源或建立企业的新的组织，它是包括科技、组织、商业和金融等一系列活动的综合过程。浙江大学许庆瑞教授认为，技术创新泛指一种新的思想的形成，得到利用并产生出能满足市场用户需要的产品的整个过程。

尽管学术界对技术创新的界定不完全相同，但总结他们的定义，能够归纳出技术创新的基本特征：一是技术创新必须含有新元素、新产品或新工艺，其中新产品可能是将旧产品加以改进生成，新工艺也可能是把原有的工艺技术加以改进产生；二是技术创新过程是一个系统化的过程，它包括产生新的观念、出现新的设计、研制开发出新的产品、对新产品的开发做相关实验、新产品投产以及将新产品推向市场进行销售等一系列环节，这其中的每一个环节都对技术创新这个系统化过程产生作用；三是技术创新具有商业化特点，这也是技术创新和技术发明的根本区别。技术创新只有投入到市场，实现市场价值，才会完全发挥作用。正因此我们说，技术创新实质上是一种技术经济过程，是把技术创新成果转化为现实生产力的一种系统过程。

技术创新是管理创新的主要内容，企业中出现的大量创新活动是有关技术方面的，因此，技术创新甚至被视为企业管理创新的同义词。现代企业的一个主要特点是在生产过程中广泛运用先进的科学技术，技术水平是反映企业经营实力的一个重要标志，企业要在激烈的市场竞争中处于主动地位，就必须不断进行技术创新。由于一定的技术都是通过一定的物质载体和利用这些载体的方法来体现的，因此，技术创新主要表现在要素创新、要素组合方法的创新及产品创新三个方面。

（一）要素创新

归纳技术创新的基本特征，可知技术创新必须含有新元素、新产品或新工艺。其中新元素的创新就是要素创新。从生产过程的角度来分析，要素创新主要包括材料创新和手段创新。

1. 材料创新是指开辟新的材料来源，开发和利用成本更低的替代性材料，提高材料的质量，改进材料的性能。材料既是产品和物质生产手段的基础，也是生产工艺和加工方法作用的对象。因此，在技术创新的各种类型中，材料创新可能是影响最为重要、意义最为深远的。由于迄今为止作为工业生产基础的材料主要是由大自然提供的，因此，材料创新的主要内容是寻找和发现现有材料，特别是自然提供的原材料的新用途，以使人类从大自然的恩赐中得到更多的实惠。随着科学的发展，对材料的认知日益成熟，利用新知识和新技术制造的合成材料不断出现，材料创新的内容也正在逐渐地向合成材料的创造这个方向转移。

2. 手段创新主要指生产的物质手段的改造和更新，其中物质手段是指制造产品所借助的机器设备等物质生产条件。生产手段的技术状况是企业生产力水平具有决定性意义的标志。

（1）将先进的科学技术成果用于改造和革新原有的设备，以延长其技术寿命或提高其效能。例如，搭载 5G 技术的自动化生产线生产效率显著提高。

（2）用更先进、更经济的生产手段取代陈旧、落后、过时的机器设备，使企业建立在更加先进的物质基础之上。例如，用电视卫星传播系统取代原有的电视地面传播系统等。

（二）要素组合方法的创新

除要素本身的创新外，利用一定的方式将不同的生产要素加以组合，是形成产品的先决条件。要素的组合包括生产工艺和生产过程的时空组织两个方面。

1. 生产工艺创新包括生产工艺的改革和操作方法的改进。生产工艺是企业制造产品的总体流程和方法，包括工艺过程、工艺参数和工艺配方等操作方法是劳动者利用生产设备在具体生产环节对原材料、零部件或半成品的加工方法。生产工艺和操作方法的创新，既要求在设备创新的基础上改变产品制造的工艺、过程和具体方法，也要求在不改变现有物质生产条件的同时，不断研究和改进具体的操作技术，调整工艺顺序和工艺配方使生产过程更加合理，现有设备得到充分的利用，现有材料得到更充分的加工。

2. 生产过程的组织包括设备、工艺装备、在制品以及劳动在空间上的布置和时间上的组合。空间布置不仅影响设备、工艺装备和空间的利用效率，而且影响人机配合，从而直接影响工人的劳动生产率；各生产要求在时空上的组合，不仅影响在制品、设备、工艺装备的占用数量，从而影响生产成本，而且影响产品的生产周期，因此，企业应不断地研究和采用更合理的空间布置和实践组合方式，以提高劳动生产率、缩短生产周期，从而在不增加要素投入的前提下，提高要素的利用效率。

【工位优化提升自动变速器产能】

（三）产品创新

产品是企业向外界最重要的输出，也是组织对社会做出的贡献。产品创新包括产品的品种和结构的创新。品种创新要求企业根据市场需求的变化，根据消费者偏好的转移，及时地调整企业的生产方向和生产结构，不断开发出用户喜欢的产品；结构创新在于不改变原有品种的基本性能，对现有产品结构进行改进，使其生产成本更低，性能更完善，使用更安全，更具市场竞争力。

产品创新是指创造某种新产品或对某一产品的功能进行创新。当产品的设计特性有了变化，此产品为用户提供了新的或更好的服务，并同时引起了技术和经济发生变化时，产品创新的过程也就完成了。从长期看，市场是在不断变化的，客户的需求也在不断地发生变化。为紧跟时代发展与市场变化，企业的产品也需要不断地更新换代。这又将会使企业在制造工艺、生产方式、管理、营销模式及其策略上带来质的变化，使企业不断发展前进。技术创新涉及的要素较多，是一项系统工程，也是一个相互关联的多链的全过程，但在整个创新过程中，产品创新是全链的核心。

作为链条的核心，用哪些方法对产品进行创新，从而产品创新方式主要有以下五种：一、试图开发产生新市场的全新产品；二、试图模仿创新先导者，学习国内外先进技术，学术上称作“快速跟踪”战略；三、设法将别处开发的技术适应于本企业的需要，如引进国内外技术为企业需要所用；四、改进企业已有的技术；五、改变制造现有产品的方法。

同步案例

四季沐歌的真空集热管创新

2016年，四季沐歌研制的太阳能全玻璃真空集热管经过CNAS国家认可的试验以及国家太阳能热水器质量检测中心试验，太阳能热水器真空涂层吸收比最高，比值为0.95，打破世界纪录。

众所周知，家用太阳能热水器最关键的部位就是真空集热管，其性能直接影响到家用太阳能热水器的热效率。经过数位顶级太阳能和航天专家历时三年多的艰难技术攻关，四季沐歌推出了新一代精钻·航天管镀膜真空管，采用ATO技术镀膜技术，膜层内融入超强耐腐材料，形成精钻防护层，有效阻挡空气对膜层的氧化腐蚀。普通真空管在真空状态下10年会发生老化、脱膜、变色，而新一代精钻·航天管在真空状态下却可以保持25年不发白、不老化、不衰减。正因四季沐歌以创新作为企业发展的核心竞争力，才让四季沐歌太阳能连续多年蝉联行业销量第一。

（资料来源：此案例资料经江苏四季沐歌有限公司授权共同开发）

想一想：

从生产过程的角度分析，四季沐歌的这一项创新具体是在哪一方面进行的创新？谈谈你对这一项创新的认知与其意义？

二、技术创新的战略与选择

随着科技的发展，经济一体化，市场全球化已成为不可阻挡的趋势。通过不断的技术创新所带来的核心竞争力，将是企业在未来激烈的市场竞争中得以生存与发展的主要支撑，企业技术创新在企业未来的发展中将扮演越来越重要的角色。任何企业都在技术创新方面有一套自己的战略，这种战略可能是有意制定的，也可能是在无意中形成的。企业面对自身内部发展和外部环境，怎样选择适合自身发展的技术创新战略，并使之有效实施，对企业非常重要。

（一）企业技术创新战略的内涵

企业技术创新战略，是指企业进行技术创新活动的总体谋划。技术创新战略主要解决企业技术创新的基本原则、根本目标和主要规划等企业技术创新经济活动中一些带有全局性、长远性和方向性的问题。具体来讲，企业技术创新战略主要是从宏观上解决三类问题：一是技术创新面向市场竞争采取何种态度，如企业是进攻型，还是防卫型；二是研究开发何种技术；三是采用何种方式进行技术的研究和开发。

（二）企业技术创新战略的类型

技术创新战略决定企业创新的具体行为，因此对技术创新战略的分类是正确选择创新战略的首要条件。对技术创新战略可以从不同的角度进行划分，如表 7.1 所示：

表 7.1 企业技术创新战略分类

划分角度	具体分类
按技术来源分类	自主创新战略、模仿创新战略和合作创新战略
按技术竞争态势分类	领先战略、跟随战略和模仿战略类型
按行为方式分类	进攻战略、防御战略和游戏战略类型
按市场竞争策略分类	市场最大化战略、市场细分化战略、成本最小化战略

技术创新战略分类角度多，其中按技术来源进行分类较为常见，因此本书就其进行展开讲解。

1. 自主创新战略是指以自主创新为基本目标的创新战略，是企业通过自身的努力和探索产生技术突破，并在此基础上依靠自身的能力推动创新的后续环节，完成技术的商品化，达到预期目标的创新活动。自主创新基本上都是率先创新。

2. 模仿创新是指企业通过学习率先创新者的创新思路和创新行为，吸取率先者成功的经验和失败教训，引进购买或破译率先者的核心技术和技术秘密，并在此基础上进一步开发。

3. 合作创新是指企业间、科研机构、高等院校之间的联合创新行为，通常以合作伙伴的共同利益为基础，以资源共享或优势互补为前提，有明确的合作目标、合作期限和合作规则，合作各方在技术创新的全过程或某些中间环节共同投入、共同参与、共享成果、共担风险。例如，世界 500 强特殊材料公司霍尼韦尔与四季沐歌两家企业强强联手，并于 2007 年联合启动了全球首条绿色无氟发泡生产线，第一批无氟飞天太阳能在众人的期待中顺利下线。无氟飞天太阳能一改太阳能热水器领域使用氟利昂做发泡材料的局面，产品采用的霍尼韦尔绿色无氟发泡材料，实现了清洁能源和环保材料的完美结合。

（资料来源：此案例资料经江苏四季沐歌有限公司授权共同开发）

（三）企业技术创新战略的特点

1. 自主创新战略的特点

（1）技术突破的内生性。自主创新所需的核心技术是企业内部的技术突破，是企业依靠自身力量，通过独立的研究开发活动而获得的。这样不仅有助于企业形成较强的技术壁垒，而且很可能会导致一系列的技术创新，形成创新的集群现象，推动新兴产业的发展。

（2）技术与市场的率先性。要发挥自主创新的优势，只有在技术与市场方面都具有领先的优势，因此率先性是自主创新的目标。这种率先性不仅有利于积累生产技术和管理方面的经验，获得产品成本和质量控制等方面的竞争优势，取得超额利润。而且企业所制定的产品标准和技术规范可演变为本行业或相关行业统一认定的标准，增强企业的知名度和市场竞争力。

（3）知识和能力支持的内生性。创新与知识和能力之间具有相辅相成的关系。知识和能力支持是创新成功的内在基础和必要条件，技术创新的主体工作及主要过程都是通过企业自身知识与能力支持实现的；自主创新过程本身也为企业提供了独特的知识与能力积累的良好环境。

（4）高投入和高风险性。企业为保证始终有占据市场优势地位的创新产品，必须能够持续进行创新的研究与开发活动，将创新贯穿于企业整个的生产经营活动中，这就要求企业必须有较高的资金和强大的人力投入。同时，由于新技术领域的探索具有较高的复杂性和不确定性，资金投入具有很强的外溢效果和较强的迟滞性，所以进行自主创新的企业必须承受巨大的风险。

2. 模仿创新战略的特点

（1）模仿的跟随性。一是体现在技术方面，二是体现在市场方面。在技术方面，模仿创新不做新技术的开拓探索者和率先使用者，而是做有价值的新技术的积极追随学习和改进者。在市场方面，模仿创新者也不独自去开辟全新的市场，而是充分利用并进一步发展率先者所开辟的市场。企业最大限度地吸取率先者成功的经验与失败的教训，吸收、继承与发展率先创新者的成果。当然这种战略不是简单模仿的战略，而是巧妙地利用跟随和延迟所带来的优势，化被动为主动，变不利为有利的一种战略。

（2）研究开发的针对性。模仿创新的研究开发不仅仅是对率先者技术的反求，更是对率先者技术的完善或进一步开发。该战略的研究开发活动主要偏重于破译无法获得的关键技术、技术秘密以及对产品的功能与生产工艺的发展和改进。

（3）集资源投入的中间聚积性。在资源投入方面，率先创新面临着艰巨的新技术和新市场开发的任务，必然要在创新链的前期（研发阶段）和后期（市场开发）投入足够的人力物力，在某些情况下，为了集中资源进行强势投入，率先创新甚至会牺牲在创新链中段的投入，如将生产制造外包给其他企业。而模仿创新由于省去了新技术探索性开发的大量早期投入和新市场开发培育的风险投入，因而能集中力量在创新链的中游环节（即产品设计、工艺制造、装备等）投入更多人力物力，这可以说是模仿创新的优势所在。

（4）被动性。这主要是指模仿创新战略对企业竞争所带来的被动性，包括技术积累、营销渠道和实施效果等方面的被动。模仿创新战略有时会受进入壁垒的制约而影响实施的效果，对企业竞争造成被动性。

3. 合作创新战略的特点

（1）合作主体间的资源共享，优势互补。全球性技术竞争的不断加剧，使技术创新活动中面对的技术问题越来越复杂，技术的综合性和集群性越来越强。术业有专攻，不同主体具有不同的优势，因此，企业间以合作的方式进行重大的技术创新，实现资源共享和优势互补，成为新形势下企业技术创新的必然趋势。

（2）有利于缩短创新时间，增强企业的竞争地位。合作创新可以缩短收集资料、信息的时间，提高信息质量，降低信息费用；可以使创新自愿组合趋于优化，使创新的各个环节能有一个比较好的接口环境和接口条件，从而缩短创新过程所需的时间；合作创新可以通过合作各方技术经验和教训的交流，减少创新过程中因判断失误造成的时间损失和资源浪费；合作创新的成功能够为参与合作的企业赢得市场，提高企业在市场竞争中的地位。

（3）降低创新成本，分散创新风险。合作创新对分摊创新成本和分散创新风险的作用与合作创新的规模和内容有关，一般来说创新项目越大，内容越复杂，成本越高，风险越大，合作创新分散风险的作用也就越显著。

（四）企业技术创新战略的选择

技术创新战略的选择会影响企业技术的先进程度，甚至影响整个行业。因此，企业技术创新战略的选择必须结合企业自身情况，综合进行全盘考虑，最终选择适合的技术创新战略。

1. 自主创新。企业是否选择自主创新战略，必须从资金、人力和风险承受力等方面进行综合考虑。因为丰富的技术创新资源、强大的研发能力和充足的研发资金，才能保障技术创新活动的开展，承担技术创新过程中所带来的资金、技术、市场等各方面风险的能力。一旦企业确定进行自主创新，可以按照如下步骤开展自主创新活动：首先企业需要通过观察市场需求的变化，挖掘潜在的市场机会，确定自主创新的方向，结合企业自身的技术条件与资源，制定切实可行的技术创新方案，以领先于竞争对手而开发出可以投放市场的新产品；其次是强化销售，实现利润最大化，即在新产品投放市场后，企业应在其营销网络的基础上强化其市场营销能力，使新产品尽快得到市场的接受和认可，占据尽可能高的市场占有率；最后是尽可能延长保持竞争优势的时间，即在新产品投放市场后，企业还应采取各种有效的技术保护措施，如采取申报科技成果专利等手段，避免竞争对手利用不正当竞争手段对自主创新的新技术进行模仿，分享市场和利润，从而保证企业在一段时期内获取超额利润。例如：华为公司华为从2009年开始布局5G网络建设，累计投入超过6亿美元，持续加强5G技术的研究与创新。到2016年，又追加投资14亿美元，用于加快5G商用产品的研发。经过十年的积累，华为自主研发的5G技术已排在国际领先位置，已签约50个国家的5G网络建设。

2. 模仿创新。选择模仿创新战略的企业一般可供利用的创新资源较少，企业自身的技术能力和技术积累不足，并且承受市场风险、资本风险与技术风险的能力较弱或者不愿承担较大的风险。企业要实施模仿创新战略，首先要根据自身技术、资金等各方面的条件，在众多领先者的技术成果中，挑选出与企业相匹配并且具有商业前景的技术成果，认真分析创新者的产品市场反馈情况，有效地避开技术或保护性壁垒，在模仿的同时进行一定程度的改进和完善，打造自己独特的产品；其次是把握战略实施的最佳时机，宜选择在新产品的成长期启动模仿创新战略，以有力地降低技术创新所带来的风险。最后应注重技术上的积累，不断增强企业的技术创新能力、管理创新能力，企业不应局限于模仿，而应在模仿中有所创新，并且不断增加自主创新的比重，建立并完善自身的研究开发机构，培育善于创新的人才，这样才能顺利过渡到自主创新上来，并且随着企业在资金、实力方面的不断壮大，形成企业真正的核心竞争力。例如：百度模仿谷歌，京东模仿亚马逊，滴滴模仿优步，微博模仿脸书等，通过前期的模仿加快创新的进度，后期再针对市场做出一定的调整，逐步加强自主创新，从而实现后发先至，弯道超车。

3. 合作创新。企业实施合作创新战略时，首先应当以资源的配置效率最大化为导向，选择在创新资源上最能体现互补性的合作者，其次在合作的过程中，参与合作者应当尽可能提前预测可能出现的各种风险，并通过合作协议的法律形式来明确各方的权责、利益，建立必要的监督和保障机制，以保证合作创新过程的顺利和最终目标的实现。例如：四季沐歌在国家环保总局的支持和协助下，与世界500强美国霍尼韦尔公司成为合作伙伴，引入该公司核心专利产品245FA绿色无氟发泡剂，升级了原有的太阳能发泡剂，成功地推出了世界绿色无氟太阳能。

企业技术创新战略的选择，主要取决于企业自身的条件与企业发展所处的阶段。在选择创新战略时，应综合考虑各方面因素，选择适合企业长期发展的技术创新战略，才能达到企业盈利和发展的目的。自主创新适用于技术开发能力强、经济实力强和掌握了独特技术垄断权的企业；合作创新适合于开发难度大、投资大、风险大的技术领域以及合作条件好的企业；模仿创新适合于具有较强的消化吸收能力、具有一定的开发能力，或与先进技术有差距，技术经济实力较弱，但仍有一定开发能力的企业。

工作任务

对校企合作企业四季沐歌进行调研，任选一款产品，分析四季沐歌在此产品创新过程中选择的技术创新战略与选择原因。

第三节 企业组织创新

同步案例

华为的“铁三角”组织创新

华为是全球领先的信息与通信技术（ICT）解决方案供应商，专注于ICT领域，在电信运营商、企业、终端和云计算等领域构筑了端到端的解决方案优势，为运营商客户、企业客户和消费者提供有竞争力的ICT解决方案、产品和服务，并致力于“构建更美好的全联接世界”。目前，华为约有18万名员工，业务遍及全球170多个国家和地区，服务全世界三分之一以上的人口。如此庞大的公司，在抗风险能力，资金方面具有优势。但公司大了后效率、分支机构与集团总部协调往往会面临诸多问题。华为在管理上实行高度的中央集权，组织和运作机制是由深圳总部这个权威的强大发动机在推动。但是作为拥有近20万员工，业务遍及170多个国家和地区的大公司，通常只靠一台发动机推动一个如此庞大复杂的组织，肯定会面临诸如负责一线业务的员工汇报流程过长，授权不充分导致错失良机，无法快速响应市场需求，适应市场变化等问题。但事实情况是，华为的创新力、组织活力依然出色。究其原因，其中之一是因为华为在组织方面进行了创新，这就是华为的一线业务的“铁三角”组织。“铁三角”是华为探索出的创新管理模式，是由客户经理、解决方案专家和交付专家组成的面向客户的作战单元，分别负责前期与客户沟通、中期产品设计和后期交付。“铁三角”的精髓是为了目标，规避了之前一线业务流程中，需要逐级向总部汇报，流程长效率低的弊端，打破功能壁垒，形成以项目为中心的团队运作模式，这是华为在探索管理组织创新的道路上迈出的重要一步。华为在管理上虽然是实行高度的中央集权，有深圳总部在“推”，但面对如此多国家的一线业务，只靠总部“推”显然是不够的。因此，华为在一线团队铸造了一个个的“铁三角”，并对其分配权力，逐步形成“拉”的机制，准确地说，是“推”“拉”结合、以“拉”为主的机制。当每个“铁三角”拉动的时候，看到哪一根绳子不受力，就将它剪去，连在这根绳子上的部门及人员，一并剪去或替换，组织效率就会有很大的提高。管理模式的变革、权力的重新分配促使华为组织结构、运作机制和流程发生彻底转变，根链每条都能快速灵活地运转，重点的交互节点都能够得到控制。

（资料来源：改编自《“铁三角”是如何炼成的》.《华为人》第211期）

想一想：

华为为何要进行组织创新？结合调研，思考研讨“铁三角”模式是否同样适用于四季沐歌？

组织创新是企业管理创新的重要组成部分。现代企业是一系列组织创新的成果，组织创新就是用以节省交易费用，组织被认为是创新的发明源泉。组织中创新的类型、质量、数量取决于它的内外部环境。面对外部环境的变化和企业规模的扩张成为促使企业组织创新的主要因素，不断变化的外部环境要求企业实施分权管理，以增强组织的灵性，企业规模的扩张则要求企业进行进一步的分工，以提高工作效率。因此，合理分工、适度放权以及整合分工和分权就成了企业组织创新的重要内容。企业组织创新是指商业实践、工作场所组织或外部关系等方面新的组织方式的实践，通过调整优化管理要素人、财、物、时间、信息等资源的配置结构，提高现有管理要素的效能来实现的。组织创新的目的是通过减少管理成本或交易成本、提高员工的满意度（和劳动生产率）、获得不可交易的资产或减少供给的成本，以提高企业的绩效。

企业是人的集合体，人是社会的产物。因此，只有了解社会发展变化，才能更好地进行企业管理。纵观世界，人类社会从最初的农业社会发展到工业社会，又逐步发展到今天的知识经济时代，管理世界也发生了翻天覆地的变化。过去人类虽然有知识，但知识还相当贫乏，贫乏到需要较多的劳动力从事农业，从而解决人类吃穿问题的时代，被称为农业经济时代。随着科技的发展，在农业社会长久积累的物质和精神财富的基础之上，农业社会逐步演变为以大机器的使用和无生命能源的消耗为核心的工业社会。无论是农业经济，还是工业经济，虽然也离不开知识，但总体来说，经济增长取决于能源、原材料和劳动力等物质基础，当人类把较多以物质为基础的产业转向以知识为中心的服务产业，也就是只需要少量劳动力就足以生产出人类所需要的工业和农业等物质产品的时候，人类便进入了知识经济时代。

企业组织创新在不同的时代具备不同的特点，当前社会正逐步由工业时代过渡为知识经济时代，想要把握创新的新机遇，必须了解知识经济时代具备的特点，才能更好地进行企业管理，从企业组织分析的角度，我们认为知识经济可能表现出以下三个方面的基本特点：

1. 知识要素在企业生产经营活动中的相对重要性大大提高。资本的相对稀缺性、资本的货币形态的可转换性等特点决定了资本是工业社会最为重要的生产要素。资本市场的发展、融资手段的不断完善以及与此同时企业生产过程的渐趋复杂使得知识正逐渐取代资本成为企业生产经营的第一要素。

2. 生产者与劳动要素的重新结合。产业革命的发展伴随着劳动生产者与物质生产条件的分离。整个工业经济时代，企业组织的构造都是以劳动者与其物质生产条件的分离为基本假设的。而当知识成为最重要的生产要素后，情况发生了变化，因为知识作为人脑的产物是不可能与其拥有者相分离的。知识经济时代企业的组织设计不能不考虑知识的这种特点以及由此决定的劳动者与其最重要的生产要素重新结合的现象。

3. 知识创新和传播的速度大大加快。知识形成、积累、创新的速度影响着企业生产过程的组织方式，影响着不同知识所有者的相对重要性，从而决定着企业参与者在这个过程中的相互关系。信息技术的广泛运用加速了知识的生成与发展进程，从而引导着企业组织的创新，影响着企业组织的结构化或再结构化。

根据上述特点，本节将从企业制度创新、企业组织结构创新以及企业文化创新三个方面分析不同时代下的企业组织创新可能产生的影响，以揭示符合当下及未来时代企业组织创新的规律。

一、企业制度创新

（一）企业制度的内涵

企业通过生产和销售产品来表现其社会存在，在企业提供产品之前，需先投入资源，而受到资源有限性的限制，企业必须使投入的资源获得尽可能多的有效产出，这就要求企业有秩序地高效运转。企业制度为经营活动的组织提供基本规则和框架，通过其导向功能、激励功能和协调功能，指导企业选择正确的经营方向，通过制度安排，激励所有参与者提供企业所需的要素，朝着共同的方向努力，使这些贡献形成与企业目标一致的合力，推动企业高效运营。

企业制度通常是指以企业产权制度为基础和核心，包括企业组织制度和管理制度在内的各种制度的总称。企业制度是维系企业作为独立组织存在的各种社会关系的总和。企业制度创新是指一种更有效的约束本企业职员行为的一系列规则的产生过程，为企业技术创新的组织实施和过程管理提供支撑与保障。它通过激发企业职员的积极性和创造性，促进企业资源的合理配置利用，从而推动企业进步。

（二）不同时期的企业制度创新

企业制度通过经营活动组织权力的分配，规范着参与者类群间的权力关系，从而影响着参与者在企业决策制定与执行中的行为表现；企业制度通过决定经营成果的分配，规范了参与者类群间的利益关系，影响了不同参与者的行为特点。不同参与者通过提供企业经营所必需的某种要素来实现他们对企业的贡献，而要素的相对重要性决定了要素供应者在企业活动中的相对权利地位，决定了企业活动中的权力与利益分配的格局，从而决定了企业制度结构的特点。要素的本身在企业生产经营活动中的作用和其稀缺性都决定了要素对于企业制度的重要性。

在工业社会中，工业生产过程主要是资本与劳动结合的过程。在这个过程中，资本的所有者通过提供一定数量的资本，形成一定的生产能力，集中一定的物质条件，雇用一定数量的劳动者加工和组合利用这些资源以形成一定的产品。由于资本具备一般等价物的特点，流动性较强；而工业生产中劳动分工不断发展导致具体工人的操作范围更加狭窄，作业技能更趋专门化，流动困难，因此资本较劳动而言，更为稀缺，在工业社会中，资本也是最为稀缺的要素。

随着现代社会的发展，知识在现代企业经营中相对作用的加强正使得权力的行使以及对成果分配的控制正逐渐变成知识工作者的专利。相比工业经济，在知识经济条件下，知识正在逐步取代资本成为最稀缺的要素，因此制度也需不断适应经济社会的发展而改革。在原有状态下，制度是稳定均衡的，原有的制度系统能够满足经济的发展。随着产业不断发展及社会环境的改变，可能会出现诸多产业自身难以解决的问题，这就出现了新的潜在的制度需求，打破了原有均衡的制度供给与制度需求关系，因此新经济条件下，制度创新也势在必行。

知识经济时代下，人们在企业中的活动分为两类：1. 人作用于物的活动。劳动者利用一定的劳动工具，借助一定的方法对劳动对象进行加工转换，生产出符合要求的某种产品的劳动；2. 人作用于人的劳动。管理人员对作用于物的劳动者的工作安排以及工作中的指挥与协调。同期，知识也因此被分为两类：有关操作的知识和有关协调的知识。

在工业社会初期，生产过程相对简单，对劳动者的操作知识要求也较为简单，资本所有者只需对操作有一定了解即可负责协调工作；然而随着工业经济的发展，生产过程逐步复杂化，工业社会逐步转变为知识经济社会，此时需要掌握较为复杂的操作技能的人才能完成协调工作，资本所有者难以拥有这样的知识，因此只能委托有相应知识的经营管理人员进行指挥与协调。管理人员通过协调不仅决定着自己有关协调的知识的运用效率，还决定着其协调对象的企业生产者的知识运用效率。由此可以看出，工业社会转变为知识经济社会后，最稀缺的资源由之前的资本转变为知识，企业制度结构从之前的“资本逻辑”转向“知识逻辑”。

知识经济条件下，企业进行制度创新的具体内容有以下几点：

1. 要对原有的建立在精细分工基础上的已不适应市场竞争需要的一些管理制度、企业业务流程设计方面的制度、系统化管理方面的制度和议事决策方面的制度进行创新。

2. 信息管理制度的创新是企业信息化的必然要求，企业必须加快制定和完善相关的信息管理制度。

3. 建立学习型组织。通过员工学习和组织学习的相互促进，不断提高企业职工接受教育的能力，提高企业的整体科学文化素质，最大限度地发挥员工的潜能。

4. 开辟企业与信息群或信息系统的新的有效的联系方式和途径，建立一种紧密的、渗透式的合作关系。尤其是要提高企业对信息的依赖和开发利用的意识及能力，提高企业对信息做出反应的灵敏程度。在信息社会中，企业对新信息的反应程度和利用率是企业具有活力的重要标志。

5. 在及时、全面掌握市场信息的基础上，要着重培养企业的创新意识和创造能力。在信息社会的竞争中，企业的竞争能力最终表现为创新意识的强弱和创造能力的大小。对于获得的信息必须充分地消化、吸收、转化利用，面对市场信息适时调整企业战略，大胆地进行管理创新。

6. 引进竞争机制，完善分配制度。建立员工的竞争机制，营造竞争环境，帮助员工树立竞争进取的思想观念。要改进分配方式，运用分配制度激励人学习，用竞争的办法来调节收益分配制度，从而调动职工的积极性，加快学习型组织的建设进程。

二、企业组织结构创新

（一）企业组织结构的内涵

现代管理学之父彼得·德鲁克对组织架构的认知是：

1. 组织架构不是“自发演变”的，在一个组织中，自发演变的只有混乱、摩擦和不良绩效，所以组织设计组织架构需要思考、分析和系统的研究。

2. 设计组织架构并不是第一步，而是最后一步。第一步是对组织架构的基本构成单位进行识别和组织。其中，组织结构的基本构成单位是指那些必须包含在最后的结构之中，并承担整个组织的“结构负荷”的那些业务活动。并且，基本构成单位是由它们所做贡献的种类来决定的。

3. 战略决定结构。结构是实现某一机构的各种目标的一种手段，为了确保效率和合理性，必须使组织结构与战略相适应，即战略决定结构。战略决定着组织结构的宗旨，并因此决定着在某一企业或服务机构中哪些是最关键的活动。

4. 日常的经营管理、创新和高层管理这三种不同的工作必须组合在同一组织结构之中，组织结构必须一方面以任务为中心，另一方面以人为中心，并且既有一条权力的轴线，又有一条责任的轴线。

组织结构是组织在职、责、权方面的动态结构体系，其本质是为实现组织战略目标而采取的一种分工协作体系，组织结构必须随着组织的重大战略调整而调整。

组织结构的概念有广义和狭义之分。狭义的组织结构，是指为了实现组织的目标，在组织理论指导下，经过组织设计形成的组织内部各个部门、各个层次之间固定的排列方式，即组织内部的构成方式。广义的组织结构，除了包含狭义的组织结构内容外，还包括组织之间的相互关系类型，如专业化协作、经济联合体、企业集团等。

组织结构（组织架构）是一个组织是否实现内部高效运转、能否取得良好绩效的先决条件。组织结构通常表现为一个组织的人力资源、职权、职责、工作内容、目标、工作关系等要素的组合形式，是组织在“软层面”的基本形态，其本质是实现某一组织的各种目标的一种手段。组织结构是组织的全体成员为实现组织目标，在管理工作中进行分工协作，在职务范围、责任、权利方面所形成的结构体系。

（二）不同时期的企业组织结构创新

工业社会的企业组织结构主要表现出以下特征：

1. 直线指挥，分层授权

工业社会表现在生产规模不断扩大，活动内容逐渐趋于复杂。企业最高的行政长官虽有权安排和指挥每一个企业成员工作，但由于时间精力有限，必须把属于自己的部分工作及权力委托给一些下属去完成和行使，企业组织形成一个等级结构的金字塔，位于塔尖的最高行政长官利用直线指挥与分层授权的形式去规范成员间的行为与关系。

2. 权责明确

由于委托与授权这种分工劳动，企业必须严格规定组织成员应该严格履行的职责，为使其职责更好地被履行，从而实现企业既定目标，企业必须明确相应职务的工作人员为履行职责可以行使的权力。

3. 标准统一

工业社会中，生产规模的扩大化与活动内容的复杂化，都促使劳动分工的细化。细化的分工劳动使得相关劳动者可以按照标准化的程序和方法来进行作业，从而提高劳动的效率。标准的统一还表现为企业政策的统一性。企业组织的“金字塔”各层的工作人员必须按照企业最高权力机构制定的标准行动，才能保证组织整齐划一地照着企业既定的目标努力。

层级结构作为工业社会企业的主要组织形式，即使在工业社会向知识经济社会过渡的今天，也同样适用，目前很多企业采取的事业部制实际上也是层级结构，因为事业部制具备上述三个特征。

层级结构的这些特征曾经促进了工业企业的成功。直线指挥，分层授权保证了企业行动的迅速；分工细致，权责明确促进了效率的提高；标准统一、正式的角色关系保证了企业活动的有序性，但是，层级结构发挥作用并取得成功是以一定的环境条件和假设作为前提条件的。层级结构所在市场具有如下特点：消费者的诸多需求尚未得到充分满足；这些需求基本是无差异的；消费需求以及影响企业经营的其他环境因素基本上是稳定的，或虽有变化但变化具有连续性的特征，从而基本上是可以预测的。诸多需求的未充分满足使得任何产品都存在极大的市场，因此，企业可以组织大规模生产；消费需求的无差异性使得企业可以组织标准化生产；需求与市场的相对稳定或后者变化的可预测性使得企业内部生产及其管理的改善主要依赖于经验的累积和总结。而在知识经济正在到来的今天，层级结构赖以成功的上述背景正在或已经发生变化，消费者日趋成熟以及消费者有关消费知识的渐趋丰富使得消费需求越来越具有多样化和个性化的特点；影响企业经营的环境不仅日益复杂，而且越来越不稳定，其变化不仅无法控制，而且也越来越难以预测。因此企业的组织结构必须适应环境变化进行调整，个性化的消费需求，要求企业生产组织更具弹性；活动内容与方式的适应性调整则要求相关的权力从管理中枢向下分散。弹性的、分权化的企业无法依靠组织记忆为基础来组织运行。因此，新形势下的企业组织必须是有利于企业成员学习和知识创新的组织。

这种组织的雏形可能是目前已在一些高科技企业中出现的网络组织，网络化的层级组织表现出以下三个相互对立的特点的统一：

1. 集权和分权的统一

对比工业社会的直线指挥式的企业组织结构特征，知识经济条件下为及时响应消费者个性化需求，迅速应对不断变化的市场环境，企业需要保持分散、差异和分权，以具有主动和迅速反应的创造能力，但同时也需要严格的集中管理，以保持战略的统一、行动的迅速，以及相互依存的各工作单元间相互关系的协调。

2. 稳定与变化的统一

创新变化虽然需要及时响应，但及时响应不代表组织整体的频繁变化。网络化的层级结构，其组织框架以及决定这个框架的经营领域是相对稳定的，而框架中的各个工作单元的工作内容和方式则需要经常进行适应性调整。

3. 一元性与多元性的统一

一元化与多元性的统一主要表现在三个方面：层级组织既保存了统一指挥的管理中枢，又允许相互依存的各工作单元相当自主地运行；既通过统一的基本政策规范着整体企业的战略经营，又允许各工作单元的活动标准与原则有一定的差异；既确定了明确的组织宗旨和使命，倡导着主导的价值观念，又允许甚至鼓励异质价值观念和行为准则的存在。

三、企业文化创新

（一）企业文化的内涵

关于企业文化的定义，不同学者基于不同的角度持有不同的观点，如表 7.2 所示：

表 7.2　　不同学者对企业文化定义汇总表

学者	企业文化定义
刘光明	企业文化作为组织在开展经营生产活动中形成的深层次文化，它将价值理念、行为规则等意识和样态囊括其中，且其均获其团队中的成员认同。
魏杰	企业文化，就是指导和约束企业整体行为以及员工行为的价值理念。
欧文・戈夫曼	企业文化是人们相互作用时共同遵循的行为规范，例如使用的语言和遵从的行为礼仪。
罗伯特・H. 沃特曼	企业将其基本信念基本价值观灌输给它的职工，形成上下一致的遗业文化，促使广大职工为自己的信仰而工作，于是产生强烈的使命感，激发最大的想象力和创造力。
陈春花	企业文化是一个组织在发展中沉淀的一种具有企业特点的共性，它包括企业的信仰、价值思想、行为活动、组织氛围等等。
威廉・大内	一个组织的文化由他的传统和精神组成。这种文化有一整套符号，它们向组织成员传达公司的理念价值和信仰。
吴春波	企业文化就是企业及其关系利益人共同接受的核心价值观，这种价值观不仅是一种准绳、一种信念、一种象征，更是一种凝聚力，也是企业长盛不衰的原动力。

根据以上观点可知，企业文化是所有企业成员共有的价值和信念体系，这一体系引导着企业成员的行为方式。企业文化在企业发展中起到导向、激励、维系、协调和约束的作用。这种价值观和行为准则通常隐含于企业成员作为其行为前提的思维模式的假设中，是已经被企业成员无意识地普遍认可的，他们的行为会自觉地，甚至是会不自觉地受到这些价值观和行为准则的影响。

企业文化是企业的灵魂和精神支柱。加强企业文化建设，就是要通过确立正确的企业使命愿景、价值观，培育形成优秀的企业精神和先进的经营管理理念，健全企业行为规范，优化企业形象，凝聚、激励企业各级经营管理者和广大员工，提升员工队伍素质和企业管理水平，增强企业的凝聚力和竞争力，为企业和谐、持续发展提供有力支撑。企业文化创新已成为企业创新不可分割的重要组成部分。没有一个好的文化创新氛围就不可能产生一个好的制度创新，没有一个好的文化基础就难以创新出一个好的适应该文化的经营战略创新，没有一个好的文化创新做先导就难以产生先进的满足市场需要的技术创新，而企业技术创新是企业竞争取胜和不断升级的原动力。

同步案例

华为的"狼性"企业文化

华为创立于 1987 年，经历 30 余年的发展，超过全球第一大电信设备商爱立信，成为通信行业的巨头。华为能取得如此巨大的成功，一是得益于中国的改革开放和经济的飞速发展，二是取决于他的技术创新，最后也是最重要的一个因素，那就是独特的企业文化。华为创始人任正非认为资源是会枯竭的，唯有文化才能生生不息。他创建了生生不息的华为文化，以企业文化为先导来经营企业。作为一个有着十几万员工的企业，如何将如此庞大的团队凝聚起来显得十分重要。对此，华为提出“狼性”文化。作为最重要的团队精神之一，华为的“狼性文化”可以用这样几个词语来概括：学习、创新、获益、团结。用狼性文化来说，学习和创新代表敏锐的嗅觉，获益代表进攻精神，而团结就代表群体奋斗精神。狼性生存法则：“企业要发展就要发展一批狼，狼有三大特征，一是敏锐的嗅觉；二是不屈不挠、奋不顾身的进攻精神；三是群体奋斗意识。”这三个品质正是华为狼性文化的精髓。

（资料来源：此案例改编自《任正非：以奋斗者为本》）

想一想：

华为为何要推行“狼性”企业文化？华为除“狼性”文化外的其他企业文化你还了解多少？

（二）不同时期的企业文化创新

工业社会中，企业文化具备以下四个功能与特点。

1. 企业文化是作为企业经营的一种副产品而出现的。20 世纪 70 年代末，在对日美企业经营方式以及美国不同企业经营方式比较研究的基础上，美日的一些学者总结出成功的企业都有一个强有力的企业文化起支持作用的结论。但这些成功的企业文化并非是企业刻意追求的结果，而是企业经营者在企业实践中，通过自己的领导风格与行为方式对企业员工的行为产生了潜移默化，从而促成一种价值观念和行为准则被企业员工广泛认同的结果。

2. 企业文化基本上反映了企业组织的记忆。企业文化是在企业经营的过程中，经过岁月流逝逐渐积累而成的经验。实际上企业文化也是用过去积累的经验来指导员工当下的行动。

3. 企业文化是作为一种辅助手段而发挥作用的。在工业社会中，企业主要通过制度结构规范不同参与者类群间的权利关系，通过统一指挥、分层授权的层级结构来规范和制约员工在企业经营中的正式关系，通过设计赏罚分明的奖惩机制来制约和引导员工的行为。企业文化则是作为一种补充，主要在制度结构和层级结构不能触及的地方发挥作用。

4. 企业文化是一元的。工业社会的企业文化是排斥异种价值观和行为准则的，工业社会中层级组织的等级指挥，标准作业，规则一致的特点都与一元化的企业文化相互呼应。

知识经济时代的到来，改变了工业社会企业文化的基础，其调整主要体现在以下四个方面：

1. 企业文化成为企业管理重要的甚至是主要的手段。知识经济时代，企业层级结构发生变化，实行分权化管理的网络化层级结构。这种结构中，各工作单元自行决策，管理中枢主要通过信息的提供去影响，引导和协调这些单元。

2. 企业文化将是人们自觉创造的结果，而不是企业生产经营中的一种副产品。在网络化的层级结构中，管理中枢的重要的工作内容通过基本政策来制订，借助各种沟通渠道，去倡导某种适合企业特点的文化，以这种文化所包含的价值观和行为准则影响员工的行为规范。

3. 企业文化是学习型的组织记忆。在知识经济条件下，在管理中枢的倡导和推动下，人们必须迅速学习新的行为准则和行为方式。因此，网络化层级结构中的企业文化首先是自觉学习的结果，网络化的层级结构也将有利于组织文化的学习，各工作单元与外界的广泛接触将会使组织不断习得新的知识。

4. 企业文化将在强调主导价值观与行为准则的同时，允许异质价值观和行为准则的存在。相对于工业社会中一元化的企业文化，学习型的企业文化是多元的。文化的多元化必然会促进企业文化的不断创新，从而必然会不断促进知识经济条件下的企业不断走向繁荣。

思政微议

结合四季沐歌的“无边界整合创新”案例，谈谈自己对企业创新的看法。

工作任务

企业调研并讨论：四季沐歌在发展过程中，创造或引入了哪些企业文化并分析其原因。

知识链接

轻松扫一扫——知识点在线测试

本章小结

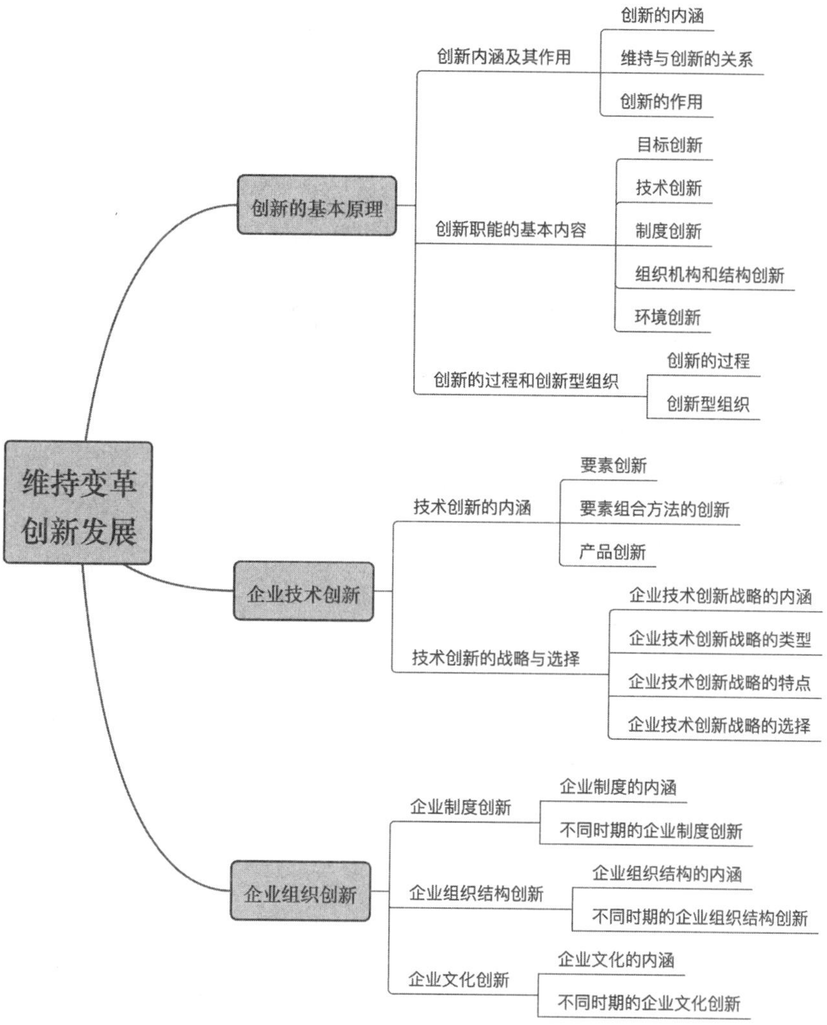

技能训练

全班同学分小组对四季沐歌（或其他企业）进行走访，与不同部门主管进行交流沟通，了解近年来该部门的发展状况，结合对市场的分析与调研，并尝试从某一角度提出创新建议并写出具体落实该建议的可行性方案。(例如，针对目前光伏行业的蓬勃发展，结合四季沐歌的产品战略进行分析，并由产品部推出了光伏路灯。)

拓展实训

实训项目：创新提案与可行性分析报告。

实训目的：通过企业调研与创新提案训练，培养学生的发散型创新思维与能将创新思维落地的能力。

实训内容：通过对市场和企业的调研，从某一个角度提出现阶段适宜企业的创新建议并做出可行性分析，写出此创新提案具体执行落地的步骤。

1. 搜集资料：搜集某公司所在行业、市场的相关资料。

2. 任务分配：小组内成员根据自身优势，分配合适的工作任务并列出分工计划表。

3. 走访调研：走访企业，进行实地考察与调研。

4. 小组研讨：头脑风暴，分析研讨合适的创新提案。

5. 撰写报告：分析创新提案的可行性，并撰写可行性报告。

实训要求：

1. 对企业内外部环境深度调研，听取相关人员意见，了解企业背景、行业背景、市场环境等。

2. 以小组为单位，进行明确分工，列出分工计划表。

3. 每组提交一份1000字的创新提案可行性分析报告。

参考文献

［1］周三多，陈传明．管理学［M］．高等教育出版社，2021.

［2］彼得·德鲁克．管理：使命、责任、实务［M］．机械工业出版社，2021.

［3］周泽将，王浩然，修宗峰．积极构建中国特色管理学理论体系——基于 NSFC 管理科学 A 类期刊刊文（2013-2020 年）的分析［J］．管理世界，2021（9）.

［4］盛昭瀚，于景元．复杂系统管理：一个具有中国特色的管理学新领域［J］．管理世界，2021（6）.

［5］周三多，陈传明，刘子馨，贾良定．管理学——原理与方法（第七版）［M］．复旦大学出版社，2018.

［6］冠良，任正非．以奋斗者为本［M］．海天出版社，2018.

［7］稻盛和夫．稻盛和夫阿米巴经营［M］．中国大百科全书出版社，2018.

［8］吴价宝．管理学原理［M］．高等教育出版社，2017.

［9］毛杰，郭琰．管理学基础［M］．南京大学出版社，2015.

［10］李骏．营势——后来者居上的破局秘诀［M］．北京大学出版社，2015.

［11］任莉，方旭．管理学基础［M］．大连理工大学出版社，2014.

［12］饶君华．管理学基础［M］．高等教育出版社，2014.

［13］覃常员，李波波，景春．管理学基础［M］．东北师范大学出版社，2014.

［14］"铁三角"是如何炼成的．《华为人》［M］．第 211 期．

［15］四季沐歌的"割草战"——全球品牌 https：//www.globrand.com/2009/244400.shtml.

［16］孙梦．李兰娟院士首次披露武汉封城细节［J］．党的生活（黑龙江），2020（4）.

［17］王方华．立足"人单合一"管理创新，推进中国管理理论探索——访谈海尔集团张瑞敏先生观点内容摘编［J］．管理学报 2018（6）.